忘却のしかた、記憶のしかた

忘却のしかた、記憶のしかた

日本・アメリカ・戦争

岩波書店

ジョン・W・ダワー 著
外岡秀俊 訳

WAYS OF FORGETTING, WAYS OF REMEMBERING
Japan in the Modern World

by John W. Dower

First published 2012
by The New Press, New York.

This Japanese edition published 2013
by Iwanami Shoten, Publishers, Tokyo
by arrangement with the Author
c/o Georges Borchardt, Inc., New York
through Tuttle-Mori Agency, Inc., Tokyo.

日本の読者へ

はじめに日本の読者に私が打ちあけたいのは、この歴史評論集のことを考えると、なぜか複雑な感情にとらわれるということだ。

この著作が日本語に翻訳されるのは光栄なことだ。より一般的にいって、もともと数年にわたってさまざまな場で掲載された論文が一冊の本になることには、格別の喜びがある。基本的なテーマや関心は、より鮮明な焦点でとらえられる。小品のスケッチは、パズルのピースのように、大きな絵の一部になる。

ここでいう大きな絵というのは、戦争と平和における日本とアメリカのことであり、私が抱く晴れない気持ちは、いくつかの主題を論ずるのが当時むずかしく、そのことを振りかえると、いまだに苦痛を覚えるという事実からきている。戦争が、その主題のひとつだ。もっと微妙で知的な別の主題もある。それは、「歴史」が「記憶」としてどのように操作され、社会にひろまるのかという問題であり、さらには、過去から何かを選びとって記憶することが、他のことを忘れたり、わざと無視したりすることと、いかに分かちがたいのか、というテーマである。

そうした過去の利用や誤用は普遍的なものであり、この本におさめるいくつかのエッセイや論文は、私の国における歴史のあからさまな政治化、とりわけ、「アメリカ人が日本をどのように考えているのか」という問題をあつかっている。たとえば、一九七〇年代はじめに書いた巻頭の小論がそうだ。この文章は、私が大学院生のころ、英語圏の日本研究学界を支配し、冷戦下の流行だった「近代化論」に異議を申したてている(第一章)。一九九五年に書いたジャーナリスティックな別の論評は、首都ワシントンで政府が運営するスミソニアン協会の「エノラ・ゲイ」展を批判しているが、その展示はつまるところ、原爆開発と、日本にたいする一九四五年の原爆使用を祝うものになってしまった。私の考えでは、この汚点を消しさった展示(それはまだ、スミソニアン協会の別館博物館に常設展示されている)は、われわれが理想的には真の民主主義につきものだとみなす客観性や誠実さとは、相いれないものだ(第七章)。

この本におさめた別のエッセイは、アメリカがイラクに侵攻した二〇〇三年に掲載され、第二次世界大戦後のアメリカによる日本占領が、イラク占領後におきる状況の心づよいモデルや鏡になる、という当時流行《はや》りの議論をしりぞけている(第一〇章)。私はここで、そうした歴史のもちいかたは愚かで人を惑わすものであり、真摯に歴史と向きあえば、日本とイラク、一九四五年と二〇〇三年のけたはずれのちがいが際だつばかりだ、と論じている。二〇〇三年のもうひとつのエッセイで私は、アメリカによるイラク侵攻と占領について、歴史的アナロジーとしてより適切なのは、一九三〇年代の日本による満州占領だろうということを、ややくわしく示唆している(第一一章)。

＊

アメリカ人、あるいは現代世界のどのような国々や社会であれ、人々が歴史や記憶を誤ってつかう例を枚挙するのは、やさしいことだ。それでも日本にかかわる、議論の多い「歴史問題」は、国際世論において特別の位置を占めてきた、といってもいいように思われる。私がこの序文を書いている二〇一三年六月のはじめ、世界のメディアはふたたび、有名な日本人による超愛国的な言動の突発を大きく報じている。アジア太平洋戦争における日本の振るまいにかんする、おなじみの右翼側による否定のすべてがふたたびニュースになり、今回は二〇一二年一二月の安倍晋三首相の登場によって、それが加速されている。

日本の帝国主義、軍国主義の過去の汚点を消しさろうというキャンペーンは、一九五二年、長びいたアメリカによる日本占領がやっとおわった時期にまでさかのぼる。それは六〇年にわたってますます強く推しすすめられ、おわる兆しはない。一九七〇年に始まり二〇一二年におわった教職の期間に、私が同僚や学生、ジャーナリスト、ふつうの物好きな知人から最もよく受けた質問は、あえていえば、「どうして日本人は、自分たちの近現代を否定せずにはいられないのか」というものだった。それにたいし私はこう答えた。それは「日本人」一般にはあてはまらない。日本の戦争責任にかんする主要な研究の多くは日本人の研究者やジャーナリストによってなされ、書店でもひろく手に入れることができる。平和にたいする日本の戦後の献身は模範的なものだ。日本政府は、とりわけ中国と韓国にあたえた侵略と苦痛をみとめ、謝罪する多くの公式声明を出してきた。――だが、どんなにこうした反論をしても、ほとんど効き目はなかった。

本書の三編の評論は、日本における戦争と記憶について、直接取りあつかっている。全般的なあらまし(第四章)と、広島・長崎に焦点をあわせた論文(第五章、第六章)である。戦争と記憶について日本における考えがいかに「多様であるか」について、私がどのように英語圏の読者につたえようとしたのか、日本の読者がこうした文章から汲みとってくだされば幸いである。私見では、その多様性とは、議論をよぶ問題について、アメリカ人のあいだにみられる考えのちがいと同じくらい複雑なものだ。その問題とは、たとえば第二次世界大戦の米軍による空襲で故意に市民を標的にしたとか、その数十年後にベトナムを荒廃させたとか、いわゆる「テロとの戦争」では、今日にいたるまでアメリカの戦争犯罪を公式に捜査・訴追できていない、といった議論である。

しかしながら、日本における意見の多様性に注意をよびかけることは、西洋においてはあまりアピールしない。均質で、すべて合意にもとづき、あらましは一枚岩の「日本」、という通俗的なステレオタイプに反するからだ。より説得力があり、自省をうながすことは、こうした多様な声が、「愛国的な歴史」の喧伝に専心する有名な日本人の甲高いレトリックや主張、シンボリックな行為(靖国参拝のような)によって圧倒されてしまうことだ。

即時に伝わるコミュニケーションが主流のいまの世界において問題なのは、メディアが何を取りあげ、ひろめるのか、ということだろう。そして日本の歴史と記憶にかんするかぎり、メディアが集中するのは予想どおり、植民地と戦時の罪にたいする公式の謝罪をなし崩しにする、たゆみのないキャンペーンについてなのである。中国と韓国で近年、反日感情が険しい崖のように高まっていることは、嘆かわしく、憂慮すべきだが、驚くことではない。日本のネオ・ナショナリストの政治家がどんな反論をしようとも、帝国日本によってアジアの隣人が経験したことを理解するため、過去を厳正に調査することに真剣な関心をしめした者は、彼らのうちにはほとんどいない。

こうした類《たぐい》の愛国的な偽りの歴史には、ひねくれた矛盾がある。公に宣言する目標は「国家への愛」をうながすことでありながら、一歩日本の外に出てみれば、そうした内むきのナショナリズムが日本に莫大な損失をおよぼしてきたことは歴然としている。それは、戦争そのものによる害とはちがって、日本の戦後のイメージに、消えない汚点を残すのである。中国人や韓国人の激昂した反応は大きな注目を集めるが、それは彼らだけにかかわる問題ではない。わたしたちはアメリカでも英国でも、オーストラリアでも欧州でも、日本の信頼性が侵食されるのを目にしている。国連ですら、批判の合唱に加わった(ここに書くように、国連はふたたび、とりわけ慰安婦問題にかんして、日本が引きつづき義務をはたすことができていないと非難した)。

日本が一九五二年に独立を回復してから六〇年が過ぎたが、その日本がいまも、近い過去と折りあいをつけて、隣人や盟友から全信頼をかち得ることができないことは、深く悲しむほかない。

*

帝国日本の戦争行為の汚点を消しさろうとする試みを理解する方法のひとつは、そうした操作された記憶を、戦時に実際つかわれた修辞やビジュアルな宣伝と対置することである。一九八〇年代、伝来の文書や印刷物を何年も研究したあとで、私は、分析する「テキスト」のなかに大衆むけのビジュアルな史料を加えれば、過去の雰囲気や感情の肌合いがどれほどいきいきと照らしだされるのかという考えに魅せられるようになった。この手法の一例は、本書の「日本の美しい近代戦」という表題の論文にあらわれている(第三章)。

私は三つの点で、こうした分析が読者にとって示唆に富むものであることを願った。第一は、ビジュアルな史料が、文字だけのテキストによる理解をこえて、過去を再現することにいかに役だつのかという実例としたかった。さらに二つめには、戦時の日本をまったく独特だとみなす一般的な西洋のあつかいとは対照的に、日本の軍国主義と宣伝がいかに「近代的」で最新のものであったのかに関心をひくよう心をくばった。そして最後に、間接的にではあるが、戦時の宣伝に親しむことによって、戦後のナショナリストによる戦争の記述の源泉と性格が、もっと鮮明になるようにしたかった。

心理だけでなくイデオロギーも、日本の戦争と記憶の問題を彩っている。そして、「愛国的な歴史」を当然のこととしてひろめる人々は、すくなくとも外国の「ダブル・スタンダード」に注意をよびかける点では、堅固な基盤に立っている。東京裁判における「勝者の裁き」に注意をうながすのはもっともなことだ。その裁判で暴露された犯罪が真実であるとしても、という断り書きが必要だが。日本が戦争犯罪を否定することを批判するアメリカ人が、他方で同時に、ベトナム戦争慰霊碑で戦没者を顕彰することに憤るのも当然のことだろう。その慰霊碑には米軍が数百万のベトナム人を殺戮したという痕跡すらないのだから。テキサスのように保守的で人口の多いアメリカの州が、汚点を消しさる歴史教科書を採択したことには、めったに批判的な論評が寄せられないし、自らの残忍な近過去を、中国ほど徹底して消しさろうとしている国はない。

だが、歴史と歴史にまつわる記憶がいたるところで操作されているという事実によって、そうしたおこないが、日本の評判におよぼす莫大な損失をやわらげるわけではない。あらゆるところで記憶が操作されているという事実は他方で、比較史学に多大の関心を振りむけること、とりわけ異なる国々の真剣な研究者が一緒になって協力する研究プロジェクトで、われわれがどれほど多くのことを学べるかということに気づかせる。

本書のうち二編は、本来の戦争ではなく、日本の戦後を取りあつかっている。私は歴史家の仕事と著作のおもな目的が、自国の誇りを涵養《かんよう》することであるとは信じていないが、歴史家の主要な責務が、たんに啓蒙し、人間の経験における暗愚の数章から学ぶことだとも思っていない。日本にかんして私が最初に書いた論文は森鷗外をあつかったものだったし、最初の単行本は、紋章にかんする図版入りの本だった。ベトナム戦争の影響のもとで、私が日米関係と、アジアにおける破局的な先の戦争に研究のテーマを変えたときですら、私のひろい関心は、戦争から平和への変遷にむけられていた。

近代国家としての日本の台頭には、おおいに称賛すべきものがある。戦後の日本の基本線になったのは、明治、大正、戦時(ビジュアルな史料だけをとっても、これをいきいきと物語っている)をふくむ昭和前期のダイナミズムと複雑さと、矛盾だったのである。そして敗戦と、一からやり直しの挑戦にたいし、社会のあらゆる階層で日本人がみせた復元力と創造性は、この基本線からうまれたものであり、それはまさに深い感銘をあたえるものだ。

本書の一編(とりわけ私のお気に入りだ)は、ビジュアルな史料に本気で取りくむことで歴史家が得られる洞察に全面的に拠っている。ここで取りあげたビジュアルな史料は、日本の降伏後まもなく漫画で掲載された「いろはかるた」である。こうした機知に富んだ図版は、わたしたちを、江戸期にまでさかのぼる大衆の社会的、文化的な論評の伝統に連れもどす。そして、西洋人がけっして気づかず、今日の日本人もほとんど思いおこすことのない戦後初期の日本を見渡す窓を開いてくれる(第九章)。

戦後期でもっとも印象的な一面は、日本とアメリカ(まさにあらゆるレベルでの日本人とアメリカ人)が、厳しい敵対から、緊密な同盟と真の友情へと移りかわった、そのスピードである。その二国間関係は、緊張によって篩《ふるい》にかけられ、冷戦でつくられた軍事取りきめによって結ばれた。それは日本にとって好運でも災いでもあったが、平和と民主主義、繁栄において、建設的な受益であったことは否定できない。良くも悪くも、日本においては国内の展開と国際関係が、ほどくことができないほど絡みあっており、このダイナミックな進展が、「二つのシステムにおける平和と民主主義」という題の長めの論文のテーマとなっている。これは、一九五一—五二年にはじまり、日本をアメリカの抱擁で身動きできなくさせたいわゆる「サンフランシスコ体制」と、自民党、官僚、大企業を大同団結させた「五五年体制」について、一九八〇年代の終焉まで、その進展に焦点を絞った論文だ(第八章)。

内部の摩擦や不平等にもかかわらず、戦後の日米関係は、学者がしばしば呼ぶ「深化した平和《ディープ・ピース》」のよい例となっている。太平洋戦争における獰猛な憎しみを学んだことのあるだれにとっても、これは慈しむべきものと思える。そのことは、日本の第二次世界大戦におけるもうひとつの強敵・中国との平和的な関係が、いまだに浅く脆いままであることを思えば、とりわけ印象的だ。

ここでも、「歴史問題」をめぐる衝突があきらかにするように、中国側はもちろん日本側でも、国内政治と国際関係が結びついている。どのようにして、なぜ、重要な日中関係がここまでまずくなってしまったのか。それはまた別の、悲劇的な物語である。

二〇一三年六月四日

ジョン・W・ダワー

凡　例

一　本書は、John W. Dower, *Ways of Forgetting, Ways of Remembering: Japan in the modern world*(The New Press: New York, 2012)の翻訳である。

一　本文中の（　）の部分は原著者による補足であり、〔　〕の部分は訳者による補足である。

一　原書の注は巻末に掲げた。注の作成方針については、注の冒頭を参照されたい。

一　各章末(解題と本文それぞれ)に、著者による補足(†)と訳注(＊)を掲げた。

一　本文中の日本語引用史料のうち、旧漢字で書かれていたものは、新漢字に改めた。

目　次

序

この本におさめた一一編の論文は、一編の例外をのぞいて、一九九三年から二〇〇五年にかけて、雑誌や新聞、単行本に掲載された。これらの論文は、一九九三年にザ・ニュー・プレス社から『戦争と平和における日本』[*1]の書名で刊行された評論集のあとに書かれたものだ。

例外の一編とは、冒頭にあげた評論だ。これは一九七五年に出たE・H・ノーマンの日本にかんする歴史論選集[*2]への序論として、「E・H・ノーマン、日本、歴史のもちいかた」という題で私が書いた長い論文の抄録である。本書にこれをおさめた理由は、いくつかある。この論文は発表当時、物議をかもしたものだ。この論文は、事例研究の方法をとおして、歴史家がつねに抱く疑問は、E・H・カーが同時代の「ざわめき」[†]と呼んだものをどのように反映するのかという問題に、早くから取りくむ試みだった。したがってこの論文をここに再録することは、一九四〇年(ノーマンが明治時代とその遺産にかんする初の偉大な学問の成果を出版した年)[*3]から、六〇年代末と七〇年代はじめ(私が大学院生や駆けだしの研究者だった時期)にかけ、近代日本にかんして英語で書かれたさまざまな論考の歴史に注意を呼びかける実践的な出発点になるだろう。

いくつかの編集や表記の変更を別にして、もとの文章には編集も修正もくわえておらず、表題も変えていない。巻頭論文の題名になった「歴史のもちいかた(uses of history)」という語句は、この評論集の原タイトルである『忘却のしかた、記憶のしかた(ways of forgetting, ways of remembering)』というテーマを反響しており、その点でふさわしいものだろう。私たちは歴史を、さまざまなやりかたで使う。たとえば、歴史を意識的に、主観的に、観念的に、あるいは邪悪につかって教育をしたり、教義を教えこんだりする。そのことについては、今日の歴史学でつかう言いまわしの冒頭に、さまざまな言葉で書かれている。すなわち、歴史とは「記憶」である。あるいは過去の「構築」や「再構築」である。または伝統の「発明」や「再発明」を意味する、といった言葉だ。歴史学の言いまわしはさらに、歴史を記念して祝ったり、その汚点を消しさったり、歴史的な記憶喪失におちいったりすることについても語っている。私はここでは、「記憶」であるとか、歴史の「効用」と「悪用」、あるいは「何かを注視することが、同時に、いかに他のことから視線をそらすことになるのか」といった、もっぱらわかりやすい言葉に頼ろう。そして、近代世界における日本を時事的にあつかうにあたって、「忘却」と「記憶」がいかに複雑であるのかということを、直接また間接的に、伝えるようにしたい。

これらの論文のほとんどは、戦時下と一九四五年以降の日本を取りあつかっている。またアメリカについてもそれなりに、かなり多くふれており、数十年にわたって両国が相互に大きく浸透しあっているという点だけでなく、日本の体験が、英語圏の論評でいかにもちいられ、あるいは誤ってつかわれているかについてもふれている。

この本で新しいのは、各論文につけた解題である。その解題で私は、自分が書いた文章を「歴史」として振りかえり、文章が書かれた当時の環境を考えてみた。

二〇一二年一月

〈著者による補足〉

† E・H・カーがケンブリッジ大でおこなった講義をもとに、一九六一年に出版した小論『歴史とは何か』(清水幾太郎訳、岩波新書、一九六二年)。歴史的客観性の独断にいどみ、六〇年代の歴史論議に、刺激的な貢献をした。

〈訳注〉

＊1　ジョン・W・ダワー『昭和　戦争と平和の日本』明田川融監訳、みすず書房、二〇一〇年。

＊2　ジョン・ダワー編の論集 *Origins of the Modern Japanese State: Selected Writings of E. H. Norman* のこと。ダワーはこの論集に"E. H. Norman, Japan, and the Uses of History"という序文を書いており、本書第一章のもととなっている。

＊3　E・H・ノーマン『日本における近代国家の成立』大窪愿二訳『ハーバート・ノーマン全集 1』岩波書店、一九七七年／岩波文庫、一九九三年。

第一章

E・H・ノーマン、日本、歴史のもちいかた

解題

一九五六年に駐エジプトのカナダ大使に任命されたE・H・ノーマンは、米上院公聴会で「信頼できない人物、たぶんは共産主義者スパイ」だと非難されてのち、一九五七年四月四日に、カイロで自殺した。当時四七歳だった彼は、エジプトのガマル・ナセル大統領がスエズ運河を国有化したあと、一九五六年に英・仏・イスラエル軍がエジプトに侵攻しておきた危機への取りくみに深くかかわっていた。ノーマンの良き師であり、ゆるぎない支持者でもあったカナダ外交官で、のちに首相となったレスター・ピアソンは、危機を沈静化した国連緊急軍(のちの国連平和維持活動の原型)をつくるにあたって先導的な役割をはたした理由から、一九五七年にノーベル平和賞を受けた。

マッカーシー主義者は、一九三〇年代なかばの過去にまでさかのぼって、ノーマンを非難した。当時彼はケンブリッジ大学トリニティー・カレッジで学び、一九三五年に古典歴史の学士号をとったが、その在学中に左翼とかかわり、共産主義の活動をした、というものだ。宣教師一家のもとで日本に生まれ育ち、日本語にも堪能だったノーマンは、一九三三年にトロント大学ビクトリア・カレッジで古典歴史の最初の学士課程をおえた。三六年にハーバード大学院にすすんだ彼は、四〇年に日本史の博士号を得た。その博士論文はその年、『日本における近代国家の成立——明治期の政治的経済的諸問題』[*1]という表題で、「太平洋問題調査会(IPS)」国際事務局の手によって出版された。文体が表情ゆたかで、西洋史と歴史編纂にも造詣が深く、知的にも豊穣なその論文は、マルクス主義史家の研究をはじめとする幅ひろい日本の文献資料をもちいていた。マルクス主義史家は、一九三〇年代に大日本帝国が、学界や政治的左派の「危険思想」の弾圧に成功するまでのあいだ、国家の成りたちや権威主義、資本主義、一八六八年の明治維新につづく数十年でおこなわれた「不完全な革命」について、はげしい論争を繰りひろげていた。

一九四〇年から四九年まで、すでに外交官の道にすすんでいたにもかかわらず、ノーマンは封建末期と近代初期の日本について、いくつもの鋭利な長論文を書いた。彼は、明治維新後の日本政治における「封建的背景」に深い関心を寄せつづけた。だが同時に、草の根のようにひろがった抗議行動や民心の動揺にかんして、いきいきとした事例研究を紹介することにも気をくばった。そうした例のひとつが、千年王国的な運動をあつかった「「ええじゃないか」考」(集団ヒステリー)であり、別の例が、一八世紀の社会の不義に憤って伝統にいどんだ医者・学者の安藤昌益をあつかう論文だった。また、明治維新後、かつては士族階級が支配していた社会に、新たに導入された徴兵制度と、百姓一揆とのかかわりをあつかった論文もある。近代もっとも早くに登場した急進極右団体のひとつ、「玄洋社」にかんする論文もあった。一八七〇年代から八〇年代にかけておきた「自由民権」運動は、明治の寡頭政治家たちが、プロイセンに範をとって天皇のもとに立憲君主国をつくることで巧みにおさえこまれたが、ノーマンの表現によれば、その運動は、「リベラルな政治的異議申したて」という日本に土着の伝統をしめす代表例だった。

一九四五年の日本の敗戦後、ノーマンは、五二年までつづいた米主導の連合国軍占領当局へのカナダ政府代表として、東京に急派された。そこで彼の個人的な助言は、その歴史著作、とりわけ『日本における近代国家の成立』と相まって、大変な敬意をはらわれた。占領初期の重要な数年間、一九四〇年のノーマンの先駆的な研究は、日本の「民主化」にいどむ多くの改革派アメリカ人の政策立案者や行政官にとって、一種のバイブルになった。これは、まさに例外的な「機会《モーメント》」だった。その「機会」において、権威主義的で攻撃的、拡張主義的な国家は砕かれ、戦勝者が前例のないほどの権威をもち、進歩的な政治理想主義がしばしば優勢になった。さらにその時点だけでなく「未来」についての現実的な考えかたが、国家の近過去や、もっと遠い過去への洞察ある分析を要求する、といったことが折りかさなったのである。

ノーマンの著作は、その機会――困難ではあるが、やりがいのあるその機会――をとらえて、人を動かさずにはおかないやりかたで語りかけた。明治国家は「上からの革命」を押しつけ、その過程においてもっと徹底した「下からの革命」を消してしまった。そうしたノーマンの議論は、日本占領を、「明治国家の非民主的な遺制を廃止することによって、妨げられた革命を完成させる好機だ」ととらえる戦後の改革者たちを、勇気づけることになった。さらに、大衆の異議申したてについて、封建時代にまでさかのぼってあとづけた彼の考証は、つぎのような議論に実体をあたえた。つまり、敗戦国日本において、民主主義や、多元主義、民権や人権におけるもっと大きな平等主義をうながすことは、矯正できないほど進歩がおくれ、もともと階層的な社会に、「西洋」という外国の信念や価値観を押しつけようとする自民族中心主義の試みではない、という議論である。伝道、外交、学問それぞれの分野で、ほかの同僚よりもはるかに深く、ノーマンはふつうの日本人の大望と、それを実現する能力に、心からの尊敬をはらった。その多くは学者だったが、ノーマンの日本人の知人たちは、死後ノーマンについて、感動をよぶような思い出を語ったり、追悼文を書いたりした。哀悼を寄せたひとりの言葉を借りれば、日本にかんするノーマンの著作の特長は、「無名のものへの愛着」にあったというのである。[*2]

ノーマンにたいする私の関心は、一九六〇年代後半に燃えさかった。この解題のあとにかかげる抄録は、学究生活をはじめたばかりの駆けだしの歴史家の手による、ほぼ一〇〇ページにおよぶ長い論文からとった。アメリカにおける日本研究という狭い世界のなかで、この評論は、いささか扇動的とみなされた。ともかく、得策ではなかった。しかし数十年がすぎたいま、その評論はそこそこ、過去の歴史をめぐる議論の古くさい一例にしか見えないかもしれない。それでもなお、私はこの論集の原題『忘却のしかた、記憶のしかた』を、ここから着想した。この初期の作品は、はじめは文学に打ちこんでいた私が、歴史研究に身を転じてまもなくおとずれた「機会」の記録である。その「機会」に私は、歴史研究の鍛錬としてほんとうに必要なものは何か、また、主題を定めることが同時に、どのように他の主題や一連の調査を無視することになるのかについて、多かれ少なかれ、自問しはじめていた。当時私が学んでいた日本語の学問の言葉でいうと、これは「問題意識(problem consciousness)」とよばれる。今日われわれが「過去の構築《コンストラクション》」や「再構築《リコンストラクション》」と呼ぶ「記憶」は、必然的に「無視」や「忘却」をともなう。焦点をあわせて何かを熟視することは、それ以外のものから目をそむけることと、背中あわせなのである。

　いずれにせよ、ノーマンへの関心は不意に、いつもちがった方向からやってきた。一九六〇年代おわりまでに、あらゆる現実的な理由から、アメリカの学界では、ノーマン自身が忘れさられた。『日本における近代国家の成立』は絶版になった。この本にかぎらず、彼のほかの著作も、私が出ていたハーバード大学院の歴史講義では教科書にならず、議論もされなかったし、推薦されたという記憶すらない。この事実上の「情報統制《ブラックアウト》」には、もちろん、うわべのまことしやかな理由があった。いわく、ノーマンの先駆的な著作が出て以来、英語圏のかなりの数の歴史家、政治学者、経済学者が日本研究の分野に入り、守備範囲のひろいノーマン自身なら、きっと魅力的と思うような、多くの新たな一次、二次史料を利用するようになったからだという。同時に、私が発見したのは、この戦後や占領後の学界の傾向は、「明治国家の権威主義的な遺産」というノーマンの考えにたいし、根源的な敵意をもっていたということだ。

　日本史を研究する新米学者としてすごした歳月のうち、当時支配的だった「問題意識」がなんであったのかを名指し、きわめて正確に、その「問題意識」があらわれた日にちをも特定することができる。方法論上の教義は「近代化論」であり、一九六〇年にはじまる六つの国際会議は、この理論を日本に適用することにあてられた。ここにこそ、歴史研究の蓄えの大半が埋まっている、というわけだ。この「解題」のあとに掲載する抄録の元になった論文において、私はノーマンをふたたび舞台に登場させることで、「近代化論」にたいする留保条件をくわしく説明した。いわばノーマンを「想起」し、「記憶」することによって、とりわけ彼が提起した課題に注意を呼びおこすことで、留保の条件をあきらかにしたのだった。抑圧や軍国主義、戦争への悲惨な転落よりもむしろ、戦前の積極的な日本国家の達成を強調する「日本の近代化」というパラダイムにおいて、ノーマンが提出した問題は、とるにたらない位置づけをされていた。私が書いた論文の全文は、一九七五年に私が編者になって出版した『近代日本国家の起源　E・H・ノーマン選集』への序論[*3]として掲載された。その選集には、『日本における近代国家の成立』の全文が再録された。

たまたま、この長文の序論は私がはじめに思いえがいたものではなく、「歴史についてどう言葉を選ぶかによって、それがいかに予期しない方向にみちびくものであるのか」を学ぶ経験になった。ノーマンをつかって近代化論を批評することは、たんなる議論上の戦術ではなかった。というのも、はじめからそれを念頭に彼の著作に引きよせられたのではなかったからだ。反対に、日本占領をはじめとする研究をしようと決めてから、思いがけなく直感によって、はじめて『日本における近代国家の成立』に出会ったのである。この出会いによって、私は一九四〇年代のノーマンの影響について開眼し、今度はそれが、「歴史のもちいかた」について、想像できる最も手堅い方法へと私をみちびいた。もっとも、妙なことに、「歴史のもちいかた」という言葉とその実践は、私が学ぶ教室では、さほどはっきりした関心をひかなかった。だが、『日本における近代国家の成立』という研究論文を再録することは、占領初期のアメリカの政策立案を理解するうえで、将来への有益な寄与になるだろうと私は思った。これが、ほとんど月並みなきっかけにはじまり、ついにはノーマンの時代だけでなく、私の時代にもつうじる「歴史のもちいかた」について、長文の論考を書くにいたった経緯である。私は、博士論文を書きおえた翌一九七三年の冬休みに、出版社と私が考えていた短い序文を書きはじめ、春休みに仕あげた。春休みといっても、丸一年以上を費やしたあとの、それである。

思いがけなく長びいたこの仕事の一環として、私は日本での講演をふくめ、歴史家としてノーマンが書いたすべての著作を見つけだして、読むことになった。そのかかわりから、ノーマンの盛時から四半世紀を経た冷戦期にいる私の時代に、日本の歴史をどうもちいるかについて、私もはっきりと再考するようになった。「近代化論」が当時、「経験主義的」で「価値中立的」な学問として、いかに熱っぽく研究者に改宗をせまったかについて、いま思いおこすことは楽しいが、当時それに挑戦することは、異端になることを意味した。だが、さらなる探究が必要な、最も心をかき乱す歴史上の副次的な側面は、いかにマッカーシズムが、アメリカにおけるアジア学の分野とアジア政策全般をそこなったのか、ということだ。一九五七年のノーマンの自殺は、この魔女狩りに悲劇的な人間の顔をあたえたが、より幅ひろい宗教審問はその数年前、四九年に共産化した「中国の喪失」にたいするアメリカのヒステリックな反応からはじまった。このアジア分野にたいする破壊的な攻撃には、一九五二年の上院公聴会がふくまれていた。この公聴会は、信望ある「太平洋問題調査会」が数十年にわたっておこなった幅ひろい批評的な学究や論評を攻撃の標的にしていた。この調査会の賛助によって、ノーマンの『日本における近代国家の成立』も出版されていたのである(ノーマンを自殺に追いつめる攻撃は、数次にわたるのちの上院公聴会でなされた)。

この苦い歴史もまた、私たちの大学院でふれられることはけっしてなかった。当然にも、古参の学究には苦痛にみちたことがらだったろう。みとめるのは気まずいことだが、すくなくともここにいたって思うのは、この苦痛が、なぜ「近代化論」が冷戦政策にしっくり適合したのかを説明する助けとなり、マッカーシズムがアジア学の退路を断つうえで、その理論がいかに役だったのか、ということだ。一九四〇年代のノーマンとその仲間は、大日本帝国の近代化や西洋化がもたらした破滅的な結末と、共産主義の成功に道をひらいた中国の悲惨や腐敗、混沌に目が釘づけになった。これとは対照的に、「近代化論」の人々は、マルクス主義理論をこばみ、基本的には前むきな明治時代以降の日本の達成をえがくことにこだわった。こうして事実上、日本を中国に対抗する「非西洋資本主義」モデルに祭りあげたのである。日本にかんしてノーマンと彼の世代はこうたずねた。「何がまちがっていたのか?」。近代化論の人々は本質的にこうたずねることに焦点をあわせた。「何がよかったのか?」と。つまるところ、すべては質問次第なのだ。

ノーマンは今ふたたび、アメリカではほとんど忘れさられた[†]。マッカーシズムが英語圏のアジア学にあたえた衝撃もまた忘れられた。私が研究生活に入ったときに、学究調査においては何よりも重要とみなされた「近代化論」の流行もまた、忘れさられた。ベトナム戦争や公民権運動、フェミニスト運動にかき乱されつつ、私の世代のアメリカ人研究者が大人になった騒乱の一九六〇年代は、歴史、ことアジアの歴史研究にかんしては、たしかにほとんどが、過去の記憶の書き換え《メモリーホール》にゆだねられていたのだった。だが歴史の効用と濫用、学究にとって避けがたい「政治」、たずねられない問題を不断に問いつづける必要性、こうしたことが立ちさることはけっしてない。すくなくともそれが、E・H・ノーマンの著作の発見にみちびかれ、こう問うようになった私の結論である。われわれはいかに過去を忘却し、いかに記憶するのか、と。

〈著者による補足〉

† ノーマンはカナダでは忘れさられていない。そこでは彼の学問がより関心をあつめ、その悲劇的な死によって彼は、いくつかのグループで、アメリカの政治ヒステリーの犠牲になった国民的英雄の地位にまで引きあげられた。私が『日本における近代国家の成立』を再録してから二五年後の二〇〇〇年に、ブリティッシュコロンビア大学出版会は、この先駆的

な論文の「六〇周年記念版」を刊行した。これはローレンス・T・ウッズが編集し、結びとして、ノーマンとその仕事に対する一〇編の短い感想「昔も今も」を収録しており、私もその一編を寄稿した。

〈訳注〉
＊1　E・H・ノーマン『日本における近代国家の成立』（大窪愿二訳、岩波文庫、一九九三年）。
＊2　丸山真男「E・ハーバート・ノーマンを悼む」（E・H・ノーマン『クリオの顔——歴史随想集』大窪愿二編訳、岩波文庫、一九八六年）より。収録初出は、丸山真男『戦中と戦後の間　一九三六—一九五七』みすず書房、一九七六年。
＊3　本書「序」の訳注＊2に前掲。

一九四〇年に『日本における近代国家の成立』を出版したことで、当時三一歳だったE・H・ノーマンは、近代日本について、すぐれた西洋研究者としての地位を確立した。この著作は一〇年以上にわたって、徳川封建主義から明治期への変遷にかんする英語圏の解釈に、単著としては、おそらくもっとも大きな影響をあたえた。マルクス主義の流派をふくむ日本人研究者の調査を、かなりつかっていたため、この本は一九四七年に邦訳され、戦後の日本の歴史学に逆方向の影響をおよぼした。ノーマンは知を分かちあう才能と、情熱をもっていたので、このことに満足しただろう。

ノーマンは一九四三年に、『日本の兵士と農民　徴兵の起源』[*1]という小著を出版した。この本は西洋ではそれほどの関心をよばなかったが、何人かの日本人研究者によって、『日本における近代国家の成立』よりも、おそらくもっと独創的だとうけとめられ、一九四八年に邦訳された。一九四五年一月に米アーカンソー州ホットスプリングスでひらかれる太平洋問題調査会の会合で発表するために、彼は前年の一九四四年に、「日本政治の封建的背景」[*2]という、かなり長い草稿を準備した。この草稿の一部は『日本における近代国家の成立』の日本版に収められ、英文による「日本における集団ヒステリー」[*3]と「玄洋社　日本帝国主義の起源論」[*4]はこの草稿が元になっている。その全文はかつて英文では接することができなかったが、この選集に、はじめてその未刊の文章をおさめた。一九四九年にノーマンは、一八世紀に生き、ほとんど無名のまま伝統にいどもうとした知識人をあつかった研究書『安藤昌益と日本封建制の分析《アナトミー》』[*5]を刊行した。彼は安藤に「勇敢で独創的な精神」を見いだし、「抑えのきかない権威と抑圧にたいする抵抗を正当化する哲学」を築こうとした安藤にひかれた。この本は、影響力のない人物の肖像を紹介した作品とみられ、西洋ではどちらかといえば無視されていた。だが日本では、ほぼ同時に邦訳され、ちがう読まれかたをした。『日本の兵士と農民』のように、かなり独自性があり、重要な著作だとうけとられたのである。一九五〇年代のはじめ、ノーマンは日本の学術雑誌に、一般むけの歴史随想を数篇発表し、これは五六年に、『クリオの顔』[*6]という普及版で出版された。その随想集は西洋ではほとんど知られていないが、今回出版する英文の選集には、その日本語版への序言[*7]もおさめた。以下につづく議論では、その随想集の元になった英語草稿のいくつかを踏まえている。

こうした仕事が、ノーマンの書きのこした遺産の代表例だが、彼はまた、かなりの数の批評や講演、報告書を書いていた。この手の仕事は無視されてきたか、入手できないのがふつうだが、そうした仕事もまた、彼の歴史家としての資質と人間性を照らしだしている。ここにのべた全時期をとおして、ノーマンはカナダ政府の外交官であり、一九五六年から一九五七年にかけて、スエズ危機のさなかに勤めた駐エジプト大使で、その経歴は頂点にたっした。彼は若いころに左派の見解にくみし、その仲間とつきあったために、アメリカからたびかさなる精神的圧力を受け、一九五七年にカイロで自殺した。

ノーマンの死と、それにつづく西洋での彼の著作の黙殺は、戦後政治と、戦後の日本研究をめぐるアメリカの学界政治のいずれにとっても、悲しむべき一章である。だがこうしたことに反対《ネガティブ》の向きもあろうから、議論は後まわしにしたほうがいいだろう。ノーマンについて忘れられないこと、彼の主要な作品の再刊をとりわけ喜ばしいものにしているのは、日本を理解し、歴史家の責務を考えるうえで彼が積極的《ポジティブ》な貢献をしたことなのだから。彼自身のことばによれば、彼は「歴史に病みつき」になったのである。この選集の巻頭におかれた歴史の神クリオへの賛辞は、彼がこの天職に従事するうえで捧げつづけた献身や、歴史意識と人間の運命とのあいだに存在すると彼がみなした密接な関係を示唆している。最近の西洋の日本研究者にはほとんどみられないことだが、日本が専門分野であったものの、人間の歴史経験すべてが彼の研究領域だった。彼はハーバード大学で日本史の博士課程をおさめ、コロンビア大学でも調査研究をしたが、その前はトロントのビクトリアカレッジとケンブリッジ大学トリニティーカレッジで古代英国の伝統について薫陶《くんとう》をうけ、はじめのころの学問の素養は古代と中世の欧州史にあった。彼はラテン、ギリシャ、仏、独語を読み、イタリア語、中国語もつかった。彼の両親は長野県に赴任した宣教師で、生後一〇代なかばまで日本で育ったことから、日本語を自由にあやつった。彼の著作には、人もうらやむほどの東西の経験にたいする知識と、歴史の「繊細な織物」や歴史変化の複雑さにたいする謙遜が、すみずみまで息づいている。「彼は日本史研究者である前に文字どおり、世界史家」だった。ノーマンの死後、丸山真男は感動をよぶ追悼文でそう書いた。彼の深い学識は、「片々たる会話の底にいつもいぶし銀のような光を放っていた」[*8]のである。

＊　＊　＊

ノーマンの学問は、これからもなお研究が必要なさまざまな分野に注意をよびおこした。一九三一年以降の日本の侵略が、はたしてそれ以前の政策からの逸脱をしめしているのか、あるいはそれ以前の政策だけでなく、まさに日本という国家の性格がまねいた結末でもあったのかという重要な問題について、彼の議論は後者に強くみしている。日本人戦犯の有責性を評価するにあたって、一九二八年の張作霖爆殺事件[*9]をその分岐点だと立証した東京裁判を、ノーマンは「根はもっと深い」と暗に批判した。たしかに、後世に残された明治維新の不完全な性格や、軍国主義的な政策、権威主義的な構造からうまれた問題こそが、彼の近代日本分析の核心であった。この「有害な根源」という問題は、いまも生きている論点だが、近代化論者によって大幅に修正された。そのことは、「成長のジレンマ」を主題に「日本の近代化」を話しあった会議にもとづき、最近出版された評論集、とりわけジェームス・モーリの序説と、エドウィン・ライシャワーの総括論文に、それぞれ示唆されている。[(1)]モーリは、近代化論者が、おくればせながら「成長の病理学」の必要性をみとめたことにふれたが、日本については、まちがった失敗がどのように袋小路におちいったのかではなく、よきはじまりが、なぜつまずいたのかを理解しなくてはいけないと指摘した。

会議は必然的に日本における近代化努力のさまざまな局面の異常なまでの全面的成功を印象づけることとなり、したがって、なぜ物事がそんなにうまく運んだかの理由を説明しようとする大変な努力を重ねてきた。これに反し、一九二〇年代と三〇年代に対する検討がなされたときには、順調な論議の進行はしばしば乱れ、誰にも確信がもてず、どうにもはっきりさせることが難しいと知らされた理由によって、この時代の何かがうまくゆかなくなったことを誰もが認めたのである。[*10]

こうした見かたは、日本の体験そのものというより、だれがそうした見解を共有するのかということについて、多くを物語っている。というのも、近代日本の悲劇は、おもに戦間期のジレンマであり、半世紀の健全な発展のあとにおきたいわば「逸脱」であったという考えは、中国、台湾、韓国・朝鮮人の民族主義者には、けっして分かちあうことができない見かたであるからだ。また、「物事がそんなにうまく運んだ」という近代初期に、労働者・農民階級に属していた日本人の大多数にとっても、共有できない考えだ。この態度はまさに、近代化論の偏見をしめしている。この態度は本質的に、国家の立場と、「列強」間の協定によって定義され、固定された国際秩序の立場を反映している。このシステムにおいて発展は、国内外の「現状の枠内」におけるゆるやかな変化をくつがえすときのみに、「病理的」になるのである。こうして、日本の国内政策の場合、あきらかな例でいえば、工業化をはじめた重要な時期におきた女性の死や虐待、幼年労働は、国家構造の進展をけっして脅かさないゆえに「成長のジレンマ」とはみなされず、反対に成長をうながしたとされるのである。同じように、いなかや都会の貧しい人々に困難をもたらした二重構造は、明治維新からおよそ四代後に、急進主義をけしかけ、政府の落ちついた安定をくずす社会不安の亡霊となってはじめて、深刻な問題としてあつかわれはじめるようになる。ここでいう「ジレンマ」とは、日本の工業化や「成長」とは切っても切れない悲惨さ自体ではなく、手がつけられなくなってもかまわないとされた事実なのである。これにあたる基準は対外関係にもあてはめられる。日本による植民地獲得や、戦争を通じて中国大陸に軍の足場を築いたこと、対外搾取の目的で国際法を巧みにあやつったこと、他国の国内問題に介入して植民地的な支配下においたことなどは、それが成功したかぎりにおいて、「日本における近代化努力のさまざまな局面の異常なまでの全面的成功」の一部となり、現実的で抜けめない政治的手腕の例としてあつかわれるのである。信じられないことに、日本はアジアにおける西洋帝国主義の秩序に引きつづき協力し、中国の革命を抑えることに成功したため、ここに「成長の病理」の証拠としてしめした大部分は、排除されてしまうことだろう。

「近代化論」全体が、本質的には伝統的な議論への対抗理論であるように、さまざまな近代化の定式にはそれぞれ、「急進的な歴史観の伝統」を暗黙のうちに批判する標的がある。こうして「進歩概念」を強調することは、

「史的唯物論」や「弁証法的唯物論」(ちなみに、マルクス自身はこうした語句をつかったことはない)[2]にたいし、理想的なアンチテーゼを提供するための模索とみなされよう。同じように、「成長のジレンマ」や「成長の病理」という狭い概念をもちこんだのも、「資本主義の矛盾」という急進的な定式にたいし、あきらかな反撃を意図した、本来は保守的な試みだろう。だがそれは、ノーマン自身の取りくみにたいする完全なアンチテーゼにはなっていない。ノーマンはうたがいなく、戦間期の日本の瓦解がまだ十分に解きあかされていない、というモーリの意見に賛同しただろう。だが、つぎのような主張に、ノーマンがどのような反応をしたのかについては、議論の余地がある。その主張とは、「日本がまだ一部しか近代とよべない」時代に、日本の指導者がたびかさなる危機に直面したのだから、こうした瓦解の問題は、それほど重要ではないという考えだ。この見かたによれば、明治維新の負の遺産は、日本を戦間期の暗い谷間にみちびいた主因というよりは、むしろ国家の腫れもののようなもので、それは同時代のほかの問題にかきたてられ、はじめて破れるにいたったというのだった。モーリもライシャワーも、マルクス主義者による社会構造の強調を、「人間のいない歴史」とか「単一原因による決定論」とみなし、日本の発展を分析するには役にたたないとしりぞけ、問題の核心は、政治的な意思決定や、適切な優先順位をあやまったことにあると強く示唆した。ライシャワーはこの規範からの日本の逸脱を「沈滞」と特徴づけ、それがのちに、「日本の近代史の初期にあった理想と価値の力強い再現(傍点筆者)」をもたらしたのだという。彼は第一次大戦後の不均衡が、ある程度は、不自然にしいられた明治の成長からきていることはみとめたが、問題は諸制度にあるのではなく、むしろ、組織化された成長が、社会的、情動的、知的な態度をしのいだという事実にあるのだという。実際ライシャワーは、この四半世紀、西洋のどのような日本研究も、彼の見かたに根本的な修正の必要性を示唆するものはない、と指摘した。その見解とは、著書『日本──過去と現在』[*11]で彼がとった立場、すなわち「日本が道を誤った重要な問題」は、より広範な経済的・社会的瓦解というより、軍部による権力の簒奪にあったという考えである。

「軍部による乗っ取り」という議論にたいするノーマンの反応を推測する必要はないだろう。だが問題はこれをこえて、日本の経験を、日本の文脈にはっきりと焦点をあわせて見るというノーマンの仕事(ならびに多くの日本のマルクス主義者の分析)が、ある程度は、彼の多くの後継者によって極端にまで推しすすめられたことにあっただろう。近代化論者は、彼らが、より普遍的にあてはめられる分析様式を編みだそうと努力してきたというが、彼らの解釈は実際には、こと日本の侵略などの問題を説明する場合になると、しばしば日本の経験に特有の側面を強調したのだった。こうして一九二〇、三〇年代を語るにあたって、ノーマンの「封建遺制」という概念は一新され、論者にほとんど独りよがりな説明をもたらすものになった。たとえばモーリの本に収められたロナルド・ドーアと大内力の論文[12]においては、日本の侵略が、おもに「日本政治がおこなわれたイデオロギー的枠ぐみ」に由来するとされ、その枠ぐみとはすなわち、個人主義と対立する家族主義の集産主義的な倫理と信仰だったというものだ。西洋の学者における丸山真男理論人気によって、おもに日本帝国主義を、日本に固有の「国体」理念の文脈に位置づけることをつうじ、日本の体験の特有性に焦点をあわせる傾向がさらに強まった。この「特有性」という考えは、ノーマンとその後継者の仕事がしめす副次的《セカンドライン》な分析によって強化され、もしくは取ってかわられた。その分析とはすなわち、大正末と昭和初期の危機は大部分、日本がおくれて近代化にくわわり、急激にそれをなしとげたことで生まれた混乱と不徹底さによって説明できるという見かたである。ノーマンの有名な「時機《タイミング》のテーゼ」はたしかにこの方向をしめしており、近代化論者はこうした議論が本質的に、「成功物語」に全体の重きをおく彼らの基本的な考えと両立すると考えた。このようにして、日本の問題は一種の「病理学」として定義されたかもしれないのに、実際には「皮膚病学」としてあつかわれるようになる。日本のジレンマは、見苦しい状態になる前に、ちょっと軟膏をつければ避けられたかもしれない思春期のニキビによく似た、成長につきものの不幸な問題となるのである。こうした先入見は、日本の対外行動にかんする最近の多くの解釈を形づくるうえで、きわめて重要である。それは、日本の対外行動を考えるにあたって、(1)日本に特有の文化遺産に欠けている、(2)早い時期に「ゆるやかな」近代化をとげた、(3)たぶん日本よりも高次の官僚的合理化やブルジョア民主主義、「個人主義」を達成した、という三条件にかなった国々の行為と、日本が「類似」しているということから、目をそらすことになるからだ。「特有の価値」や「時機」をめぐる問題は、あきらかに、日本の行動を理解するうえできわめて重要であり、これは事実、戦略立案や「現実政治《リアルポリティク》」の観点から、その意思決定を率直に記述することでおぎなわれてきた。しかし、これまで真剣に検討されず、いまもなされていないことは、日本の体験がどの程度まで、やはり国内では抑圧、対外では侵略に関与してきた、理論的にはよりすすんだ資本主義国家の体験に似ていたのか、という問題である。このことは、特有の価値や、個別の政策決定の危機に着目する流行《はや》りの枠ぐみよりももっとひろい展望を必要とし、古典的なマルクス主義がいう意味での「下部構造」だけでなく、たぶん人類そのものの問題を再検討する必要性を、ここでも示唆しているのである。

ノーマンはこうしたことまで論じたわけではないが、彼の著作は、外交一般の分野で、別の示唆をあたえている。歴史家のおもな関心は目的ではなく結果にかかわるという彼の公理に見あって、ノーマンはより短いいくつかの論文で、日本人の海外での行動の性格に注意を呼びかけた。それは、残虐行為や軍部の腐敗、あるいは「狂信的な規律」という世間に流布したイメージとはじつは正反対だった軍の「命令不服従」や、支配地域でおこなった組織的な売春、そして金融上の侵略とともに、中国人の抵抗を弱めることを期待して日本人が中国でおこなった麻薬取引の重要な役割などである。こうした観察は、アメリカのジェームズ・クローリーや、全八巻の『太平洋戦争への道』[*13]の編集長となった角田順のような保守的な日本人研究者ら、日米の修正主義に照らしあわせれば、とりわけ興味ぶかいものがある。彼らの立場は、要するに、一九三〇年代の日本の指導者たちは「高貴で忠実」な男たちであった、というものだ。[3] この「高貴さ」の意味は、彼ら自身の時代背景や状況、価値によって、当時の人々を判断したいという気持ちを反映しており、うわべは、より「リベラル」なノーマンの表現と合致しているように見えよう。だがその「高貴さ」は同時に、大量殺戮や残酷非道にたいする容認、ほとんど無関心といっていい寛容さを暴露しており、その点であきらかにノーマンの理解の範囲をこえていた。歳月が鍛えあげた情熱は、モーリが論ずるように、鍛えられた評価をもたらすだけでなく、道徳への無感覚《アモラリティ》として再現されることもあるようだ。ノーマンが当時はっきり書いているように、日本の「高貴で忠実な」公僕の言動への彼の評価は、もっと辛辣で、憤りをしめすものだった。オットー・トリシャスの本への書評でノーマンは、露骨な侵略を「わが国はＡＢＣＤ列強に包囲されている」といい、大量掠奪を「大東亜共栄圏」とよび、二面外交について「三国同盟は太平洋の平和を維持するためである」というような「冗長で余計な恥知らずなまでに偽善的な日本の公式弁解」についてふれた。そして、外務省や陸軍省のいずれからだされたにせよ、そうした高尚なレトリックは「軍国主義者およびその文官嚮導者の ipsissima verba(そのままの言葉)が収められている」と論評している。[*14] ノーマン自身は、戦争犯罪裁判の妥当性を支持していたし、事実、占領のはじめの段階でＳＣＡＰ(連合国軍最高司令官)[*15]に派遣され、近衛文麿[*16]や木戸幸一[*17]ら、戦犯被疑者たちの予備報告を準備する任務を割りあてられた。権力者が行為の結果責任を負うということについては、あきらかに何の矛盾も見いださない一方、ノーマンが同時に、戦犯被疑者にのしかかった歴史的、同時代的な圧力を認識していたことは、『日本における近代国家の成立』の冒頭にしめされた彼の立場を反映している。そこで彼は、建築の設計は明治の指導者の役目であったが、それにつかう材料は、できあいのものしかなかったと書いた。[*18] 最近の西洋における日本研究は、東京裁判で有罪判決をうけた人々に、より同情的で、その動機に、よりふかい関心をよせている(逆説的なことだが、そうした研究は他方で、その意図が「真摯」だったからという理由で日本の民衆が戦間期の過激なテロリストたちを支持したことを、非難している）。問題は、けっして万人が満足する答えを出せないほど深い。それはまさに日本を研究する学者に残された疑問であり、このように基本的に重要な問題において、みずからの立場をどうあきらかにするかという、個人個人に突きつけられた挑戦である。

この問いかけはたぶん、哲学的な意味をおびるだろう。日本の対外行動にかんする在来型の学問の分野では、多くの仕事が手つかずのままだ。つぎのような問題について、英語で書かれた包括的な研究書は事実上、ほとんどない。たとえば、朝鮮半島と台湾の植民地支配の性格にかんする研究である。あるいは、一九三一年以前の満州での新植民地支配の性格についてはもちろん、関東軍、関東都督府、南満州鉄道、日本総領事、官民合同の「国策」会社、私企業などにいたっては、事例研究すらない。また、「右翼急進主義」や国家社会主義、国家専制支配、国内・対外政策の関係などの面で魅惑的な意味をもった満州国についてもそうである。また、中国における政治・経済的なかかわりあいや、ここで話題にしたすべての分野での軍事行動や、「鎮定」を目ざす活動などについてもいえることだ。別の機会にノーマンは、あたかも一方通行のように日本の対外政策にアプローチする危うさを警告している。彼は戦犯裁判にかんする文章で、歴史家は、「日本が単に他国に影響をおよぼしていたばかりでなく、ある形で影響をうけていた」ことを注意ぶかく理解すべきだとのべている。[*19] 彼は一九三〇年代の日中関係という特定の問題にかんしてこの点を指摘したのだが、後年はあきらかにそれをこえ、対中・太平洋戦争全般の歴史の再評価をともなうことになった。第二次大戦直後のチャールズ・ビアード学派に先例があるこうした修正主義は、最近もふたたび別のかたちで表明されている。その極限のかたちでは、西洋の過激な修正主義者（日本研究畑ではない）が、おもに巨大でグローバルな米英の経済的な威圧への反応という文脈において、世界大恐慌後のアジアにおける日本のおこないを再評価し、日本の侵略と戦争のおもな責任を、日本自体から西洋の帝国主義列強にうつすという興味ぶかい状況をうんでいる。その結論は当時の日本による公式の正当化にちかく、現代日本では、林房雄ら超保守主義の作家らによる太平洋戦争についての修正主義と一致する。将来の歴史家はかならず、日本のおこないを放免することなく、「日本問題」を理解するというジレンマに直面するにちがいない。そしてここでも、より古典的で根源的な一連の問題を認識せずに、「日本問題」を正確に理解できるとは思えない。つまりそれは、帝国主義列強間の矛盾という問題に向きあい、太平洋戦争が国家間や「民主主義」と「ファシスト」陣営間の衝突というだけでなく、資本主義の危機、さらに階級闘争や反革命とも分かちがたい危機でもあった、という論題を検証することである。そうした分析は「マルクス主義者」のレッテルをはりつけられるかもしれないが、しかしそれを避けることはたんに、当時そうした懸念が、枢軸国、連合国側双方の保守的な指導者のあいだに、驚くほどひろく行きわたっていたことを無視することになるだろう。

ノーマンの著作がしめす将来の一般的な方向は、比較研究の分野にあった。彼の偉大な才能のひとつは、たしかに、西洋史にたいする理解力の大きさである。それが彼の封建時代の日本研究と、日本の思想史理解を活気あるものにした。またそれが、彼の歴史観をみがき、研究者としての資格をあたえただけでなく、退屈するような言い訳なしに、封建主義や権威主義といった幅ひろい概念を一般化してつかうことをゆるしたのだった。その洞察力は、並はずれていた。ノーマンの死後に書かれた追悼文で丸山真男が論評したように、外国人の日本研究者とのつきあいは「事柄の性質上どうしてもこちらからの一方的サービスになりがち」で、「無精者の私などはつい面倒になって、なるべく敬遠する」[*20]。ところがノーマンはちがっており、見返りに多くをあたえてくれた。今の時代に、こうした知的背景に肩をならべる西洋人の研究者はほとんどいないが、そのことは、日本を、日本よりも大きな文脈に位置づけて見ることの重要性を否定するものではない(だがこれは、かならずしも近代化論の枠ぐみ内に位置づけることを意味するものでもない)。ノーマンが封建時代や近代初期の日本にもちいた歴史比較の見かたは、他の日本史の分野でも必要であり、きわめて具体的な問題からはじめて、これを発展させることができる。たとえば「幕末の大政奉還」期を、中国や欧州、米国で同時に荒れくるった大革命や内戦という文脈においてみること。あるいは植民地やアジア大陸でとった日本の行動を、同時期におきた中南米やフィリピンでのアメリカや、アジア・アフリカでの欧州列強の活動と比較してみること。たとえば田中義一[*21]内閣による治安維持法改正とサッコ・ヴァンゼッティ事件[*22]のように、日本の左翼への恐怖と、同時におきたアメリカの左翼弾圧とを比較してみること。そうした事例は、あきらかに、先にのべた問題に立ちかえることを意味する。つまり、日本の体験はどの程度まで、より進んだ国々の行動を照らしだすのか。逆にそうした他の国々の体験は、とりわけ戦争や搾取、抑圧などの問題にかんして、どれだけ日本を、よりひろい展望のもとにおくことを助けてくれるのか、という問いかけである。その回答はたぶん、日本の「教訓」は、「近代化」の尺度で日本よりも低い国々にとって主要な意味があるといった、上から下にむかう階梯効果を前提とした研究には見いだすことができないだろう。もし、ノーマンのように、力をつかうことだけでなく濫用にも関心があり、多様性や意思決定といった「価値中立的《バリュー・フリー》」な考察よりも、むしろ人間としての価値《ヒューマン・バリュー》に関心がある人なら、論理的にいって比較研究は、一九四五年以前の日本の経験と、戦後のアメリカ、とりわけインドシナでのアメリカの活動とのいちじるしくあきらかな類似性に示唆をうけるだろう。ベトナム戦争はまさに、日本の対中・太平洋戦争についての標準的な解釈を、徹底的に再評価する基礎をあたえるが、その疑問が今度は逆に、一九四五年以前の日本の体験が、戦後のアメリカの国家としての性格についてどのような洞察をもたらすのか、という問いに転化できるだろう。もちろん、その作業は特定の時期や国々をこえて深められねばならないが、こうした比較研究によって、学問理解と人道的な関心という二つの目標にむかって前進する近代国家それ自体の理論を洗練させ、発展させることは、たしかに可能であろう。

　戦後のアメリカの侵略と、第一次世界大戦から一九四五年にいたる日本の侵略の事例を一目みれば、比較分析ができる分野は、多くの次元にあるだろう。レトリックと現実の不一致は、いずれの場合にも露骨なほどはっきりしている。すこし前にアメリカが日本を非難するのにつかった「人道にたいする罪」をひろげながら、戦後のアメリカの政策立案者は、まさに日本人がその名のもとに先の侵略に乗りだしたのと本質的には同じ解放、民族自決、共栄といったスローガンをつかった。中国において日本は、アメリカがインドシナ〔ベトナム〕でそうであったように、民族的抵抗のもとで団結する民衆の意思に直面したときに、テクノロジーの限界をおおいに見あやまった。日米はともに、戦争の段階的拡大という、レトリックとコミットメントの罠にはまった。「防衛ライン」が再定義され、守るべき新たな緩衝地帯(アメリカの場合はドミノともよんだ)を設けるにつれ、軍事拡大はさけられなくなった。軍事的な関与が戦略資源の統制拡大を欠かせないものとするにつれ、政治的・経済的な海外への介入は増していった。戦術的にいえば、傀儡《かいらい》政権に依拠したことや、軍事的な「事変」を侵略拡大の口実に利用した点、「交渉」を紛争をひろげる隠れみのにつかったこと、戦争犯罪を容認したことなどで、日米はいちじるしく似かよっている(焦土作戦、市民への爆撃、生物兵器戦、捕虜の虐待と殺害、「宣撫」と戦略村などはすべて、日本軍がとった手法だった)。日米はまた、新植民地主義的な「地域統合」をとおして国益の増進を追いもとめた。

日米がみずからに不幸を、アジアの人々には悲劇をもたらしたやりかたは、国家政策の目標が、定義された国益を達成する手段よりもまさったときに起きる危機、という言葉で表現できるだろう。目標を見あやまったとか、目標がまちがって定義されたということには、ほとんど意味がない。なぜなら、そうすることはたんに、社会構造やイデオロギー、こうした国益が形成される権力の位置づけといった、もっと根源的な問題を、あらかじめ阻んでしまうからである。問題の核心は、日米の相互関係の力学を分析し、比較することにある。その力学とは、たとえば経済構造、成長や多様性がどのように軍事技術とかかわっているのかといった問題や、経済的・戦略的な関心が、対外拡張や海外での関与の増大をもとめる政策形成とかみあっているありようなどだ。日米はともに、市場とおなじく、天然資源の支配に関心があった(まさに、東南アジアの天然資源というところまで同じだった)。日米はともに、海外での一定の政治的・経済的な支配と国境外へのたしかな軍事展開によってのみ、国力が守られ強められるという、基本的でうたがう余地のない仮説のもとに行動した。それぞれの場合において、このヘゲモニーの探求は、民族主義的で革命的な地元の運動の挑戦をうけた。日本にとっては中国革命だったし、ヘゲモニー追求がグローバルだったアメリカにとっては、インドシナ革命だけでなく、第三世界じゅうに広がったまさに急進的な運動による挑戦だった。こうして反革命が、日米それぞれの外交政策の目標を定義するうえで重要になった。この事実はアメリカではあきらかだが、戦前の日本の政策でも中心を占めていたのである。ソ連に対抗し、その外側に「緩衝地帯」をもうける必要があるという、より大きな戦略的意味と、地元の急進的運動にたいするより具体的な懸念という双方の点で、反共主義は、冷戦にかぎった現象ではない。戦前の日本の外交政策はこの点を考えなければ理解できないし、一九四五年以降のアメリカは事実、中国とインドシナの革命に反対する未完の戦いをみずから引きうけたのであった(これは、やや異なる文脈だが、韓国についてもいえる)。

さらに、もし「国益」の定義と力学の問題から目を転じて、いったいだれが「国益」を形づくり、解釈したのかを問うなら、「だれが日本を支配したのか」という問いは、ある根源的側面で、「アメリカを支配するのはだれか」という問いと大きなちがいがないことはあきらかである。問題はたしかに複雑だ。だが、「支配者」から、ほとんど大多数が締めだされているということも、同じほどたしかだ。日米いずれの例でも、軍事・文民機関の連結が立ちはだかり、ほんとうの意思決定権力が、適法な権威の経路を迂回して、超機関《スーパーエージェンシーズ》の手におさまることが明白になるような状態が持ちあがった。そこでは、国益の基本的な定義に対し、国家のさまざまなエリート層から、根本的な反対がまったくおこらないという事態になったのである。

一九四五年以前の日本はもちろん、まさに戦後のアメリカにおいても、公然たる侵略で最高潮にたっした政策と国家目標の追求は、その専門的な手腕にすぐれ、当面の問題に欠かせない情報をひろく入手できる男たちによって形づくられたと論じることができよう。彼らの政治見解は、多くの場合、改革主義だったし、はっきりとした災厄になる以前、その政策は「リベラル」な傾向のあるアドバイザーによって支持され、しばしば導入されたのだった(近衛文麿の非公式な助言グループ「昭和研究会」をつくった知識人と、ジョン・F・ケネディの助言者たちや、まさに近代化論者自身とを比較するのは魅力的だ)。そして戦争への決断は、国益と国の威信が基本的に要請する問題について、長期にわたって「合理的」な熟慮をしたあげくになされたのであった。はじめて無益におわった日本の戦争について、国家の指導者たちが集団として不合理な考えにおちいったからだ、と説明するのは愚かなことだ。この時期の日本の文書にかんして、より興味ぶかく観察できることのひとつは、国防総省文書《ペンタゴンペーパーズ》で暴露されたようなアメリカの政策文書と、語調や主旨がかなり似ているということだ。「不合理」という概念は、負ける戦争に突きすすんだどんな国にもたやすく当てはまるが、それではなぜ、こうした戦争がくりかえされるのか、という問題を理解する助けにはならないし、戦争の一歩手前で「成功」した海外での抑圧という問題から、視線をそらすことにもなる。「成長の病理」にくわえて、たぶん、現代国家の官僚たちによって定義された「現実主義《リアリズム》」の病理を理解することが、必要だろう。

戦前の日本の状況と、戦後のアメリカの行動のちがいはあきらかだ。まず経済的、軍事的に、国際的な勢力分布のありようはおおいに異なっている。アジアにおける日本の目的は限定的だった一方、アメリカのインドシナにおける関与はグローバルな政策の見地でつくられていたという逆説があったとはいえ、日本の世界大戦と、アメリカの限定戦争とは対照的だ。さらにアメリカの場合は、ひろく行きわたったあらゆる基準からみて、機械化や合理化、世俗的思考の水準が高度に「近代的」である。つまり一九二〇、三〇年代の日本にくらべ、戦後のアメリカは経済的に、科学技術的にまったくちがうレベルにあり、理論的にはより多元的で、中間層がより優勢な社会であり、価値体系は「集産主義的」というよりむしろ「個人主義的」だ。選挙と代議制のシステムは損なわれておらず、名義上の元首は絶対君主ではなく選ばれた行政官であり、権力は理論的には憲法によって限定され、バランスを保っている。大統領の「最高司令権」にくらべられるような装置で、勝手に自主行動をするような、どんな軍事勢力もない。そしてアメリカ市民は、テレビや他のメディアをつうじて、戦前の日本の民衆よりもはるかに多くの情報をあたえられている。近代化論者によれば、ここでのべたような特質が欠けていることが、戦間期の日本の危機を長々と説明する道なのである。しかし、こうした特質が、一九六〇年代のアメリカの危機をさまたげなかったことは明白だ。そしてアメリカは日本よりも、ずっと活発な反戦運動を経験したとはいえ、実質的には日米いずれにおいても、効果的で長つづきする反政府運動をすることはできないことを証明した。学者たちが「合理化や機械化、進歩の信念」に心酔することをやめ、ここで展開したような幅ひろい批判的な比較のレベルで近代国家の性格を検討してはじめて、成長の病理をほんとうに理解できるようになる。そういっても、たぶん過言ではないだろう。

ここで示唆したような学術研究はあきらかに、計りしれない仕事だが、人生は短く、分野は小さい。こうした問題に取りくむようになるまで西洋の日本研究が十分に成熟した、とみなすことはむずかしいだろう。西洋の日本研究はさらに、研究者がアメリカの国家イデオロギーと癒着し、外交政策(「国家建設」といった)を補強したり、ある種の調査をやめさせたりするような状況では、なしとげられないだろう。より実際的な問題は、きびしく律した調査の基準を保ちながら、幅ひろい問題をまとめることのむずかしさにある。ここでもノーマンは実例によってはげましてくれる。彼の調査の徹底ぶりや、まさに彼の主要作品の表題がしめすように、その歴史的な見とおしと関心のひろさは、まったくうたがう余地がない。『日本における近代国家の成立』のような博士論文を提出することが、今日のアメリカの大学で受けいれられるというのは、ほとんど思いもよらない。しかしその著書は、実際に博士論文として書かれたのだし、ノーマンともっとも気があわない批評家ですら、ノーマンが、このテーマについて当時入手できた主要な史料を、最適のやりかたであつかうことができることをみとめた。そうした史料はいまや、もっとおびただしいものになったが、ここに強調した狭いが「深い」縦断的な調査が、知的にもっとやりがいがある仕事なのか、日本史のより深い理解のためにふさわしいことなのかどうかということは、切実な問題だろう。

ふたたびノーマン自身の言葉に立ちかえり、一歩あとに下がってこうたずねるのは、今や早すぎるということもないだろう。英語圏における日本研究の分野は、まだ体系のはじまりにすぎないのだろうか。それとも、たんに派生する脚注の増殖、研究論文という煉瓦の撒きちらしにすぎないのだろうか。写真屋のなかに画家はいるのだろうか[*23]。ノーマンの時代以降、日本の歴史研究に、人間の価値という感覚や、ほんとうに洗練された人間味のある精神は息づいているだろうか。ノーマン自身は、まさにこれらのこと、彼自身の基準に照らして評価されねばならないのである。彼の後継者もまた、ノーマンの基準に照らして評価されるべきだ。もし彼らがこうした基準を拒むのなら、彼らはそのかわりに、よりよい歴史感覚や歴史のもちいかたを提示したかどうかが、問われねばならない。

説得か破滅か　ノーマンの死

思想の自由な流れを守ることは、もちろんノーマンにとって、たんなる学問的関心をこえる重要事だった。一九四八年にノーマンは、福沢研究会三〇周年記念日に東京の慶応義塾大学で講演するよう招かれ、「説得か暴力か――現代社会における自由な言論の問題」という演題で話した。[*24] 彼はつぎのような見解から説きおこしている。「自由の歴史が辿る道はけっしてまっすぐな一本の道ではなく、むしろ曲りくねった道であって、ときには袋小路にはいりこみ、そこからまた苦しい回りみちをしなければならない」。自由は、「意識的にかちとらなければならないもの、熱心に守らなければならないものである。自由はそれが永らく勢力をもっていた国においても、これをおろそかにしたり冷淡であったりするならば、失われてしまうことがありうる」。彼は、「どんな政党、どんな宗教的信条、どんな社会階級も自由への奉仕において独占権を主張することはできない」と論じるが、同時にその特質からいって、彼はこの運動への最後の決定的な望みを、「自由の軍隊の兵卒となった多くの無名の庶民」に託し、「人民の欲求や希望がどれほど毅然として立派なものであるか」を強調した。

私は、人民大衆は圧迫と強制の下におかなければ愚かで気まぐれな行動におちいりやすいと考える人びととは流儀を異にします。ある状態のもとでそれに関連する事実を知らされるならば、人民は聡明で正しい選択を行うものであり、歴史の記録によって私のこの見解は裏づけられると思いますが、ことに人民が近隣の諸国民と友好的で平和な関係をもちたいと望む気持は生れつきの欲求といってもよく、これから推しても人民の選択が正しいといって間違いはないのであります。ある国民が初めからながいあいだの激烈な戦争宣伝を受けることなしに、自ら進んで他国民に侵略戦争を仕掛けるように要求したという例をあまりきいたことがありません。人民の心が隣人に対する憎しみと恐れでみたされるように、まず人民に統制を押しつけ人民を戦争謳歌でもって逆上させることに躍起となるのは、ほかでもない、侵略戦争を種に人民の生き血を搾ろうとする支配者たちであります。こうした支配者にとっては、人民の平和への欲求がはっきりと、何ものにも妨げられずに表明されることより恐ろしいものはありません。戦争前数年間の日本の悲劇的歴史に照してみても皆さんは私がこのように主張するのを必ずや支持されるでしょう。

自由にかんする彼の定義は、事実上、「自主政治《セルフ・ガバメント》(self-government)」という概念で言いあらわされる伝統的なリベラリズムに近かった。「自主政治」について彼はつぎのようにいう。「それが共和国であるか立憲君主国であるか、社会主義社会または資本主義社会であるか、それともたいていの社会が今日そうであるように社会主義と資本主義の混合物であるか、という名称の相違は別として、ともかく現代社会にとって最も合理的で常識的で文化的な生活方法をさしている」。彼はもともと、資本主義を攻撃しておらず、この決定的な点で、その立場はとてもはっきりと、急進的な思考とは異なっていた。ノーマンの政治的な前提は、第二次世界大戦末の西洋の報道官たちに流行《はや》った態度と同じであり、その後、日本占領の初期の改革政策でしめされた考え、つまり「民主主義国家」は戦争の口火を切らない、というものだった。このようにしてノーマンは、「日本政治の封建的背景」[*25]第一章の締めくくりの段落で、戦前の日本の専制政治を、「真に民主的な大衆運動、人民主権の観念、言論・出版・集会の自由」の欠如という、よく知られたリベラルなことばで説明する。もし人が、制度としての資本主義も、社会主義も攻撃せず、ブルジョワ社会が必然的に、最善で可能な民主主義の器であると考えたり、ある特定の国の政策が自由の大義を体現しているとみなしたりすれば、そこがノーマンとはちがう。ノーマンの関心は、ラベルや進路にあったのではなく、真の民主主義をつくることにあったのである。

「説得か暴力か」のなかでノーマンは、自主政治はその性質からいって「人民が政府の職員をその主人ではなく使用人または代理人と見なすことを意味するのであり、官尊民卑の旧思想とは全然反対のものです」と説明している。[*26]そしてこれは統制からの自由を意味していない。「自主政治の限度を越さないためには説得だけによるべきであって暴力を用いてはなりません。もっとも暴力という意味は必ずしも暴動のような行為を指すのではなくて、徴兵、納税などの法律に従うことを消極的に拒否することまでも指しています」[*27]。この言明は、ノーマンを理解していると思っていた人の多くを驚かせるかもしれない。日本の知識人のなかには、後年のノーマンのこうした考えの表明を、それ以前の立場の撤回の反映か、あるいは「転向」と解釈した人もいた。実際に、ゆるやかな革命的変革という問題や、法と抵抗といった問題もまた、あきらかに歴史家としての彼の関心の中心にあったが、それはいまだに、ノーマンの考えの最も複雑な面のひとつでありつづけている。この点について彼はのちに、本の表題となった「クリオの顔」のなかで、より適切な言葉でこう触れている。

そこで、試みに一つの公理として、あるいはこういうことがいえるのではあるまいか。すなわち、人間が暴力によって平和で繁栄した文明を破壊することができるあいだは、その必然の結果として物質的繁栄やより高度の文化への進歩という手間のとれる苦しい仕事はそのような血なまぐさく劇的な行動によってはなしとげられないと思われる。こうはいっても、残酷に抑圧された国または人民が何かの折りにその束縛を強力に打ち破ることを将来の進歩に必要な前提であると考える場合がないわけではない。しかし、そのような行動は、ド・トクヴィルがあれほど確信をこめて論じたフランス革命の場合のように、社会的心理的発展が永く困難な時期を経て一つの頂点に達したことを示す以外の何ものでもないのがつねである。盲目的群集暴力の自然発生的な行動は大国の社会・政治構造の中にあっては基本的変革をなしとげることがけっしてできない。[*28]

そしてすでに指摘されているように、ノーマンは以前、もし明治初期にもっと多くの血が流れ、それによって日本人がもっと本物の自由を勝ちとっていたら、世界は日本の侵略から免れていたかもしれない、と示唆したことがある。彼は「説得か暴力か」のなかで、プラトンの対話集「ソクラテスの弁明」と「クリトン」を引用することで、このジレンマを説明しようと努めた。ソクラテスは、自分の不服従の権利について妥協することも、国家が正しく制定した処罰の権利を否定することも、ともにしなかった。ノーマン自身がこれを逆説とみとめていたが、つぎの二つの教訓を強調する以上に、この問題を追究することは提案しない、とのべた。「第一に、自由と自主政治の関係につながる問題がどんなに微妙で複雑であるかということ、第二に自由な言論を制限するならば、自主政治社会は言葉の真の意味ではもはや自主政治ではないということ、この二つであります」[29]。しかし彼はまた、つぎの重要な点をつけくわえた。「ただ、ここで一言つけ加えておきたいのは、ソクラテスは自分がその親しい構成員であると感じていた社会のなかでの市民の遵法の義務をいっているのであって、このことから、もしかれが自分にとっていまわしい圧制社会に生きていたらはたしてどのような態度をとったであろうかという想像を試みることはできません」。この言葉は、ノーマンが矛盾しているとか、以前の立場から後退したというより、つぎのように示唆しているとみなすほうが正しいように思える。彼の考えには、すみずみまで、人間らしい暮らしや、文明化されたおこないといった基本的諸価値にかかわる固有の緊張があった。そして暴力や、こうした諸価値とは正反対の状況に大胆に立ちむかうことが、自由を抑圧し、人命を犠牲にし、真の自主政治の創出を阻むような制度を壊すたったひとつの頼みであるように思える、ということだ。著作において、彼はこの問題については、いくぶんか抑えぎみだった。人生において、彼はこの問題を避けることができなかった。そして彼の死においては、ソクラテスのように、逆説が残された。

ノーマンは慶応義塾大学での講演を、つぎの言葉で締めくくっている。

いったん自由がすたれると、人びとは自尊心をなくし、絶望や自棄や羨望や欺瞞や怨恨が廃園の雑草のようにはびこって来るでしょう。われわれは、過去の世代において、どうすれば或る国が自由を失い恐ろしい戦争を起すものであるかを目のあたり見て来ましたが、いかなる国民も自由を失えば後の時代に永続的な恩恵を遺すことはできません。いかなる感動も、子孫が誇りと感謝をもって仰ぎ見る豊かな営みも、あとには残らないのです。このことを一世紀前にジョン・スチュアート・ミルがいみじくもいっているではありませんか。「たとえ、有益な目的のためでも、人間が手頃な道具になるように人間の成長を矯める国家は、小人によっては偉大な事業を真に達成しえないことをやがて悟るであろう。」

世界は戦争と暴力の試練に苦しんでいます。世界がもし退歩する宿命にあるのでないならば、一国の階級と階級のあいだでも、国と国とのあいだでも、暴力は説得と理性に道を譲らなければなりません。恐ろしいことに、暴力はことに社会の不人気な少数者に対して振るわれやすいものです。気のいらだった政府はききたくない声を黙らせます。しかし、そうすると、社会はそのなかに面白く思わない不平分子をかかえこむことになります。また同じことが大国と小国との関係についてもいえるのです。

説得はただ理性と人間性にかなった方法であるだけでありません。それは、今日では自己防衛の唯一の方法でもあります。ですから、われわれはみな、国や身分を問わず、きびしい二者択一の前に立たされています。説得せよ、さもなくば破滅あるのみ。Persuade or Perish.[*30]

〈訳注〉

＊1　E・H・ノーマン『日本の兵士と農民』大窪愿二訳、岩波書店、一九五八年／『ハーバート・ノーマン全集　4』大窪愿二編訳、岩波書店、一九七八年。

＊2　「日本政治の封建的背景」『ハーバート・ノーマン全集　2』一九七七年。

＊3　「「ええじゃないか」考」として，E・H・ノーマン『クリオの顔』(大窪愿二編訳，岩波文庫，一九八六年)所収。
＊4　「福岡玄洋社」は，「日本政治の封建的背景」の第五章として『ハーバート・ノーマン全集 2』所収。
＊5　E・H・ノーマン『忘れられた思想家　安藤昌益のこと』大窪愿二訳，岩波新書，一九五〇年／『ハーバート・ノーマン全集 3』。
＊6　『クリオの顔』の邦訳は，まず一九五六年に岩波新書として刊行され，その後岩波文庫に収録された。
＊7　「クリオの苑に立って――序文にかえて」『クリオの顔』大窪愿二編訳，岩波文庫，一九八六年。
＊8　丸山真男「E・ハーバート・ノーマンを悼む」(『戦中と戦後の間』みすず書房，一九七六年／のち，前出『クリオの顔』岩波文庫に収録)より。
＊9　張作霖(一八七五―一九二八)は中国の軍人・政治家。馬賊出身で奉天派軍閥の総帥。一九二七年に国民政府の北伐軍と戦って河南で大敗。一九二八年に奉天に入ろうとして関東軍の陰謀による列車爆破で殺害された。
＊10　「序説――日本の選択とその結末」ジェームズ・W・モーリ編『日本近代化のジレンマ――両大戦間の暗い谷間』小平修，岡本幸治監訳，ミネルヴァ書房，一九七六年，八頁。
＊11　エドウィン・O・ライシャワー『日本――過去と現在』鈴木重吉訳，時事通信社，一九六七年／邦訳初版は岡野満訳，時論社，一九四八年。
＊12　「日本ファシズムの農村的起源」モーリ編『日本近代化のジレンマ』(本章訳注＊10に前掲)。
＊13　日本国際政治学会太平洋戦争原因研究部『太平洋戦争への道――開戦外交史』朝日新聞社，一九八七年。
＊14　「〈書評〉オットー・トリシャス著『東京レコード』」『ハーバート・ノーマン全集 4』。オットー・トリシャスは一九四一年二月から同年一二月まで日本に滞在した『ニューヨーク・タイムズ』紙特派員。外交の動き以外に，獄中記と捕虜交換船での帰国の旅行記をおさめている。
＊15　SCAP(連合国軍最高司令官)はポツダム宣言の執行を命じられた連合国の機関。その総司令部(GHQ)とあわせ，「GHQ/SCAP」と表記されることが多い。マッカーサーは米極東軍総司令官と同時に，連合国軍最高司令官として，GHQを率いた。SCAPは一九四五年に制度上，極東委員会の統制をうけることになった。
＊16　近衛文麿(一八九一―一九四五)は日中全面戦争期の首相。一九四一年に第三次組閣をしたが，東条英機陸相の対米主戦論に敗れて辞職し，敗戦後は拘引される直前に自殺した。
＊17　木戸幸一(一八八九―一九七七)は文相，内相などを経て一九四〇年から内大臣。昭和天皇の側近として大きな影響があった。東京裁判ではA級戦犯として終身禁錮刑の判決をうけるが，一九五五年に仮釈放される。
＊18　E・H・ノーマン『日本における近代国家の成立』大窪愿二訳，岩波文庫，二一頁。「建築の設計は明治の設計者たちの役目であったが，それに使う材料はほとんどできあいのもの，すなわち前の時代の遺産であった」。

＊19 「戦争犯罪人裁判の観察」『ハーバート・ノーマン全集 2』三九七頁。
＊20 丸山真男「E・ハーバート・ノーマンを悼む」(『クリオの顔』岩波文庫)より。
＊21 田中義一(一八六四―一九二九)は陸軍大将、政治家。一九二五年政友会総裁。一九二七年に組閣し、対中強硬外交を進め山東出兵をおこなう。張作霖爆殺事件の処分問題で総辞職をする。
＊22 アメリカで起きた冤罪事件。強盗事件の容疑で一九二〇年に逮捕されたイタリア系移民のサッコとヴァンゼッティは、十分な証拠もないまま一九二一年に死刑判決をうけ、一九二七年に処刑された。二人が無政府主義だったことが偏見につながったとされる。
＊23 「歴史の効用と楽しみ」に、以下の記述がある。「いうまでもなく、われわれは事実を含む相当豊富な知識を所有せずには歴史を書くことができない。しかし、ただ煉瓦をむやみに積みあげても家ができあがらないと同様に、事実に関する知識をやたらに並べても歴史はできあがらない。歴史とは本来関連した事実を選び出して、その相互関係を評価することである。歴史家の仕事は写真屋の仕事よりはむしろ画家のそれに似ている。すなわち歴史家は与えられた歴史上の問題のなかから顕著な特色を選び出して、これを排列し強調しなければならないのであって、目についたものを手当り次第に並べたててはならないのである」(『クリオの顔』岩波文庫、七七―七八頁)。
＊24 『クリオの顔』所収論文。以下の訳は、大窪愿二訳による。
＊25 『ハーバート・ノーマン全集 2』六五頁。大窪愿二訳による。
＊26 『クリオの顔』岩波文庫、二九頁。
＊27 『クリオの顔』岩波文庫、三〇頁。
＊28 『クリオの顔』岩波文庫、五一頁。
＊29 『クリオの顔』岩波文庫、三三頁。
＊30 『クリオの顔』岩波文庫、四三頁。

第二章

二つの文化における人種、言語、戦争
――アジアにおける第二次世界大戦

解題

一九八六年に出た『容赦なき戦争——太平洋戦争における人種と権力』[*1]という題の研究論文で、私は歴史研究家として焦点をあわせるように訓練された公式・準公式の文書を、漫画や映画、歌、スローガン、荒っぽい話し言葉のレトリックなど、さまざまな非公式の「テキスト」と混ぜあわせようと試みた。ひとことでいえば、磨きあげられ、選びぬかれた公式の史料と、より本能的な表現や、われわれ人間の営みがもつ力学を統合しようとしたのである。こうした大衆文化の歴史研究はその時期、欧米については学問の分野で真価を認められつつあった。しかしアジアの分野では、それほど手がつけられておらず、私がえがいたように、英米人と日本人を同じ水準で比較することは、きわめてまれだった。

むしろ第一章で抄録したノーマン論と同じように、『容赦なき戦争』は、結局できあがった本とはちがうところから出発したのである。日米間でめだった太平洋戦争における悪意にみちた人種間憎悪は、戦いがおわるとただちに雲散霧消した。戦後の日本について書くつもりだった草稿の冒頭には、それがいかに驚くべきことなのかについて、おおまかな論評を書いた。この文章は、もっと敷衍する必要がある、と私は考えた。文章は段落に、やがては章になり、最後は一冊の本になった。

人種差別的な考えは、アジアにおける戦争のすべての側に国民の団結をもたらし、殺戮を容易にさせた。だが、私が論じたのは、その戦いの原因や遂行を理解するうえで、人種差別主義が重要な要因である、ということではない。むしろ、英米人と日本人という敵対者が、それぞれのやりかたで、戦意を高揚し、戦争遂行を煽るために、人種的なアイデンティティを汲みあげたのである。この人種差別は、公式のものから野卑なものまで、言葉のすべてのレベルに埋めこまれており、そうした競走馬の目隠し革のような覆いは、たとえば諜報評価などで戦争遂行の目をくらませ、殺戮の機械を最大限まで焚きつけたのだった。そして、ひとたび日本が敗北したことがわかると、それは蛇口をひねるようにとめられ、ほとんど霧消した。人種差別はいつもわれわれにつきものだが、その慣用語《イディオム》と使いかたには、驚くほど伸縮自在な順応性があることがわかる。

ここに再録した論文は、『容赦なき戦争』で展開したテーマを要約したものであり、一九九六年に刊行された評論集『アメリカ文化における戦争』[*2]に収められた。実質的には同じ文章が、一九九三年に出版された私の評論集『戦争と平和における日本』[*3]に収められているが、今回の版には、近代の騒がしい雰囲気を再現するにあたって、いまやまともな取りくみには欠かせなくなったような、ビジュアルな資料を取りいれた。

〈訳注〉
＊1　ジョン・W・ダワー『容赦なき戦争——太平洋戦争における人種差別』猿谷要監修、斎藤元一訳、平凡社ライブラリー、二〇〇一年／邦訳初版は『人種偏見——太平洋戦争に見る日米摩擦の底流』TBSブリタニカ、一九八七年。
＊2　Lewis A. Frenberg and Susan E. Hirsch, eds., *The War in American Culture: Society and Consciousness during World War II* (University of Chicago Press, 1996).
＊3　ジョン・W・ダワー『昭和　戦争と平和の日本』明田川融監訳、みすず書房、二〇一〇年。

ほとんどのアメリカ人にとって、第二次世界大戦はいつも、何か特定のものを意識し、ほかは忘れさるものだった。自由、民主主義、正義といった御旗のもとに、特定の人種の陸海軍と戦うことの偽善性は、ついぞ率直に認められたことはなく、今はほとんど忘れられている。アジアにおいて日本は、蘭領東インド(インドネシア)、英領の香港、マラヤ、ビルマ、米国支配下のフィリピン、仏領インドシナの人々を支配したことできびしく非難されたが、そうした非難が特異な状況下におけるものであったことは、理解されなかった。意識と記憶は、ほかの意味でも人をあざむくものだった。もしだれかがいまのアメリカ人に、第二次世界大戦がどのような点で人種差別的だったのかと聞けば、圧倒的多数は、ナチスによるユダヤ人大量虐殺《ジェノサイド》をあげるだろう。しかし戦争のさなかに、アメリカ人がもっとも残虐とみなしていた敵はドイツ人ではなく、日本人だった。そして彼らの感情をもっとも大きくかきたてた人種問題は、アジアでの戦争と関連していた。

ほとんど例外なく、アメリカ人は日本人が比類ないほど邪悪であるという考えにとりつかれていた。ピューリッツァー賞の歴史部門で二度受賞したアラン・ネヴィンスは、戦争直後、「おそらく、われわれの全歴史において、日本人ほど嫌われた敵はいなかった」とのべた。もっとも敬愛されたアメリカ人戦争特派員のアーニー・パイル[*1]も、悪びれることなく、同じ感情をしめした。欧州戦線を数年取材したあと、パイルは太平洋戦線に派遣されたが、その数週間後の一九四五年二月に、彼は数百万人の読者にむけてこう書いた。「欧州でわれわれは、敵が恐るべき、不倶戴天の存在だと感じたが、それでもまだ人間だった。ここにきてまもなくわかったのは、日本兵がなにか人間以下で、ゴキブリやネズミのようにおぞましいものとして、友軍から見くだされていたことだった」。つづけてパイルは、はじめて日本兵捕虜を見たときの感想をこう書いている。「彼らはふつうの人間のように取っくみあいをし、笑ったり、話したりしていた。だが、私はぞっとして、それを見たあとに、心の洗濯をしたくなった」。『サイエンス・ダイジェスト』のように穏健な雑誌も「なぜアメリカ人はナチスよりジャップを嫌うのか」という表題の記事を載せた。米政府は(やがて米連邦最高裁のお墨つきも得て)、ドイツ系、イタリア系ではなく、日系アメリカ人を強制収容することによって、日本人を人種上の敵に指名することを公認した。もちろんそれは、もっとも形式ばった、分別ある言いまわしをつかってのことだったが。

アメリカ人が人種を考えるにあたって、ドイツ人とそのユダヤ人虐殺よりもむしろ、日本人に重きをおいたのは、さほど驚くべきことではない。英国やほかの大半の欧州諸国と同じように、アメリカでは反ユダヤ主義が強く、とりわけデヴィッド・ワイマンが見事に明かしたように、ホロコーストは知りつつも無視したか、無関心のことがらに属していた。他方で日本の侵略行為は、白人優越主義のもっとも深い奥底まで刺激し、世界の終末論に近い反応を引きおこした。ハースト系の新聞がわざわざ社説で論評したように、欧州での戦争は、いかにひどいものであれ、西洋文明の本質をおびやかすことのない「身内のたたかい」だった。あるハースト系の新聞は無遠慮にも、太平洋戦争を「世界支配をめぐって東洋人が西洋人にしかけた戦争」と決めつけた。

そこには、ほとんど理屈ぬきの合意があった。こうしてハリウッド映画はおきまりのように、ナチスと一緒に善良なドイツ人も描いたが、「善良な日本人」を描くことはほとんどなかった。政治諷刺の漫画家たちは枢軸国の三人組を描くにあたって、きまって敵国ドイツにはヒトラー、敵国イタリアにはムッソリーニの顔をあたえたが、日本にたいしては、背が低く、丸顔で反っ歯、目尻がつりあがって、しばしば近眼にベッコウ縁の眼鏡をかけているという地味で、均一な「日本人」の戯画をあたえただけだった。同じように、きまり文句をつくる人々は、よく考えもせずに、『サイエンス・ダイジェスト』の見出しにあった「ナチスとジャップ」などの常套句にはまった。たしかに、ドイツという敵が、ナチスという「悪いドイツ人」で括られて《コンフレーテッド》いたのにたいし、日本という敵は、たんなる軍国主義者や日本人全般、あるいはどこにでもいる日本人という民族集団でもない「超日本人」、つまり「東洋人としての日本人」にまで嵩あげされて《インフレーテッド》いたのだった。ポピュラー音楽業界はいつものように、ただちにアメリカ人の気脈を見てとった。真珠湾攻撃に触発されてうまれた多くの流行歌のひとつは「アドルフ・ヒトラー、黄色いジャップ、恐るにたらず[*2]」という題名だった。真珠湾攻撃と、その後あまりに早くつづ

図 2-1 「アドルフ・ヒトラー，黄色いジャップ，恐るにたらず」．この流行歌がしめすように，アメリカ人はおきまりのように「ヒトラー」や「ナチス」のようなドイツ人の敵を，ドイツ大衆の一部とみなした．同時に他方では，日本人について「ジャップ」と一括し，より大きな黄禍とさえみなした．©Galerie Bilderwelt/Hulton Archive/Getty Images.

いた東南アジアでの宗主国列強への驚くべき日本の勝利は、最悪の「黄禍《こうか》」の悪夢を、正夢にしたかに思われた。

もちろん、アジアにおける第二次世界大戦は、たんなる人種戦争ではなかったし、あるいは主として人種戦争、というわけでもなかった。連合国側でも枢軸国側でも、同盟は人種をこえており、権力とイデオロギーという根本の争点が問題だった。しかし英米人と日本人という敵対者にかんするかぎりは、マニ教的な善悪二元論の人種的特色が、ほかの争点をしのいでいた。これは日米のいずれにもいえることだった。日本人もまた人種差別主義者であり、白人の敵にたいし、またそれとはいちじるしくちがうが、彼らの「大東亜共栄圏」に組みこまれたアジア人にたいして、差別的だった。こうしてアジアにおける戦争は、非常に鮮やかな事例研究を提供しているのである。その研究をとおしてわれわれは、人種、言語、暴力がもつれあった糸球を、比較研究の視座からくわしく検討すべきなのである。それは、過去に豊富な事例があるばかりか、日米関係が一変してなお、人種的な緊張に引き裂かれている今でも役にたつことだろう。

戦争は、さまざまなかたちで、人種差別主義者の認識の核心にあるパターンをあらわにした。紋きり型の表現、婉曲な言葉《コード》、平凡な比喩、映像によるステレオタイプなどが、それである。そうした考えかたや話しかた、ものの見かたは野卑だが、その俗悪さはけっして、ある特定の社会階級や教育水準、政治イデオロギー、場所や環境(たとえば、戦場にたいする銃後や、銃後にたいする権力と政策立案の中枢)に特有のものではない。多くの場合、人種差別主義者の認識と表現のパターンは、これとはまったく反対で、とらえがたく、ニュアンスに富み、経験主義と知性の言葉をよそおっていた。これもまた典型的だった。うわべは客観的な観察も、しばしば偏見のレースで飾られているものだ。

人種差別主義者の認識が行動をかたちづくるということは、明白なように思えるかもしれない。だが戦争の体験は、それがどれほど微妙に、どれほど多くの異なるレベルで起きるのかについて、注意をうながしている。神話(この場合は人種という神話)は、冷静で合理的、かつ経験主義的な観察からみちびかれた結論を、ほとんどいつも覆してしまう。それは、一大異変がおきて、神話を払いのけるか、その信用を失墜させるまでつづく。たとえば、お粗末な航海士、適性のないパイロット、構想力に欠ける戦略家という、白色人種《コーカシアン》が日本人に抱いた神話を打ち砕くには、真珠湾攻撃とシンガポール陥落を必要とした。英米人はあまりに堕落し個人主義的になりすぎているので、遠くにいる敵との長い戦いに備えることはできないという、日本人の独断を追いはらうには、長く残忍な戦いを必要とした。われわれは軍事情報の収集という現代の信仰に魅せられるあまり、まったくの偏見がどれほど広範囲に、情報の評価を潤色し、相手の過大評価や過小評価を引きおこすのかということを、しばしば理解できずにいる。さらにそれをこえて、人種差別主義はそのもっとも極端なかたちで、絶滅を容認する。ユダヤ人虐殺はもちろんその例だが、獣や害虫、鬼を退治するというもっとパターン化された平凡なレトリックも、アジアにおける殺戮の容認を助長したのだった。

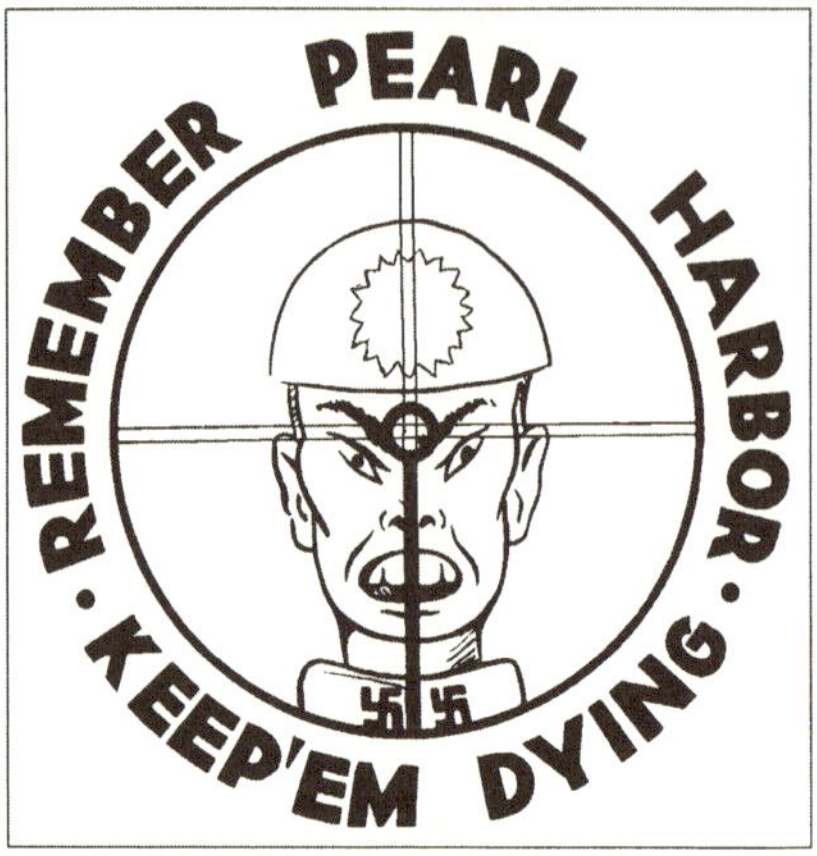

図 2-2　「リメンバー・パールハーバー．やつらを死なせておけ」
「いいジャップは，死んだジャップだけだ」という考えは，戦争の全過程をとおしてアメリカの常套句だった．米海兵隊の月刊誌に掲載されたこの図版にみられるように，真珠湾奇襲にたいするまじりけのない憤怒が，この感情をおおいに強めた．『レザーネック』誌 1942 年 3 月号より．

第二次大戦のあいだ、英米の考えを支配した日本人への人種差別の認識は五つのカテゴリーにまとめられる。一つめは、日本人は人間以下というものだ。二つめには、彼らは「ザ・リトル・メン（貧弱な連中）」で、肉体的にも道徳面でも知的にもすべて西洋人に劣っているというものだった。三つめは、集団としては未開で子どもじみていて、無分別だというものだ。これらの重なりあう考えは、露骨にも表現されえたが、社会科学者や昔ながらの日本通から、「経験主義的」な裏書きもなされたのだった。だが同時に四つめとして、日本人は超人《スーパー・メン》としても描きだされた。とりわけこれは、衝撃的な初期の勝利の直後にいちじるしかったが、見くだした敵が、ザ・リトル・メンであると同時に、超人でもありえるということが、この考えかたの特徴である。最後に、第二次世界大戦の日本人は、黄禍という悪夢を現実のものにした。この終末論的なイメージは他のすべてを包みこみ、たんに戦争の憎しみや日本人の行動への反応というだけではなく、人種憎悪こそが問題となっていたことを、まぎれもなく明確にした。

敵を非人間化することは、戦闘中の人間にとっては望ましいことだ。それは人を殺すことへの良心の呵責や迷いを消しさり、そう理由づけることによって、自己保身にも寄与する。「つまるところ、敵は同時におまえを非人間化し、殺そうとしているのだ」。太平洋戦線の連合国軍の兵士たちのあいだでは、こうした態度がごく自然に、どこでもおこなわれる狩猟の比喩となってあらわれた。密林で日本兵と戦うことは、「故郷の森にいる小さな獲物」を追いかけるか、肉食の獣を追いつめるようなものだった。日本兵を殺すことは、走るウズラを仕留めることや、ウサギを狙い撃ちにすること、あるいは死に物ぐるいになった獣を窮地に追いこみ、やっつけることになぞらえられた。スポーツマンだった男は今や兵士として、「より大きな獲物狩り《ゲーム》」をするだけだった。ある兵士は、まるで郷里で鹿狩りをするように、しゃがみ込むジャップに銃の照準器を合わせた。

しかし、殺戮が戦闘地域にとどまったわけはなかったし、非人間化の比喩も、こうした一般的で、ほとんど思いつきのレベルにとどまったわけではなかった。アメリカでは、店頭の窓に「ジャップ狩り解禁」の掲示がはられ、日系アメリカ人の強制収容をともなうヒステリーのさなかに、「ジャップ狩猟免許証」がくばられた。狩猟の心理は、より広範な絶滅の心理と区別しがたくなり、そのことは、戦場で日本兵を捕虜にすることをやめただけでなく、日本の一般住民にまで殺戮をひろげることに、咎《とが》を感じなくなることを意味するようになった。ここにいたって、人種戦争のより正確な言葉とイメージはあきらかになった。日本人は害虫だった。もっと行きわたったイメージは、日本人が類人猿やサル、「黄疸になったヒヒ」というものだ。アジアにおける戦争は、振りかえっていまだに衝撃をうけるほど非人間的な軽蔑語をひろめたが、戦争が、そうした形容を大量にうんだのではなかった。こうした蔑視の言葉は深くヨーロッパ人、アメリカ人の意識に埋めこまれた人種差別の古典的な言葉の綾であった。戦争はたんに、弾みをつけてそれを解きはなったにすぎない。

害虫というのは、元はナチスがユダヤ人につかった典型的な比喩であり、その非人間化のおぞましい結果は、アジアにおける戦争でもそのイメージが流布していたことを覆いかくしてしまった。硫黄島で報道陣は、海兵隊員たちがヘルメットに「ネズミ駆除人」と刷りこんで戦闘におもむいたことを面白おかしく指摘した。火炎放射器で洞窟にいる日本兵を焼き殺すことは、「ネズミの巣を一掃する」と表現された。真珠湾攻撃からまもなく、巣でくつろぐ日本人の害虫を絶滅するようすはひろく拍手喝采をあびた。一九四二年なかばにニューヨークで終日つづいた凱旋行進で、もっとも人気を集めた大風船の山車《だし》は、「東京よ、待っていろ」と題して、半狂乱の黄色いネズミの群れに降りかかる爆弾の雨をかたどっていた。海兵隊の月刊誌『レザーネック』[*3]の一九四五年三月号には、「ニッポンシラミ(Louseous japanicas)」という昆虫の諷刺漫画を載せ、このシラミの伝染病は太平洋で根だやしにされつつあるが、「疫病の源を完絶するには、東京圏の温床を全滅させなければならない」という説明をつけた。「ニッポンシラミ」という比喩は、日本の諸都市を焼夷弾で組織的に爆撃するという政策のはじまりとほぼ同時にあらわれ、米社会のあらゆる層にみられた絶滅や、皆殺しにたいする超然たる寛容のレトリックを正確に映しだしていた。在ワシントンの英大使館が本国への週報で指摘したように、アメリカ人は日本人を、

THE MONKEY FOLK

"Always pecking at new things are the bandar-log. This time, if I have any eyesight, they have pecked down trouble for themselves."—*The Jungle Book.*

図 2-3 『ジャングル・ブック』より(モンキーたち「やつらは，やりかけたことを，やりとおすなんてこと，けっしてないんだ．いつでも，なにか新しいことをつつきまわしている，それがバンダー・ログなんだ.」〔邦訳はR・キップリング作『ジャングル・ブック』木島始訳，福音館書店，1979年〕

ラドヤード・キプリングによる『ジャングル・ブック』からの引用を掲げた全ページ大のこのイラストは，日本軍がマレー半島を南下しつつある時期に，英国のユーモア雑誌『パンチ』の 1942 年 1 月 14 日号に掲載された．1 月 31 日に英軍はマレーを放棄し，4 万人近い戦争捕虜が日本軍の手中に残された．2 週間後の 2 月 15 日，シンガポールにある英国の「難攻不落の要塞」は，ざっと数えて 3 万人という，ずっと少数の日本陸軍に無条件降伏し，英印豪の英連邦軍 8 万人が，さらに日本軍の捕虜となった．Reproduced with permission of Punch Limited.

「名もない害虫の大群」とみなしていたのである。

日本人を類人猿やサルとみなすことも、害虫と同じように、特定のグループや場所にとどまらなかった。真珠湾攻撃の前ですら、英外務省の事務次官だったアレクサンダー・カドガン卿は、日記でおきまりのように日本人を「いまいましい小猿たち」同然と呼んだ。日本の降伏後、米陸軍のロバート・アイケルバーガー将軍は、降伏手つづきを手配するためフィリピンにむかう途上、妻にあてた手紙で日本人の使節団に言及し、「まずサルたちが、マニラに来ることになっている」と書いた。西洋の政治漫画家たちのあいだで、サルの姿はたしかに、もっとも人気のある日本人の諷刺画だった。ロンドンで活動した才気ある反ファシストの漫画家、デヴィッド・ロウもこれを好んだ。米紙『ニューヨーク・タイムズ』も日曜版に定期的にそうした図を載せ、あるときには日本人を、系統進化で類人猿と人類をつなぐ「失われた環《ミッシングリンク》」と呼ぶほうが、より正確だろうという独自のコメントをつけた。英領シンガポールが陥落する前夜、英国のユーモア雑誌『パンチ』は、まるまる一ページをつかって、ヘルメットと銃を身につけ、樹から樹へと渡るチンパンジーの姿で日本兵を描いた。米誌『タイム』は一九四二年一月二六日号の表紙に、サルの侵略者と、インドネシアの品位ある

図 2-4　アジアにおける戦争を，日本の「サル人間」と，文明化された白色人種の戦いとみる英米人に流行りの表現は，米『タイム』誌の 1942 年 1 月 26 日号の表紙で全米の読者につたえられた．そこでは，蘭印軍の司令官と，樹にぶらさがる類人猿の兵士が描かれている．日本軍は 1 月半ばにオランダ領東インド(蘭印：いまのインドネシア)に侵攻し，蘭印軍は 3 月 8 日にジャワで降伏した．その結果，4 万人以上のオランダ軍人と民間人が収容所に引きわたされ，住民に残忍な仕打ちをする日本の占領体制に道をひらいた．「ポールテン陸軍中将」©1942 Time Inc. Used under licence.

図2-5　1944年5月22日号『ライフ』誌に掲載されたこの有名な写真で，若い娘はボーイ・フレンドから送られた「ジャップの頭蓋骨」をうっとりと見つめている．アメリカの戦闘員たちが太平洋戦域でこうした陰惨な戦勝記念(トロフィー)を集めたことはよく知られているが，こうしたことを独伊人の死者におこなえば，冒瀆として騒ぎになっただろう．©Ralph Crane/TIME & LIFE Images/Getty Images.

オランダ軍を対比する同じイメージを載せた。洗練された米誌『ニューヨーカー』も、樹間にひそむ猿男たちの図に、気のきいた着想があると考えた。米紙『ワシントン・ポスト』は一九四二年の諷刺漫画で、「ジャップ」と名づけたゴリラの絵と、ただ「ヒトラー」と書いたヒトラーの絵を一対にして載せ、フィリピンでの日本軍、チェコスロバキアでの独軍の残虐行為をくらべた。『バターン』や『ガダルカナル日誌』など評判のハリウッドの戦争映画で、米兵(GI)たちはおきまりのように日本兵をサルたちと呼んでいた。

「サルたち」という、どこにでも見られる非人間的な慣用語は、偏屈な西洋の図像学の豊かな伝統に由来しており、品位をおとしめる人種差別のステレオタイプが、偏見の対象をつぎからつぎへと気ままに変えていく本性を、いきいきとあらわにしている。たとえば『パンチ』の画家たちは、日本人を樹上に描くほんの少し前までは、アイルランド人を類人猿として描いていた。白人の諷刺漫画家たちも、以前は何代にもわたり、黒人や中米・カリブ海のさまざまな人々を描くにあたって、サルの漫画を描く腕に磨きをかけた。大衆イラストレーターたちも、「蒙古系《モンゴロイド》」や「黒人系《ネグロイド》」の人種(英国人にとっては、アイルランド人がそれにあたる)が、人類進化の低い段階を代表するという、白人優越主義の似非《えせ》科学的な教義を、くりかえし複製するだけだった。一九世紀の西洋の科学者や社会科学者は、ほぼ異口同音にこの理論を支持し、そうした考えは二〇世紀半ばまでつづいた。たとえばフランクリン・D・ルーズヴェルト大統領は、スミソニアン協会のある形質人類学者から、日本人の頭蓋骨は「われわれより二〇〇〇年くらい発達が遅れている」と告げられた。[*4]

猿小屋の外で日本人は、一般に、「ザ・リトル・メン」と呼ばれた。どちらかといえば背が低いためだが、この言葉もまた、本質的には比喩としてつかわれた。日本人は西洋人にくらべ、小さなことしか達成できない、と論じられた。彼らの伝統的な文明には、「世界に通用する」どんな偉大な達成もみられないというのだ。彼らは科学や、技術への近代的な挑戦に遅ればせに加わり、革新者というよりは模倣者であり、合理主義者というより儀式偏重者である。ここでも諷刺漫画家たちは、このうぬぼれをはかる格好のモノサシを提供した。どんな国民の集まりを描いても、日本人はたいてい、小びとの姿をしていた。

とりわけそうした蔑視が、その最高レベルにいたるまで、英米の観察者に染みとおって、日本人の意図と能力を過小評価する方向へとみちびいた。真珠湾攻撃以前、日本人の射撃、航海、航空能力は高くないというのが、西洋人のあいだの定評だった。さらに、日本人は想像力豊かに考えることもできないとされた。英国のある諜報報告が入念に説明するところでは、漢字という表意文字システムを暗記するのに必要な膨大なエネルギーが彼らの頭脳を鈍らせ、創造性の火花を消しさってしまうからだった。日本に攻撃されたときの西洋人の慌てふためきよう以上に、神話とステレオタイプの力が、客観的分析の重みをしのぐことをよく示す例はない。およそすべてが衝撃的だった。真珠湾攻撃の豪胆さと、それをなしとげる日本人の能力。一年以上にわたって中国で実戦配備されてきた零式戦闘機(零戦《ぜろせん》)の性能と、他を圧する日本人操縦士の腕前。そして地上軍の機知と鍛錬。欧米の植民地にたいする稲妻のような多面攻撃などである。もちろん、同じ硬貨の裏面である西洋側においても、これにあたる衝撃が走った。ハワイでの準備不足、シンガポール陥落、フィリピンでの屈辱である。長い目でみれば、結局のところ日本が敗れたものの、一九四一—四二年の一連のできごとは、古い帝国列強の内部の腐敗をさらけだし、アジアの住人にたいする白人優越性という神秘性を、取りかえしようもなく粉みじんに砕いた。

こうした日本人の数々の勝利は、その蛮行や残虐行為のありさまと相まって、人種差別的な考えにまったく新しい世界を切りひらいた。ザ・リトル・メンは突然、超人になった。と同時に、より手のこんだザ・リトル・メン理論の翻案が開発された。たとえば、一九四四年なかばにダグラス・マッカーサーの司令部の心理戦専門家たちによって配布された注目すべき諜報レポートは、古い説をかみ砕いて、実にくわしくつぎのように説明した。

にもかかわらず、言葉のあらゆる意味においても日本人は「ちっぽけな人間」(リトル・ピープル)である。ある観察者は、日本人の背があと三インチ高ければ、真珠湾攻撃はなかったろうと主張する。日本列島そのものが、ちまちまとした距離の国土である。日本の家は風雅だが薄っぺらで狭くるしい。日本人は背が低く、ママゴトをしているように見える。西洋人にとって日本人とその国は、おもちゃの国の奇妙な魅力を持っている。数世紀におよぶ孤立は、彼らの人生観の狭くるしい特徴を際だたせることになった。

リトル・ピープルであることによって、日本人は権力と栄光を夢みたが、世界大戦の勝利にむけて、物質的に何が必要なのかを考えるリアルな思考に欠けていた。さらに彼らは、今やアメリカがほしいままにおこなえる大規模な作戦をまったく思いえがくことができなかった(1)

同時に「ザ・リトル・メン」理論は、西洋の社会科学が、いかに大衆の偏見を裏づけるために使われるのかを赤裸々にしめし、学問的修養における人種差別的な偏向に強い光をあてるやりかたでつくられていた。戦時期には、人類学者や社会学者、心理学者、精神科医らが、「国民性」理論を奉じる新たな有力者として台頭し、概して生物学的決定論という古い理論を否定するうえで貴重な仕事をした。しかしそうした社会科学者がぬぐえなかったのは、生物学的決定論と結びつく人種差別的なステレオタイプだった。反対に、彼らはステレオタイプに新たな文化的、社会心理学的な説明をくわえることによって、本質的にはそうした偏向を再確認したのである。

このことは、英米の社会科学者が、日本の振るまいを説明するうえでひろめたもっとも影響力のある三つの主題に、とりわけ明確に読みとれる。第一に彼らは、日本人について、いまだ本質的には未開で部族的であり、儀式を偏重し、排他的な価値観に左右されている人間だと論じた。文化人類学者の影響はこの点でとりわけ顕著だった。第二に、日本人の振るまいは、児童や思春期の子どもにかんする西洋の理論をつかえば、効果的に分析できると強調された。ここにおいて英米知識人は、用便のしつけや、若年期のさまざまな段階における心理的遮断などにかんするフロイト学派に影響をうけた諸理論にむかった(英国の社会人類学者ジェフリー・ゴーラーはこのテーマにおいてきわめて影響力があった)。彼らはさらに、「日本人をより良く理解するための体系的な方法として、個々の青少年心理や社会における非行少年たちの振るまい」にかんするアメリカの研究を取りあげ、そこで得られた洞察を、日本人に応用する意義を激賞した(引用はマーガレット・ミードやタルコット・パーソンズらが参加して一九四四年に催された大きなシンポジウムの議事録による)。新しい有力知識人たちが夢中になった第三の大きな問題は、集団としての日本人が、精神的、情緒的に不安定であり、神経症的、統合失調症的、精神病的、あるいは単純にヒステリーである、という議論だった。

帰するところ、「国民性」研究は、いまではたぶん信用をなくした生物学的決定論者が、ずっと前にくだした結論、すなわち「民族としての日本人は、発達停止を体現している」という議論を新たに説明する方法になったのである。それは遺伝子に内在しているわけではないが、日本人に特有の歴史や文化がもたらした避けられない結果だった。こうしたすべてが、かなりの博学によって披露されたために、社会的圧力や状況倫理などにかんする戦時の米英社会科学者の洞察は、今日でもいまだに影響力をもっている。しかし、映画などでおなじみの火星人が、もしこうした戦時の文章だけを見せられたら、帝国主義や戦争、残虐行為は、二〇世紀のアジアで、発達が遅れた日本人によって発明されたと結論づけても、道理にかなったことだろう。彼らは比類のないほど、独特で、じつに奇妙な人々というわけだ。

だが、日本人の特性にたいするこうした言いかたには、つまるところ、普遍的な特色がある。こうした紋きり型の言いかたは、日本をこえ、あるいは人種的・文化的な議論一般の範囲すらもこえる婉曲語に、かなりの部分を依拠していた。示唆に富むことだが、こうした婉曲語は、ジェンダーや階級にもとづく差別にかかわる語彙と重なっていた。たとえば、「成長阻害」という中核イメージや、「子どもっぽさ」という表現は、かつてもいまも、欧米の白人が、白人以外の人間を形容するのにつかうもっとも基本的な構成概念だ。こうした概念は、擬似科学的な説明によって補強されるだろう(「成熟した白色人種に対して、非白人は、進化の尺度で低い段階にあり、生物学的には子どもや思春期の若者に等しい」といった説明だ)。あるいは、もっともらしい社会科学の方程式によっても、強められるだろう(「開発途上国の未開な人々」とか、「土着の文化的習慣や習俗によって心理学的に原初の、あるいは未熟な状態で、成長をはばまれている集団」といった説明だ)。戦時の状況において日本人を子どものイメージでとらえることは(当時米誌『ニューズウィーク』は、「ジャップ徴募兵の子どものような知力」と表現した)、まったくの侮辱を意味した。しかし、それほど過酷でない状況にあっても、そうした表現は、恩着せがましい家父長的温情主義《パターナリズム》を呼びおこす力があった(降伏後の日本人を「マッカーサーの子どもたち」とか、アメリカという先生と師弟関係にある受益者と描写したことにあらわれている)。

この同じ比喩は、男性支配やエリートによる統治の理論的根拠に欠かせない。こうして、女性を「子どもじみた」とか「子どもらしい」と表現することは、女性に特有の「劣等性」と、これを保護するか、少なくとも機嫌をとるという彼ら自身の義務の両方を伝統的にしめす、男性にとって、もっともありふれた方法のひとつとなる。同じように、社会的、政治的な支配階級は一般に、大衆を、道理がわからず無責任で未成熟だとしりぞけることによって、彼らの特権ある地位と、生来の支配の権利を主張する。「高い身分に伴う徳義上の義務（ノブレス・オブリージュ）」というエリートの意識は、子にたいする親の義務というパラダイムによって、階級の不平等を、穏和な外見のもとに隠すものだ。

このよりひろい概念の世界に響きあわせて考えれば、日本による欧米攻撃がどのようにして、ほかの幻想をよみがえらせたのかを、明確に説明する助けになるだろう。一方である人々を「劣等」だとか「未開」だといってしりぞけながら、他方で彼らに特殊な力があるとするのは、支配者を自認する集団の妄想の特色である。下層階級はエリートにとって未成熟かもしれないが、彼らはまたおそろしい暴力の潜在能力をもっているとみられている。女性は男性の眼には分別がないように映るかもしれないが、彼女たちはまた特殊な直観力と、イゼベル[*5]のように男を骨抜きにする潜在能力があるとされる。日本人とアジア人一般にたいする西洋の見かたにかんするかぎり、白人男性のエリートによって表現された「東洋」の神秘性と「女性」のそれとには、実際、興味ぶかい一致がみられる。このようにして、戦時中でさえ、直接的とはいわないまでも間接的に、日本文化の「女性らしさ」が強調された。日本人の特性としてあげられたことは女性一般のそれとほぼ同じだった。すなわち、子どもっぽさ、分別のなさ、情緒不安定、「ヒステリー」。そして直感や第六感、推論や議論によらないコミュニケーションの才能などである。さらに日本人は、女性一般のように、苦痛に耐える抜きんでた能力がある、とすらいわれた。否定的にみれば、こうした直観的、情緒的な性質は非合理性と等しいものとされ、たんに「成長阻害論」にまとめられるだろう。肯定的にとらえれば、それらは合理をこえた力になり、説明のできない、それゆえよく考えれば、いっそうの不安をかきたてるものとなった。

日本が真珠湾を攻撃し、それにつづいて、東南アジアで英蘭米軍が、数では劣る日本軍に総崩れで降伏したとき、西洋の指導者たちの「合理的な」考えには、日本人の豪胆さや技量にたいする心の備えがまったくできていなかった。そこで彼らが、不合理な説明に目をむけたのは、もっともなことだった。贖罪の山羊《スケープゴート》探しは、ものごとをあいまいにした。真珠湾の米軍司令官たちは罷免され、米西海岸の日系アメリカ人は強制収容されたが、それでもまだ不十分だった。日本人を「超人」と考えることもまた、役にたったのである。挿絵画家たちは、いまや、日本人を地平線に姿をみせる巨人としてえがくようになった。レトリックにおいて、たいていの新しいイメージは、より陰険で意地の悪いやりかたであらわれた。こうしてアメリカの活字メディアは一九四一年から終戦まで、「超人」の新たな神話の正体を暴く、まさに「行間を読む」小特集を載せた。A戦闘では海戦で、B戦闘ではジャングルで日本軍に勝てるということを記事はしめし、C戦闘では夜戦で日本軍が不敗ではないことを、D戦闘では「無敵の零戦」という神話がついに崩れたことをしめした。『ニューヨーク・タイムズ・マガジン』は「日本の超人　それもまた誤りだ」と題する特集記事でこの問題に正面から取りくんだ。米軍首脳部の中でももっともあからさまな人種差別主義者だったウィリアム・ハルゼー提督はのちに、日本人をあえて「サル人間」などとおとしめたのも、「日本軍無敵という新たな神話」の評判を落とし、部下の士気を高めるためだったと回顧した。

戦争がおわるまで、超人神話が完全に一掃されることは、けっしてなかった。戦争終結にむかって、ほとんどの海軍艦船と商船が撃沈され、戦場の兵士たちが補給を絶たれて餓死しはじめ、何十万人もが死ぬようになったあとですら、そして本土の都市部が定期的な爆撃にさらされたあとですら、連合国の参謀たちは、戦争をつづける日本人の意思と能力について過大評価をしつづけた。たしかにこれには多くの説明があろうが、とりわけ顕著なのは単純な人種差別的な理由だ。超人のイメージは、それが黄禍という、白人男性の人種差別のなかでも最大の妖怪とかさなりあったため、とりわけ有無をいわさぬ力があったのである。

　日本人への憎悪は、たんに日本人がおこなった残虐行為の報道からうまれただけではなく、反オリエンタリズムという、より深い源泉に由来していた。たとえば真珠湾攻撃にたいするアメリカ人の反応を報じた米誌『タイム』の記事は、まさにこの勘所をあきらかにしている。『タイム』誌は、「攻撃と聞いて、アメリカ人はいったい何を語ったのか」と修辞をこらして読者に問いかけた。その代表例として、もろ手をあげて同誌が引用したのは、「なんだって、黄色い野郎どもが！」という回答だった。一九四一年一二月二二日号の『タイム』誌の表紙は、真珠湾攻撃を立案した山本五十六提督[*6]の肖像に、一色の影をつけた絵だった。その影は、あかるい黄色に彩られていた。主要な新聞と雑誌のほとんどが、何度となく色にまつわる慣用表現をつかったが、反日宣伝美術で突出していたのは黄色だった。音楽に目を転じると、すでにポピュラー音楽界が、ヒトラーと「黄色いジャップ」を対位旋律でえがいた例を取りあげたが、他の楽曲の題にも、「黄色い連中を見つけだし、星条旗でぶちのめせ」[*7]や、「おお、東洋の小者よ」などがあった。いくつかのアメリカの文書で、日本人はたんに「ＬＹＢたち」と、ばっさり斬って捨てられた。この言葉は、「ちっぽけな腰抜けども《リトル・イエロー・ベリーズ》」という言葉のよく知られた頭字語で、性的な意味をふくんでいた。[*8]

　中国など、アジアで同盟を結ぶ国を担当したアメリカの報道官たちは、そうした無神経さに仰天したが、戦時の歳月は全体として、アメリカでの反アジアの偏見のひろがりと深さを、苦悶をもって露呈することになった。まさに戦争のさなかに、この偏見がさらけだされ、すべてのアジア出身者への公的差別の頂点となる悪名高い「東洋人排斥法」の改正をうながし、一年間にわたる連邦議会の公聴会がひらかれた。しかし日本による真珠湾攻撃によって表面化したのは、「東洋の脅威という認識に横たわる具体的な恐怖」という形式上の差別の構造より、もっととらえどころがなく、しかも興味ぶかいものだった。

一九世紀のおわり近くに、西洋で黄禍論がはじめて唱えられてから、白人は三重の懸念にいらだってきた。それはアジアの「大群」が西洋の人口を上回るという認識、そうした外国人集団が、西側による支配を可能にさせた科学や技術をもつかもしれないというおそれ、そして東洋人が、西洋の合理主義者にとっては底知れない神秘的《オカルト》な力をもっているという確信である。汎アジア主義の大義を吹聴し、「大東亜共栄圏」建設を宣言することで、日本は、アジアの大群がついに団結するかもしれないという見通しを高めた。零戦と巨大な戦艦や空母によって、日本は技術的、科学的なギャップが劇的に狭まったことを告げた。そして初期の勝利の興奮で花ひらいた無敵のオーラによって、日本の超人は、神秘的な東洋の力という古い幻像を呼びさました。こうしたすべては一九四五年、日本が降伏したときに粉砕されることになる。そして三〇年後、日本が経済大国として躍りでて、他のアジア諸国がその「奇蹟」をまねるようになると、すべてがまた再浮上することになる。

人種差別はまた、日本人の自己認識や他者認識をかたちづくった。ここでもまたパターン化された認識だが、西側のそれとはちがっていた。そのちがいについて、歴史は多くを説明してくれる。日本は数世紀にわたってひろくインド、中国、そして最近では西洋から、多くのものを採りいれ、その恩恵で豊かになり、そうした借りがあることを認めていた。そして日本人は一九世紀をとおして、西洋の恩着せがましい態度に、ひりひりするような痛みを覚えてきた。日本人は欧米人から、工業化や「西洋化」を達成したことを誉めそやされるときですら、自分たちが欧米から、いまだに未熟で、想像力にとぼしく、不安定だとみられていることに、痛いほど気づいていた。古くからの日本通のあいだでいわれたように、日本人は小さなことではうまくやるが、大きな問題になると、取るに足りないのだ、と。

こうして日本の人種差別にまつわる考えかたは、白人優越主義者の考えには明確に相応するものがないような、相なかばする両価性《アンビヴァレンス》に引き裂かれた。西洋の白人のように、彼らも階層によって成りたつ世界を当然と思いこんでいた。だが西洋人とはちがって、日本人はみずからを、はっきりと人種階層の頂点にすえるだけの明白な力に欠けていた。欧米人と、彼らがしてみせた科学や文明にたいする日本の国民的な反応は、一種の称賛であり、おそれと不信、憎しみでもあった。他のすべての人々、つまり自分たち以外のアジア人をふくむ非白人にたいして、日本人の態度は、より単純だった。二〇世紀までに、西洋の植民地主義や新植民地主義に抗しながら、いわゆる列強のひとつとして台頭した日本の成功は、日本人のあいだに、より弱小な人々や国にたいして、西洋人の人種差別と同じほど傲岸で侮蔑的に接する態度をしみわたらせた。韓国・朝鮮人と中国人はこれを一八九〇年代と一九〇〇年代はじめに悟りはじめ、東南アジアの人々は一九四一年一二月七日のあとすぐにそれを学んだ。

日本にとってのアイデンティティの危機は、一九三〇年代、四〇年代はじめに、いくつかの劇的なかたちをとって頂点にたっした。一九四一―四二年当初の攻撃でみられた歓喜と激しさの陰には、そしてアジアで白人の男女にたいしてとった多くの残虐行為の陰には、まさにまぎれようのない人種的な復讐の感情があった。同時に、日本人は自身の「指導民族」としての運命を強調するようになった。白人優越主義の偏見と日本人の人種差別のちがいにかんして、あえて広範な観察を試みようとしたら、それはこうなるだろう。白人の人種差別が他者の誹謗に法外なエネルギーをそそいだのにたいし、日本人の人種差別の考えは、自分自身を高めることに集中した。たとえば一九三七年から一九四五年にかけて製作された日本の戦争映画では、敵はまれにしか描かれなかった。しばしば、敵対者《アンタゴニスト》がだれであるかもあきらかにされなかった。映画はほぼかかりきりで、「日本人」主人公《プロタゴニスト》の称賛すべき資質を描くことに集中した。よりひろい国内消費むけ宣伝においても、焦点の絞りかたは似ていた。言葉やイメージにおいて、日本人の偏見はこうして一見、白人のそれよりも穏やかで、比較的ソフトな人種差別にみえたが、これは誤解をまねくものだった。こうした内向性という島国的な狭量さは、相手を非人格化し、その独特のやりかたで、日本人以外のすべての「よそ者」を非人間化する傾向があった。実際、このように激しい自己への執着は、日本人以外にたいする極端に冷淡な蛮行という戦時の記録の一因になったのである。

この人種的な考えの中心概念は、もっとも思わせぶりなあの文化的な執着、「純潔」の観念だった。他国のように日本において、この純潔はたんに宗教儀式だけでなく、社会慣習や、内外のグループを純潔と不純に線引きするやりかたなどでも、深く歴史に根ざしている。日本人はまさに「純潔」を、近代の人種イデオロギーに転化することで、日本の社会内差別と伝統的に結びついていた概念を事実上、国家規模に拡大しつつあった。純潔は日本化され、「一億一心」や、比類のない「大和魂」の同質性を意味するものとなった。こうした定義によって、日本人でない者は不純とされた。力ある者も、比較的力がない者も、みな社会の常軌を逸していた。

純潔という概念のあいまいさは、日本国内の団結をうながす手段として、その効果をつよめた。うわべのレベルでは、この特殊な「純潔」や、「正直」にたいする日本人の固執は、「純真《イノセンス》」というアメリカ人の神話に似ている。だが後者がアメリカ人神話の副次テーマであるのにたいし、前者は強力な人種イデオロギーの真髄として培養された。日本人に特有の人種的、道徳的な資質をつたえるために、密教の真言《マントラ》のように、さまざまな情緒を呼びおこす言葉や語句(しばしば古風なものだった)が導入された。そして密教の曼荼羅《マンダラ》のように、ある種の視覚的イメージ(旭日、日本刀、桜花、雪を頂いた富士山、抽象的な「晴れやかさ」)や、紅白などの吉兆の色彩が、日本人精神の純潔さをしめす特別な象徴として称揚された。

「非白人や非西洋人は生来劣等である」という理論をささえるために、西洋人がついには擬似科学や、いかがわしい社会科学に頼ったのにたいし、日本人はその優越性の起源を、神話の歴史にもとめた。彼らはそこに、神聖な皇統と、臣民の人種的・文化的な同質性という優越性の起源を見いだしたのである。神と君主と人民は一体となってつくられた。ただの「日本人」という表現にとってかわって復活した抜群の古称、「大和民族」ほど、うまくこのありさまをとらえた言葉はなかった。「大和」は、天照大御神の来孫である神武天皇が、紀元前六六〇年に皇統を開祖したとされる地名にちなむが、これは、日本を神の土地、日本人を選ばれた民とした天与の起源にまつわる古風な神秘性を、ほのかに匂わせる言葉だった。「大和民族」という言葉において、人種主義と排外主義が明白に結びつくようになった。日本人という人種は、もはや天皇と、その周囲で育まれた伝統のほかにアイデンティティはなかったし、どんな部外者も、この共同体に侵入することは望みえなかった。これはまれにみるほど濃い血のナショナリズムであった。

こうした数多くの主題は、一九三〇年代と四〇年代はじめ、イデオロギー色の濃い著作によって入念に練りあげられた。皇紀二六〇〇年目にあたる「建国記念日」の大規模な儀式と祝祭が一九四〇年に催されたことで、「血のナショナリズム」の大義は、さらに称揚されることになった。同時に人種イデオローグたちは、純潔が、たんなる原初の状態にとどまらず、すべての日本人にとって進行中の過程であることを注意ぶかく強調した。純潔は、これからも育むべき美徳を必要とする。とりわけ秀でたものは、もともと中国から日本にもたらされた二つの道徳観念、忠と孝であった。日本において「忠孝」が、他国よりも、本家の中国よりももっと崇高な道徳表現となったのは、日本ではそれが窮極的に、神性の君主に焦点をあわせているからだと説明される。純潔は自我を超越し、より大きな真実や大義と一体化するところに存在する。そして一九三〇年代、四〇年代はじめの危機の時代に、この偉大なる真実は、軍国化した帝国と同一視された。戦争それ自体が、戦争がもとめた犠牲すべてとともに、純潔をつらぬく行為となった。そして、無私の窮極の表現である戦死は、日本人の天賦の純潔を最高度に達成する道となった。いまやわれわれは、ゆっくりと死にゆく日本の兵士のほとんどが、戦争宣伝が主張したように天皇の名を口にして逝ったのではないことを知っている。彼らの大半は、米兵と同じく、母親を呼びもとめたのである。それでも日本兵は、神国の神兵であるという宣伝に包まれながら、熱情と勇敢さをもって戦い、死んでいった。このことが、特別の力をもつ民族というオーラを放つことに役だった。

「超人」と「黄禍」の亡霊という西洋における日本の神話はいずれも、日本人自身がその独特の超合理的な精神の資質を強調したことと似ている。しかし西洋人の目には、熱狂的な大衆の行動という同じ日本人の光景が、彼らは画一的で区別しがたい群集だという「ザ・リトル・メン」のイメージを強めて映るようになった。ここには、いささかの皮肉もない。というのも、ここでわれわれが目にしているのは、日本人の精神的教化と、西洋人によるもっとも粗野な反日ステレオタイプが、ひとつに合体している姿であるからだ。もっとも露骨な英米の口語表現では、日系アメリカ人の強制収容を指揮したジョン・デウィット中将の有名な引用、「ジャップはジャップだ」という言葉がつかわれた。同じく米陸軍のためにフランク・キャプラ監督が製作した一九四五年の宣伝映画『汝の敵、日本を知れ』では、日本人すべてが「同じネガから焼きつけられた写真」だという表現がつかわれ、その言葉はいまや、日本人を侮蔑するアメリカ人人種差別者がしばしば引用する古典表現になっている。だが本質的に、「どれも似たり寄ったり」という見かたは、日本の指導者自身が推しすすめた「一億一心」という精神的教化と、そう大きなちがいはなかった。同質性と特殊性は、日本の理論家たちが自分たちについて語った本質的な部分であった。彼らの慣用語によれば、これは大和民族の優越性に欠かせないものだった。日本人以外にとって、それは、さらなるあざけりの理由となった。

「純潔な自己」というレトリックはまた、露骨とは正反対に、暗黙のうちに潜在する他者への誹謗に注意をうながす。彼ら自身の純潔を宣言することで、日本人はほかの民族が、神の国の恩寵にあずかることがなく、あずかることもできないゆえに劣等だとみなした。まさにそのイデオロギーの論理からいって、日本人にあらざる者は、不純であり、不潔であり、汚されているとされた。こうした感情は、ふだんは日本人の「純潔で晴れわたった心」への華やかな賛歌のもとに地下水脈のように流れていたが、ときたま、きわめて激越なかたちをとって地表に噴出した。このようにして、戦時にもっともよく知られた日本の作家のひとり火野葦平は、「バタアン半島総攻撃」という題の戦争ルポの本で、アメリカの戦争捕虜(POW)を、「嘗て無法なる侮辱をわれわれの祖国に加へようとした傲岸な国の国民なのだ」と描き、つづけてつぎのように書いた。「私はおびただしい投降兵の群をながめて、不純な成りたちによつて国を形成し、民族の矜恃を喪失した国家の下水道から流れ落ちて来る汚水を見てゐるやうな感じを受けた。このやうなときほど、日本の兵隊が美しく、且つ、日本人たることを誇らかに感ずることはない」(2)*9。ここに描かれたのはもちろん、「バターン死の行進」で、日本兵に残忍な仕打ちを受けたアメリカ人捕虜だったのだ。火野の「不純」なアメリカ人捕虜への侮辱は、アーニー・パイルがはじめて「人間以下《サブヒューマン》」の日本人捕虜をみたときの嫌悪感と、ほぼ完璧な一対をなしている。

だがふつう日本人は、直接英米の敵に言及するときには、ある特有の否定的なイメージ、すなわち鬼や悪魔に目をむけた。「鬼畜米英」は、白人の敵にたいするもっともなじんだ蔑称だった。視覚芸術においてもっともありふれた米英人の描写は、日本の民話や民間信仰に登場する鬼や悪魔そっくりに描かれた、角のはえたルーズヴェルトやチャーチルだった。「鬼のような白人」は、非人間化の比喩として、西洋の考えにおける「サル人間としての日本人」というイメージにあたるが、けっして厳密には対応していない。鬼は、類人猿よりもっと強烈な印象をあたえ、両義的な姿をしており、まさに「害虫」とはまったくちがうカテゴリーに属していた。日本の民話で、鬼はとてつもない力をもち、しばしば知的で、すくなくとも非常に悪賢く、ふつうの日本人をこえる才知と力をもっていると語られた。すべての鬼が退治されるべきだったというのではない。ある鬼は味方に引きいれられたり、別の鬼は脅威の対象から守護者へと転じたりした。戦死した日本兵はしばしば、じつに「護国の鬼」になったといわれたのである。よく仏教寺院を守護している獰猛《どうもう》な顔つきの「天部」の神格像を思いおこせば、これを想像するのはたやすい。さらにまた、子どもにまつわる西洋のしなやかな比喩のように、興味をそそる柔軟なステレオタイプがある。それは、戦後、劇的に回れ右をして、アメリカ人が日本の軍事的な「守護者」になったという例である。

しかし戦時の歳月において、鬼のような他者にひそむ、このより恵み深い側面は、覆いかくされていた。戦時の日本人にとって鬼は、たんなる「人間以下」や、「狂暴な獣類」のイメージではあらわせない敵の比喩としてはたらいた。鬼は、敵の絶大な力と特殊な能力という印象をつたえるものであり、この点では、近代日本と西洋との関係をいつも特徴づけてきたある種の両価性《アンビヴァレンス》をとらえていた。同時に鬼のような他者は、つねに存在する外部の脅威のイメージを呼びさますことで、奥ふかい不安感にはたらきかけた。猿や害虫とはちがって、鬼はでたらめにどこにでも存在するものではなかった。日本の民話で、鬼たちはいつも、共同体の境界や国境をちょっとこえたところ、村の外の森や山、沖合いの島などにひそんでいた。もともと、鬼たちは人種的なおそれではなく、部外者一般にたいする、ずっと原初的な恐怖を体現するものであった。

日本社会は、画一的であるという神話とは反対に、たがいに疑りぶかい集団が同じ場に住む蜂の巣のようなものだった。海外からきた青い目の野蛮人は、こうした緊張と脅威をはらむ「部内者／部外者」関係に呼応して、数世紀もまえに日本にあらわれた思考パターンに吸収されることになった。一九世紀半ば、日本の水平線に突然あらわれた西洋人は、すべての部外者のうちでもっとも手ごわい相手であり、西洋人への反応が、日本人の民族主義や人種差別の感情を前例のないやりかたで揺りうごかすことになった。だが象徴的にいえば、鬼のような他者は、人種差別化されるべく、すでに存在していた。さらにいえば、この象徴的な表現がしめす複雑なはたらきには、もっと別の次元があった。というのも、「鬼」というつねに存在する脅威の認識から、自分たち日本人は永遠の犠牲者であるという意識へ変わるのは、ほんの一歩にほかならなかったからだ。これもまた、日本の伝統においてしばしばくりかえされる感情だが、近代世界においてはこの「被害者意識」が、対外脅威の認識と、わかちがたいまでにもつれるようになった。この見かたからすると、「鬼のような他者」に体現される近代日本の人種差別主義観は、つねに他者から脅され、その犠牲になり、苦しめられているという永続する感覚を反映しており、けっしてみずからが脅威をあたえ、他者を犠牲にし、悲しみをあたえる者ではないことを意味していた。

だが決定的な局面でイメージと行為が結びつくと、鬼も猿も害虫も、同じように機能した。そうしたイメージのすべてが、敵を非人間化することによって、殺戮をたやすくさせた。「〈米国の鬼〉退治」や「〈英国の鬼〉殺し」は戦場だけでなく、銃後においてもありふれたものになった。一九四四年後半に出版された人気雑誌は、このレトリックの激しさをつたえている。雑誌は「鬼畜米英」と題して、富士山を見晴らしながら仲間の鬼と飲み騒ぐ、堕落した人食い鬼のルーズヴェルトとチャーチルを描いた図を、二ページにわたって載せた。そして、すべての日本人に「人間性を失ったこの畜生どもを叩き殺せ！　これは、世界の恒久平和のため、天が大和民族に与えた偉大な使命だ」と奮起を呼びかけている。フィリピン決戦を報じた別の雑誌は、より多くのアメリカの獣と鬼を「地獄に落とせば落とすほど、世界はもっと清くなる」と宣言した。米海兵隊員が自らを「ネズミ駆除人」と呼んだ硫黄島は、日本の公式のニュース映画では、「米国の悪魔を畜殺するのにふさわしい場所」と描写された。

しかし、人を悪魔のように描くことは、本質的に殺戮に必須の条件ではなかった。日本の侵略と残虐行為でももっとも多く犠牲となったのは、鬼のように描かれることがまれな他のアジア人だった。彼らにたいする日本人の態度は、大衆むけの「汎アジア」のプロパガンダや、公的・学問的レベルでの人種的な階層と日本の覇権にかんする精緻な理論、そして実践面における恩着せがましさと侮辱といったもののごたまぜであった。数少ない理想主義的な将校や文民を別とすれば、汎アジアの連帯という平等主義のレトリックや、植民地化されたアジアの真の解放を、真剣に受けとめた日本人は、ほとんどいなかったようにみえる。日本人は一瞬たりとも、自らの植民地である韓国や台湾の解放を考慮しなかったし、対東南アジア政策においても、いわゆる「独立」を認めたとき

院船を爆撃している図などである．下の部分には「アメリカの東亜侵略」の歴史を年代順にしめす諷刺漫画が描かれており，1853 年のマシュー・ペリー提督の日本来航にはじまり，真珠湾攻撃前夜の ABCD(米英中蘭)日本包囲網と，日本にアメリカの最後通牒を突きつけるギャングの図でおわっている．『日の出』1944 年 11 月号から．

図 2-6 「アメリカ人の惨虐性」と題した 2 ページにわたるこの図版は，日本の大衆雑誌の 1944 年 11 月号に掲載された．右から左に読むと，上の部分にはアメリカ人の極度の冷酷さをしめす図が並ぶ．ボクシングの試合や，溺れる黒人に白人が石を投げつける様子(デトロイト人種暴動を指す)，黒人が謝肉祭の標的にされて辱められている図，黒人が私刑にあっている図，米パイロットが日本の病↗

加藤　大體《だいたい》、此《こ》の自由主義思想《しさう》といふ奴《やつ》は正しくそれですね。

平出　何分《なにぶん》にも此の英米《えいべい》の謀略に乘つて居た期間《きかん》が長すぎた爲《た》めに、ともすれば日本は民族的《みんぞくてき》に劣《おと》つてるかのような錯覺を持《も》つものがあるが、民族《みんぞく》としては決して劣《おと》るどころか、寧《むし》ろ優秀で立派なものですヨ。歴史《れきし》をふり返《かへ》つて見るまでもなく山田《やまだ》長政やその他の事《じ》蹟《せき》を考へるだけでも、いかに發展性《はつてんせい》のある民族だつたか判《わか》るでせう。南方各地《なんぽう》には至《いた》る所に日本人村の遺跡があります。そのまゝの狀態で發展《はつてん》して居たとしたら恐《おそ》らく、世界地圖はまるで變《かわ》つて居たものと考へますヨ。

深谷　アメリカなぞはなかつたかも知れないネ。

平出　自由主義《じゆうしゆぎ》の遺産としては、學問の切り賣《う》り、法網潜りなんていふ香しくないものばかり殘されてるではないですか。それに何《なに》といつても、此《こ》の海洋思想を先はせたといふ事《こと》は謀略の中でも殊勳甲に値《あたひ》する大成功といへるでせうネ。向ふの側から云つてネ。

図 2-7　もっともありふれた日本人の表現では，敵としての英米人は悪魔のように描かれた．真珠湾攻撃の直後に出たこの図版は，戦争にいたった経過についての座談会記事につけられ，米英（ルーズヴェルト大統領とチャーチル首相）が友情をよそおいながら東洋に密かに魔手を伸ばす一方（袖先に「謀略」という字がついている），無垢の日本人が握手の手を差しだす様子が描かれている．漫画雑誌『大阪パック』1942 年 1 月号から．

ですら、つねに「指導民族」としての日本の優越性を保つように枠づけていたのは、まったく明白だった。日本人の思考にこれほど欠かせない純潔という考えは、人種と文化としての日本人に固有のものであり、「東洋人」一般にはあてはまらなかった。したがって、英米人の白人優越主義に厳密に対応するとみなされるような「アジア人優越主義」の考えはあらわれなかった。

一九三〇年代以前、日本人は他のアジア人にたいしてどう臨むのか、明瞭に表現できるような立場をとっていなかった。中国への侵略や東南アジアでの南進の決定などをはじめ、その後あわただしい出来事がつづいたために、軍の参謀や学界の軍部支持者たちは、アジア人にどう向きあうのかについて、それまであった意見を成文化し、意味を明瞭にするよう迫られた。その結果、アジアのさまざまな民族の特質と、彼らへの適切な政策を明確にしめすいくつかの研究や報告、表明(多くは機密あつかいとされた)が出された。こうしたアジア研究が、思いつきでなされた仕事ではなかったことは、一九八一年にすっかりあきらかになった。その年に、それまで知られなかった一九四三年までさかのぼる機密研究が、東京で発見されたのである。厚生省研究所人口民

図 2-8　英米の殲滅主義者に呼応する日本側のイメージで，悪魔退治のために獣を殺害する図．1942 年のこのポスターでは日本の正義の銃剣が英米の悪魔を串刺しにしている．説明には「彼奴等の死が世界平和の誕生日だ！」と書かれている．『大阪パック』1942 年 2 月号，12 月号から．

族部の約四〇人の研究者チームによって準備されたこの研究は、人種理論一般と、アジア諸民族の個別分析に三〇〇〇ページ以上をあてていた。「大和民族を中核とする世界政策の検討」というその表題が、内容を暗示している。

この「検討」は、本格的な諜報報告であり、スタイルは学究的だった。その手法においてこの研究は、連合国の戦争遂行を支持するために動員された英米の社会科学者による「国民性」研究に相当するものだった。日本人研究者は、西洋における人種理論を指摘し、ナチスの理論を考慮する一方で、プラトンやアリストテレスにはじまる人種的思考をもれなく調査した。彼らは、近代世界において、人種差別主義、民族主義、資本主義的な帝国主義が、わかちがたく絡みあっている、と指摘した。そして近代の学問は、生物学的に純粋な人種という考えを否認したが、心理的な団結に寄与するという点で、血は依然としてきわめて重要である、と指摘した。この点で、カール・ハウスホーファーがかねて観察したように、日本人は均一な人種国家となった点で幸運だった(ハウスホーファーは、その著作がナチスに影響をあたえた地政学者で、日本にかんする博士論文を書きおえていた)。同時に、対外拡張は、たんに軍事的、戦略的な安全保障の達成という観点からだけではなく、人種の意識や活力を保ち、再活性化する点でも重要とみなされるべきだとしていた。この点について、日本人研究者は、ドイツ人だけではなく、英国人を含む西洋専門家の言葉をふたたび引用した。将来を見通せば、海外に住む日系第二、第三世代がアイデンティティの問題に直面することは予想できることであり、それゆえ彼らの同化を防ぐための移民政策を発展させ、彼らがしっかり「日本人の優越性を自覚しつづけ、指導民族の一員であることを誇りに思う」ようにすることが肝要だとされた。

この浩瀚《こうかん》な報告は、西洋人よりむしろアジア人に焦点をあわせており、その乾いた言葉づかいは、アジアにおける人種不平等がどのように正当化されたのかについて、洞察をあたえてくれる。中心となる比喩は「家族」であった。そして死活的に重要な語句は、「その所(最適の位置)を得る」という言葉だった。[*10] これは家庭内の関係について孔子が説いた教えに根ざす言葉だが、一九三〇年代おそくから、慎重に国際関係にまであてはめられるようになった。家族にまつわる慣用語は、社会の構成概念に敷衍されたもうひとつの比喩の実例だ。というのもそれは、一方で調和と互恵関係にふれながら、他方では輪郭のはっきりした階層秩序と、権威や責任の配列を示唆しており、日本人にとってほんとうに重要なのは、後者であったからだ。「大和民族を中核とする世界政策の検討」の著者たちは、語気を強めて、平等に関する誤った意識を非難している。「実質上不平等なるものを平等視すること自体が不平等を意味する」と彼らは考え、以下のようにつづけた。「不平等なるものを不平等として取扱ふことは平等を実現する所以《ゆえん》である」。[*11] 家族の概念は、そうした「公平な不平等」を実証しており、日本人の著者たちは、日本がアジアにおける家長というだけでなく、その地位を「永遠に」保つべく運命づけられていることをはっきりさせた。大和民族が、種々の民族や国家がつくるグローバルな家族においても長となることを運命づけられていたのかどうかについては、答えられないままだったが、さまざまな論評はそれが窮極の目標であったことを示唆していた。報告書は巻頭できっぱりと、戦争は「英米の帝国主義的民主主義が完全に克服せられ、世界新秩序が再建されるまで」終結しえない[*12]と宣言した。そして「世界政策の検討」が十分あきらかにしたように、アジアにおける日本主導の帝国が、新世界秩序においては、その指導的役割を引きうけるとしたのだった。

儒教的な響きをもつにもかかわらず、「家族」の比喩や「その所(適所)」という哲学は、人種や権力にかんする西洋の考えかたによく似ていた。日本人は、西洋の白人と同じように、アジアの弱い人々を「子ども」に分類することに悦びをおぼえた。日本人は非公式な報告や指令のなかで、「その所(適所)」とは、アジアにおける分業にほかならず、自給自足的なブロックにおいて、大和民族が経済的、財政的、戦略的に権力の手綱をさばき、それによって「東亜の全民族の生存の鍵を握る」ことをはっきりさせていた。戦争のはじめにシンガポールで出された秘密の政策指針は、同じく腹蔵がなかった。「普《あまね》く帝国臣民に発展の機会を与えて其《そ》の堅実なる地歩を確立せしめ」とのべたあとで、指針はこうつづける。「指導民族たるの資質を昂揚して大和民族永遠の発展を図る」[*13]。こうして国ごとに、民族ごとに、くわしい梗概《こうがい》を準備していたにもかかわらず、日本人が他のアジア人に関心があったのは、日本の振りつけどおりに役を演じる家族の従属メンバーとしてだけだった。他のアジア人にとって、日本の人種レトリックの真意は明白だった。「指導民族」は家長民族であり、「その所(適所)」は劣位の場所を意味した。「家族」とは家父長的な抑圧を意味していたのだった。

太平洋戦争に浸透した人種憎悪の辛辣さを思えば、まず、日本の降伏後にアメリカと日本人が、これほどまで迅速に、親身な関係にむかって動くことができたのは、驚くべきことのように思える。一九四五年から一九五二年にかけ、連合国軍による占領という高度に組織だった状況のもと、たがいに殺しあうという以外の目的で日本人とアメリカ人がはじめて面と向かって親密に接触したことで、日米はいずれも、相手をふたたび人間として認めることができるようになった。アメリカ主導の占領は多くの面で自民族中心主義であり、威圧的だったが、それはまた、善意にみちたものであり、その初期の段階では、敗けた日本人の心の琴線にふれる「非軍事化と民主化」を約束していた。連合国軍と日本軍のどちらもが宣伝でふりまいた戦時のステレオタイプとは反対に、ほとんどの日本人は管理統制や教化、軍国主義にはうんざりしていた。同時に、冷戦によって、敵意はすぐほかのものに逸《そ》らされ、反共主義が、かつての二つの敵対者を国家レベルで団結させる使命となった。敵は変わったが、敵意は変わらなかったのである。

戦争から平和へのこの急激な変容にあたって、その衝撃は日米いずれにおいても、人種的、文化的、理念的ステレオタイプの柔軟性によって吸収され、やわらげられた。ステレオタイプにわずかなひねりを加えることで、大量殺戮をけしかけた認識パターンは、アメリカ側に家父長的な庇護の気持ちをもたらし、多くの日本人がその温情主義におとなしく従うことに役だつことがわかった。日米関係から人種差別はなくならなかったが、それはやわらげられ、魔法のように姿を一変したのである。アメリカ人にとって、害虫は消えたが、サル人間はしばらく、魅力的なペットとして居残った。たとえば、日本の降伏後はじめて出た米海兵隊月刊誌『レザーネック』一九四五年九月号は表紙に、帝国陸軍の帽子とシャツ、ゲートルを身につけ、イライラしているがすっかり馴れた猿を抱く海兵隊員の陽気な諷刺漫画をあしらった。『ニューズウィーク』誌は、占領がはじまったときに、アメリカ人は日本でどんな種類の人物に出会うのかという特集を組み、そのなかに「好奇心をそそる類人猿」という小見出しの記事を掲げた。

　他の人種差別主義のステレオタイプも、似たようなやりかたで、戦争から平和へと移っていった。敗北は一時、日本人から超人という神秘性を失わせたが、日本人は「リトル・メン」や「劣った連中《レッサー・メン》」であるという認識を強めた。裏を返していえば、日本への勝利が、白人や西洋固有の優越性へのうぬぼれを強めることになったのである。だが、たんに「背が低い」といった体格の特徴をこえて、社会関係や態度が幼稚であるとか、心理的・政治的にも民衆が子どもっぽいとか、集団的にノイローゼぎみであるといった、日本にまつわるもっと明確な連想のすべてが、いまや、アメリカ側の家父長的な反応を引きおこしたのだった。海外に出かけて日本占領にたずさわったアメリカ人は、幼稚で部族的、儀式を偏重する態度を日本人から取りのぞくという文明化の使命をおびていると考えた。これはまさしく、古くて理想主義的な植民地時代の態度であった。アメリカ人は、おくれた制度のもとにある未熟な日本人を、成熟へとみちびくつもりだった。日本の「子どもたち」は、いまやマッカーサー元帥の民主主義学校の生徒となり、発達したアメリカの技術を学び、かつ模倣し、アメリカの冷戦政策に追随するようになった。日本人の心が苦しめられるなら、アメリカ人はそれを癒しさえするだろう。

家父長的な温情主義がかならずしも浅薄ではないように、こうしたことは、軽薄な態度ではない。さらに個人のレベルでは、無数の日本人とアメリカ人が、共通の目標にむけて対等に協力しあった。民主化と非軍事化、のちの経済復興と再軍事化のいずれもが、いやいやながらの日本人にアメリカが押しつけた自民族中心主義の目標ではなかった。しかし、全体としてみれば、関係は本質的に対等なものではなく、アメリカ人のほうが庇護者ぶっており、人種差別主義が生き延びたのは、まさにここだったのである。アメリカの最高位の政策立案者たちもまた、彼らの目的に役だつならば、日本人の人種差別の感情を、皮肉たっぷりに操ることも辞さなかった。たとえば、冷戦下における日本の忠誠が、まだ完全に信頼できるものではなかった一九五一年、ジョン・フォスター・ダレスは「アジア大陸の大衆にたいする優越性」という日本人の感情を米英が利用し、西側同盟に仲間入りする「社会的威信」を強調すべきだと勧告した(何ものにも縛られないステレオタイプのまさに好例だが、ダレスや他のアメリカの指導者たちは、ソビエトの脅威は、ロシア人がアジア民族であることを思いおこせばよく理解できると、好んで強調した)。

日本側において、敗北は苦く、平和は甘美だった。そして戦時の人種の考えにまつわる一定の態度もまた、降伏後の状況に応用できることがわかった。「その所(適所)」という考えかたは、戦勝者たる連合国軍に向きあって劣位に甘んじることを、すくなくともさしあたりは、耐えられるものにした。この点について、日本では戦時の「指導民族」というレトリックが比較的新しい理念であり、日本はその近代史の大半をつうじ、世界秩序で下位の役割を演じてきたことを思いおこすことが有益だろう。一九三〇年代と四〇年代はじめの軍国主義は、その不安定な地位を変えたいという欲望から生じ、災厄のうちに終焉を迎えた。一九四五年以降、新たな方法で新たな場所をもとめることは、じつは、日本にはおなじみの探求の継続だったのである。

この新しい発展にかかわるうえで、戦時における純潔と浄化への執着を、魅惑的に戦後に順応させられることがわかった。降伏前に、自分たちや社会から、退嬰《たいえい》的な西洋の影響を追いはらおうと熱心に唱導した人々が、いまや社会から、軍国主義と封建遺制を一掃しようと躍起になった。穢《けが》れや反動勢力から日本を「浄化する」という感覚は、戦後初期の数年間、まさしく自然現象のようにひろがり、これが解放への民衆の熱望を刺激する一方、夢にも思わないかたちで、「純潔な自己」という軍国主義のイデオロギーを政治化することになったのである。普遍的で「民主的」な価値は、いまや「純潔」の試金石となった。民主化の門の守護神となり、こうした仰天すべき変身を仕上げたのは、かつての「アメリカの鬼たち」であった。アメリカが、戦後日本の守護者として軍事的な役割を引きうけたことは、彼らの抜け目のない合理的な政策からであったが、日本人の目からすると、それはとらえがたい、ほとんど潜在意識ではたらく論理によるものだと映った。日本の民話に出てくる恐ろしい鬼たちも、つまるところしばしば、うわべはより弱い民衆の味方に引きいれられ、利用されてきたのだった。

「適所」、「純潔」、「鬼」などのイメージの応用が移りかわることで、戦時期の人種差別の強迫観念は、多かれ少なかれ消しさられるようになった。しかし、そうした変化も、つい最近まで戦後の日米関係を特徴づけてきた、「制度化された不平等」の構造にひそむ人種的緊張を取りのぞくことはなかった。権力と影響力において、日本が目だってアメリカより劣ったままでいるかぎり、「従属的独立」として日本で知られる社会構造と心理は維持された。だが権力と影響力の関係が変わるとき、日米いずれもが、トラウマを受けることなしに、こうした基本的な関係を考えなおすことは期待できなかった。関係者のほとんどにとって、突然で、かつ衝撃をあたえる巨大な変化は、一九七〇年代にアメリカが相対的に没落する一方、日本があきらかに経済超大国になったときにおとずれた。こうした状況において、戦争にまつわる表現がふたたび流行するようになった。「通商戦争」の話や、いったい太平洋戦争で勝ったのは日米どちらだったのか、という心のつぶやき、さらには、新たな「日本円ブロック」という最後の審判の警告、本格的に再軍備する日本、「金融の真珠湾攻撃」といった言いまわしである。アメリカのレトリックにおいて、人間以下の類人猿は、「肉食エコノミック・アニマル」として復活し、かつての戦時の「超人」は、西洋のビジネス・スーツをよそおいながら、「相撲資本主義」をおこなう威嚇的な「奇蹟の男たち《ミラクル・メン》」として戻ってきた。日本人のほうでも、しばしば政府の高官たちが、アメリカによる悪魔のような「日本たたき」を非難して、日本の達成は、「雑種化された」アメリカがけっしてまねることも望みえない、「大和民族」の同質性や純潔のおかげだとした。(3)

時の移ろいにつれ、人種や文化、権力、地位にまつわる伸縮自在の慣用語も変わっていく。だがそれが、完全に消滅することは、けっしてない。

〈訳注〉

＊1　アーニー・パイル(一九〇〇―一九四五)は第二次大戦時のアメリカの戦争特派員。一九四五年四月、沖縄県伊江島で取材中に銃撃されて亡くなる。戦後、連合国軍総司令部が東京宝塚劇場を接収したときに、「アーニー・パイル劇場」という名前をつけた。

＊2　図2-1にあるように、歌の題名のヒトラーの名は、本来のAdolfではなく、Adolphというまちがった綴りになっている。

＊3　レザーネックは米口語で「海兵隊員」の意味。正装の制服の革襟が際だって高いことからそう呼ばれる。

＊4　科学知識の普及向上のために、一八四六年に英化学者スミソニアンの寄付で首都ワシントンに設立された学術協会。

＊5　聖書に出てくるイスラエルの王アハブの邪悪な妻で、男を骨抜きにする悪女の代名詞になっている。

＊6　山本五十六(一八八四―一九四三)は新潟出身の海軍大将・元帥。太平洋戦争で連合艦隊司令長官として真珠湾攻撃を指揮するが、ソロモン諸島ブーゲンヴィル島付近で搭乗機を撃墜され戦死した。

＊7　原題は“We're Gonna Find a Fellow Who Is Yellow and Beat Him Red, White and Blue”で、日本人の黄色と、“Red, White, and Blue Flag”(星条旗)を対比させている。

＊8　著者はこれをdouble entendreと説明している。これは、単語のうちひとつが、性的に下品な両義をもつ表現の意味。“Little yellow bellies”のうち、yellow bellyは「腰抜け」や「臆病者」を指すが、belliesの単数形であるbellyには、「腹」や「胃」

の意味もある。

＊９　『比島戦記』(比島派遣軍報道部編、文藝春秋社、一九四三年)所収の「バタアン半島総攻撃　東岸部隊」から。この項目は火野が担当した東岸部隊、山間部隊、西岸部隊にわかれている。この本は、比島派遣軍報道部長だった勝屋福茂陸軍中佐のもとで、従軍した尾崎士郎、石坂洋次郎、今日出海らが執筆した。

＊10　「各々其ノ所ヲ得」の意味で、三国同盟の詔や一九四二年の国会施政方針演説で東条英機首相がこの言葉を使った。厚生省研究所人口民族部編『大和民族を中核とする世界政策の検討』(複製)、文生書院、一九八一年、二三二一頁。

＊11　前掲『大和民族を中核とする世界政策の検討』二三二〇頁。

＊12　同六頁。

＊13　一九四三年八月七日に出された「南方軍軍政総監指示」。引用は、江口圭一『日本の侵略と日本人の戦争観』(岩波ブックレット、一九九五年)による。

第三章

日本の美しい近代戦

解題

一九四五年以降、中国・東南アジアの人々や英米の戦争捕虜、残忍な仕打ちを受けた植民地韓国・朝鮮の数十万の臣民にたいする戦時中の日本帝国の残虐行為に、大きな国際的な関心がむけられてきた。そうした野蛮行為の数々をつぎからつぎへと示す書籍や記事、映画、シンポジウム、展覧会、常設博物館、そしていまやウェブサイトは、数えきれない。日本の評判の汚点は消しさることができない。

日本人はどのようにして中国への侵略と、それにつづく欧米宗主国への攻撃を、残虐とはまさに正反対の大義ある聖戦として、社会的に受けいれるようになっていったのか。それを再現し、思いだすことは、とてもむずかしいことだ。近代社会に生きる人々は、侵略するという名目で戦争には動員されないものだ。敗者は、彼らをいとわず戦争にむかわせ、死なせた宣伝については吹聴しないものだ。勝者であれ敗者であれ、だれもほんとうには、すべての美しい嘘に立ちかえりたくはない。そうすることは、まさにこうしたすべての許しがたい戦争犯罪を弁解し、はては否定する者だと受けとられるリスクを背負うことになる。だがこうしたことを熟視しなければ、男たち、女たち、子どもまでもがどのように戦争機関《マシーン》に御されてしまったのかについて、深く理解することはできなくなるだろう。

第二次世界大戦中、日本人よりも洗練された国内むけ電撃キャンペーンをした国はないと、もっともらしく議論することはできよう。学界は、飾りたてた小冊子や、滝のように流れて情緒をかきたてるスローガンのために、古典文学の言いつたえをくまなく探して、国家の狂信的なイデオローグを助けた。才能ある作曲家や作詞家たちは、交戦国のなかでも、おそらくもっともたくましく、調子の美しい、ロマンティックな戦歌を大量にうみだした。日本のトップにあった作家や画家、もっとも創造力に富む若い映像作家たちのほとんどが、戦争遂行に貢献するよう徴募された。一九三七年から一九四五年にかけての映像宣伝はめざましいものだったが、戦争がおわって以来、その大半は見ることができず、忘れさられた。

他のどこにもみられない戦争遂行の視覚的な美化の一例は、伝統的な着物として身につける織物に、戦争のテーマを導入したことだった。とりわけ祝いの折には、少年も男も、女性たちすらもが、審美的な愛国心を文字どおり身にまとった。こうした織物は最近まで、今日の日本においてすら、事実上知られないままだったが、二〇〇五年にジャクリーン・アトキンスが監修し、バードカレッジ[*1]で催された未踏の分野を切りひらく展覧会のテーマとなった。つぎに掲げる論文は、その展示の豪華なカタログに寄せ、戦争美化の背景について書いた一文であり、織物はその展示のほんの一部にすぎない。

〈訳注〉
＊1　ニューヨーク州北部のアナンデール・オン・ハドソンにある大学。ジョン・バードによって一八六〇年に創設された。

ものごとは、見る人の目によって大きく変わる。アジアにおける第二次世界大戦がいい例だ。たいていのアメリカ人にとって、そのはじまりは、そのおわりと同じく完璧なほど明快だ。一九四一年一二月七日〔日本時間八日〕の日本による真珠湾奇襲がはじまりであり、広島・長崎への原爆投下につづいて、裕仁天皇が降伏を告げた一九四五年八月一四日〔同一五日〕がおわりをしるしている。英国と英連邦諸国は、真珠湾攻撃につづく英領シンガポール陥落を、アジアにおける総力戦のはじまりのイメージとして忘れがたく思い浮かべるのがふつうだが、あらましはこれに同意するだろう。

だがアジアの目から見ると、戦争はずっと前にはじまっていた。事実、ドイツの指導者を裁くニュルンベルク裁判に呼応して戦勝連合国が一九四六年に東京で開いた戦犯裁判では、日本の政策立案者が一九二八年以降におこなった「侵略戦争」の遂行のための「共通の計画または共同謀議」という検察による告発を、裁判の前提としていた。

まじめな学者なら、アジアにおける帝国主義者の敵対関係や、一九二九年にはじまる世界恐慌でおきた資本主義の世界秩序の崩壊を、のんきにも無視する単純化したこの共同謀議論を、いまもって支持することはないだろう。同時に、一九三一年のいわゆる満州事変が、アジア大陸における日本の侵略と拡張の新たな次元を画し、その六年後には容赦なく日本を中国との総力戦にみちびいたという事実も、だれも無視することはできない。アジアの目からみれば、真珠湾攻撃とシンガポール陥落ではじまり、広島・長崎でおわった「太平洋戦争」は、十五年戦争のたんなる終盤にすぎない。

一九三一年の満州事変そのものは、偽りの戦争原因によってはじまった。それは日本が管理する南満州鉄道の一部を爆破し、非道な行為を中国人になすりつけた日本精鋭の関東軍の将校たちによる謀略だった。日本はこれによって、「満州」の総称で知られる万里の長城以北の中国三省を、奪取することになった。さらにはそれが、二〇世紀はじめまで中国を統治した満州人の支配王朝の子孫である「皇帝」溥儀《ふぎ》のもとで、「満州国」という傀《かい》儡《らい》政権を樹立することに導いたのだった。

一九三三年に日本は、満州奪取を非難した国際連盟を脱退した。孤立した日本は一九三六年には、国際共産主義とたたかうという名目で、ナチス・ドイツと反コミンテルンの日独防共協定を結んだ。中国との全面戦争に突入して三年後の一九四〇年に、日本帝国はドイツ、ファシスト政権のイタリアと、いわゆる三国同盟、世界では「枢軸」としてひろく知られる同盟に加わった。

第二次大戦の欧州戦線でもっとも破局的な損失をこうむったのがソ連だったのと同じく、アジアにおける戦争で、最大の苦痛と人命の犠牲を耐え忍んだのは、中国だった。満州奪取を早めることになった一九三一年の謀略による事変とはちがって、一九三七年七月の対中全面戦争の勃発には、日本側の陰謀はかかわっていなかった。というより、そのころまでには日中の関係があまりに不安定になっていたので、日中の軍を巻きこむ北京近郊の小競りあいが、すぐに制御できなくなるまでエスカレートしたのだった。戦争はたぶん避けがたかったろう。だがけっして、たしかなことはいえない。日本の帝国主義と中国の民族主義《ナショナリズム》は衝突コースにあったが、一九三七年に炎上した大火は、計画されたものではなかった。

実際的な理由から、中国も日本も、一九三七年には公式の宣戦布告をしなかった。「中立」を定めたアメリカの法律のもとでどちらかが宣戦布告すれば、日中いずれもが、決定的に必要とした軍事関連物資を、「中立」を標榜するアメリカから調達する資格を失っていたろう。そうした法律のあいまいさにもかかわらず(その微妙さゆえに、米政府が日本を非難して中国に援助を差しのべる一方で、アメリカの関連業界は、日本の軍事力《ウォー・マシーン》を支援しつづけることができた)、日本が支那事変と呼んだ戦争は、すぐに狂暴で残虐なものとなった。強硬派の日本の軍国主義者たちは、技術的に劣り、政治的に分断された中国人にたいし、数カ月のうちに勝てると予言し、天皇は、より慎重な姿勢をとる陸軍参謀本部の高官との謁見をこばんだ。

思いがけなくも激しい中国の抵抗によって、日本の文民首相だった近衛文麿は一九三九年はじめ、日本が現に「殲滅戦」をおこなっていることに気づくようになった。じつに、そのとおりだった。上海から血路を開いたすえに、戦闘で疲弊し規律を失った日本軍が一九三七年一二月、ついに中国の首都南京に進軍したとき、彼らは見境をうしない、今日の世界が「南京大虐殺(The Rape of Nanking)」として知る強姦や殺戮、略奪のかぎりをつくした。(1)

一九三七年から一九四五年にかけ、二億人以上が住む広大な沿岸地域が日本軍の占領下におかれたにもかかわらず、中国は最後まで折れなかった。南京や他の日本の残虐行為、あるいは占領地域の外で八年の長きにわたってつづいた頑強な中国の抵抗運動のさなかに、どれほどの数の中国人が殺されたのか、正確に知ることはけっしてないだろう。戦後、中国当局者は、その軍事面での死者数をおよそ一三〇〇万人、中国全土の総死者数を九〇〇万から一五〇〇万人と見つもった。その数字は近年、相当高めに修正された(かならずしもその数字に説得力があるというわけではないが)。犠牲の数秘学それ自体が、現代ナショナリズムのひとつの形態だが、中国、そしてのちに東南アジアで、日本の侵略によって非業のうちに死んだアジアの人々の数は、議論の余地がないほど、莫大だった。

日米の戦死者の数にかんしては、もっと確かなことがいえる。一九三七年から一九四五年の終戦までに、もともと七〇〇〇万人をわずかにこえる数だった人口のうち、およそ二〇〇万人の日本人戦闘員が死んだ。また、すくなくとも七〇万人の市民が亡くなったが、ほとんどは一九四五年か戦争直後に命を絶たれた(日本の主要都市への米軍空爆、壊滅的な沖縄戦、日本の敗北後に満州で生じた危険な混沌からの引き揚げなどだ)。アメリカ側では、太平洋での戦死者はおよそ一〇万人だった。欧州戦域での死者数はその三倍にあたる。(2)

満州事変、支那事変(日中戦争)、それにつづく連合国軍との戦争において打ちだされた日本の宣伝は、それが自衛のために必要な正統行為であるとするものだった。世界のほかの地域のファシスト陣営では、この議論はあきらかな虚妄として退けられたが、日本の国内では、そうした宣伝にはいちじるしく説得力があった。なぜそうだったのか。それには多くの理由があるが、まずあげられるのは、アジア大陸における日本の「正統な権利と権益」ということだろう。これらの特権は、クモの巣のように張りめぐらされた公式の条約や協定の積みかさねにささえられており、そのはじまりは、一九世紀から二〇世紀の変わり目にかけ、一八九五年の日清戦争での勝利や、一九〇五年の日露戦争で、日本がはじめて近代の帝国列強として台頭したときにまでさかのぼる。日本が一九世紀なかば、封建的な鎖国政策を放棄するよう強いられたまさにそのときから、日本の国家指導者たちは、凶暴なまでに競りあう世界でいかに生き延び、繁栄するかについて、強大な拡張主義者の西洋列強から教訓を学んだ。彼らは、鍵になるのは「富国強兵」であると結論づけた。そして富国強兵の鍵は、今度は社会ダーウィニズムの知恵と「適者生存」の考えに見いだされるはずであった。「現実政治《リアルポリティーク》」と「権力政治《マハトポリティーク》」という実用本位のリアリズムと武力外交こそが、そのゲームの名前であった。これは単純素朴な教訓にみえるかもしれない。だが、ほかのどんな非西洋、非白人種、非キリスト教国が学ぶことも、およそ実践することもなかった教訓なのである。

より具体的にいえば、ほとんどすべての日本人にとって、「生存と繁栄のためには、日本と隣りあう地域の安全と、アジア大陸の市場と資源を利用する権利を保証されることが、ともに必要である」ということが、信仰箇条になったのである。彼らは一九世紀の欧米の砲艦外交と「不平等条約」のモデルにならい、中露にたいするめざましい勝利をつかって、とりわけ列強に包囲された中国を締めあげた。軍事力と法的な繊細さの巧みな結びつきこそが、満州と中国のほかの地域において、日本がどのように軍事的・経済的な地歩を築いたのか、という問いにたいする第一の回答なのだ(日本による一八九五年の美麗島［いまの台湾］と、一九一〇年の韓国・朝鮮の植民地化は、初期の戦争による戦利品の一部だった)。

日本の宣伝家たちは、「了承ずみの権利や権益」の確保という言葉をつかって、一九三〇年代の日本の露骨な侵略を弁護した。そのとき、彼らはそれまでの数十年以上にわたり、まんまと中国からせしめた「条約上の権利」や「譲歩」という巧みな既得権益の網に言及したのだった(アメリカを含む西洋列強は、一九四〇年代まで、中国との不平等条約を完全には破棄しなかった)。だがこのことは、宣伝の訴えのうわべにすぎない。一九三〇年代までに、ほとんどの日本人は、想像したこともないほどの脅威にみちた多くのできごとや勢力によって、日本が危険にさらされていると信じこまされた。

そうした脅威としてわかりやすかったのは、一七世紀以来中国を治めた清朝が一九一一年にくつがえされてのち、中国をかき乱した軍閥割拠の政治と国内の混沌だった。もうひとつは、一九一九年、第一次世界大戦後におこなわれたパリ講和会議で、列強が中国に不利なごまかしをしたことにたいして爆発した、五・四運動の名前でひろく知られる中国の民族主義の誕生だった。日本が、米英仏などとならぶ「列強」とみなされ、戦勝国の一員としてこの講和会議に列席したことは、日本がいかに首尾よく西洋の権力政治に熟達したのかを証明している。このとき中国の民族主義を燃えあがらせた露骨な現実政治において、西洋列強は、中国における彼ら自身の特権的立場だけでなく、第一次世界大戦の勃発からまもなく、日本がさらに中国からせしめた厄介な「権利と権益」をも、実質的に支持したのだった。

こうしたすべては、日本が中国それ自体をはるかにこえるとみなした新たな脅威によって、いっそうひどい事態になった。それは一九一七年のボルシェビキ革命につづく国際共産主義の出現だった。一九二〇年代なかばまでに共産主義は中国に根を張り、「帝国主義者」による蚕食《さんしょく》と搾取にたいして、民衆の感情を動かす潜在的なイデオロギーの武器になった。アジアにおける第二次世界大戦のまさに終結まで、「赤禍《せっか》」のイメージを喚起することは、日本の宣伝の定番でありつづけた。ロシアは、はるかに脅威的なソ連にとってかわられ、共産主義は中国で勃興していた。「赤」の思想は日本にまで浸透しつつあった。

一九二九年のウォール街の崩壊と、それにつづく破滅的な世界不況は、当然にも差しせまった危機の感覚を深めたが、とりわけ欧米諸国が日本からの輸入品に関税障壁を設けてみずからの経済を守ろうとしてから、その傾向はさらに強まった。このますます不安定になる状況において、日本の軍人・文官の政策立案者は、自給自足型経済という観念の虜《とりこ》になった。そのビジョンとは、自主的で自足的な戦略的・経済的「新秩序」のことであり、それはもちろん、日本が先導すべきものとされた。満州事変、支那事変は、この急性で、しかも長びく危機の雰囲気のなかで起こった。かつてないほど、中国という経済的な「生命線」が、日本人の生存にとって死活的に思えたのだった。

西洋列強が日本の侵略的行為を非難し、中国に支援をそそいだとき、彼らは偽善者として弾劾された。つまるところ、英仏蘭米も自分たちの植民地をもち、みずからの勢力圏があることを認めているからだった(日本は、アメリカが中米とカリブ海において抜きんでた権利と権益があると主張するモンロー主義[*1]にならって、一九三〇年代にはときどき、アジアにおける自らの「モンロー圏」に言及した)。だがそれ以上に、欧米はいまや、混沌にむけて螺旋《らせん》状に転げ落ちるようにみえる世界にあって、まさしく日本の生存能力を脅かす存在としてみられるようになった。もはや「世界秩序」は存在しない。見わたすかぎりひろがっていたのは、国際的な無秩序だった。

さらにそれは西洋で、「黄禍」の気分が勃興しつつある時代でもあった。日本人にとって注目すべき例と映ったのは、一九一九年に新たな国際連盟規約をつくる際に、日本全権代表が提起した人種差別撤廃条項を盛りこむ案が、こばまれたことだった。米連邦議会は数年後の一九二四年に、いまや悪名高い「東洋人排斥」[*2]の法律を制定し、この侮辱にさらに無礼の上ぬりをした。こうした露骨な白人優越主義にたいする日本人の反応は、反白人の憎しみの感情を汲みあげ、白人優越主義とよく似た「大和民族」(神話にまつわる日本人の聖なる起源を呼びおこす言葉)の優越性への賛歌をたかめることだった。

こうして、日本人の宣伝家たちは、勢いづく中国人の反日民族主義というわざわいや、国際共産主義の「赤禍」に加え、西洋の人種差別主義、帝国主義、権力政治という「白禍《はっか》」をくわえるようになった。日本は存続しえる国家と文化として、まさに生存をかけた聖戦に着手することになった。

だが聖戦という高尚なレトリックは、たんなる防御的、反応的な意味以上のものをふくんでいた。日本の民衆は、満州事変が関東軍の謀略であることをまったく知らなかった(それは戦後になるまでひろく知られなかった)。反対に、満州を手にすることは、たんに中国人の挑発にたいする正統で必要な対応措置というばかりでなく、ずば抜けた創造性を発揮する好機としてしめされた。満州国は、ソ連勢力の拡張にたいする緩衝になるだろう。それは、貧しい日本人農民の家族が移住できる肥沃な辺境《フロンティア》になるだろう。満州国は、日本、中国、朝鮮、満州、モンゴルの人々に「五族協和」をもたらす坩堝《るつぼ》となるだろう。それは中国の軍閥割拠のわざわいや、国際共産主義、西洋の帝国主義、そしてまさに、大恐慌をもたらした貪欲で不安定なたぐいの資本主義からも無縁な、「新亜建設」の実験計画《パイロット・プロジェクト》になるだろう。

安全と自治を追うこの探求が、中国本土にまで向かいはじめ、やがて中国との戦争継続に欠かせない資源を入手しようと東南アジアや太平洋へとひろがったとき、聖戦が賭《と》すものは、想像できる最高限度にまでつりあげられてしまった。あとで振りかえればあきらかなようにこれは狂気であり、当時そう考えた日本人もいた。だがそのほとんどは沈黙を守り、ごく少数の人々(大半は転向をこばんだ日本共産党員だった)が投獄された。しかし大多数の日本人にとって、聖戦は、死に値する大義だった。じつに、代わりの策はほとんどなかったのである。

戦時下のどんな民族とも同じく、日本人は、みずからが犠牲にした人々を無視する一方で、日本人の死者を哀悼した。対中戦のはじめ、正直で性格がつよく、天皇や国家の犠牲となる純真な精神の好例となるような、永続する愛国心をもったある種の戦死者は、「軍神」として顕彰されるのがふつうだった。安全と進歩をめぐって、戦ってきたその来歴にこだわる国家にふさわしく、「軍神」の原型は、一九〇五年に海戦でロシアに勝利した英雄の東郷平八郎元帥だった。戦闘で死んだのではなかったが、彼の聖像は十五年戦争をつうじて崇拝された(図

3-1)。

対中戦争が、対連合国軍という、より大きな「世界大戦」に拡大するにつれ、戦死者一般への尊敬が前面にでて、個々の英雄にたいする崇拝は後景へとしりぞいた。戦死者すべてが、「英霊」として崇拝されたのである。彼らの名前は東京の荘厳な靖国神社にまつられた。それは、一八五三年以降、近代になって、天皇と帝国の大義に殉じた人々にささげられた神社だった(一八五三年は、封建政府が外の世界に門戸をひらくよう強制された年である)。靖国をおとずれるときに、臣民は、天皇と国家、日本文化のために至高の犠牲をささげたすべての死者を哀悼し、感謝をささげた(図3-2)。

「靖国で会おう」は、お国のために死ぬ心がまえができた男たちが、たがいに暇乞《いとまご》いをするさいに言いかわすことになる、病的なほどにロマンティックな流行り言葉となった。その美のきわみに大枝から舞い散る桜花は、

図 3-1　東郷平八郎元帥をしめす着物の織物，1934 年，日本．モスリン地に印刷．13½×23 インチ．Collection Alan Marcuson & Diane Hall, London. Courtesy of Bard Graduate Center: Decorative Arts, Design History, Material Culture; New York. Photographer: Bruce White.

日露戦争のはじめとおわりに，ロシア海軍にたいする輝かしい勝利をおさめることになった東郷平八郎について，1934 年の死後，多くの記念品がつくられた．この織物の図柄の後方に描かれた神社は，死後の「軍神(military god)」としての地位をしめしている．

図 3-2　寺内萬治郎「国の戦死者への尊崇，靖国神社」．日付なし．カンヴァス油彩．*Reports of General MacArthur*（『マッカーサー元帥レポート』），vol. 2, part 2. Collection National Archives and Records Administration. より．

古典にのっとり、近代戦で死に逝く若き憂国の士たちの究極のシンボルにあてられた。流行歌や詩歌、イラストがこのイメージをひろめ、戦死した人々は靖国を美しく彩る桜の花として生まれかわるとすらいわれた(3)。

戦争がおそるべき大詰めにむかうにつれ、イデオローグや宣伝家たちは、全民衆に、最後の最後まで戦うよう熱心に勧めた。団結を呼びかけるスローガンとして長く人気のあった「一億一心」は、いまやかたちを変え、「一億」は砕け散る宝石のように、死を覚悟するべきだ（「一億玉砕」）と宣言された。聖なる大義を守るための死は、浄化の究極のかたちとなった。この夢の国では、他者への略奪や強姦、殺戮などは、存在する余地もなかった。

純潔、英雄的行為、至高の犠牲といったこうした大衆的なイメージはもちろん、ある種の情報の真空のもとで定着した。満州事変が日本側の謀略だと知らなかったように、支那事変（日中戦争）の拡大に日本人自身がゆゆしい責任を負っているという認識は、ほとんどなかった。帝国の陸海軍兵士がおかした残虐行為は、故国にはつたえられないままだった。当局による検閲は、自発的で熱烈な自己検閲にけしかけられた。

聖戦は、「八紘一宇《はっこういちう》」の道筋に沿いつつ民衆を鼓舞する一連のスローガンによって強められた。「八紘一宇」は、日本がアジアの地を西洋の支配から解放し、彼らを汎アジアというアイデンティティのアーチのもとに結集させるという日本の公然たる戦争目標を強調することばだった。戦争遂行を批判したり、歳月がたつにつれ厭戦《えんせん》や敗北主義をすこしでも匂わす表現をつかったりすることは、威厳ある天皇その人の高潔さを侵犯する不敬罪や大逆的な行為であるとみなされ、弾劾されるようになった。

愛国心がたかまるこうした状況にあって、公人やメディアは、圧倒的なまでに、「わが軍」の辛苦や勝利に焦点をあわせた。実質的に一九三八年までになしとげた広範囲にわたる中国の支配は、やがて困難で苦しい戦闘の連続に変わっていった。南京陥落は、日本ではめざましく立派な勝利として描きだされ、虐殺や、略奪(rape)として描かれるようなことはたしかになかった(図3-3)。これにつづく中国の広範な占領地域の統治は、よく知られた政治家である汪兆銘《おうちょうめい》のもとに、南京に居座った国民党の利敵協力者たちをとおしておこなわれた。日本の宣伝家たちがよくいったように、国家建設の合作にあたって日本は、

図3-3 子どもの着物(部分).「南京陥落」,日本,1937年.毛織モスリンに印刷.25×28⅜インチ.Collection Jacqueline M. and Edward G. Atkins, New York. Courtesy of Bard Graduate Center: Decorative Arts, Design History, Material Culture; New York. Photographer: Bruce White.

この男の子向けの晴れ着には,「南京陥落」を宣言する垂れ幕をつけた軍のアドバルーンが描かれている.中華民国の首都南京は,1937年12月半ばに日本に攻略された.

この汪兆銘政府の寛大な師であるとされた。毛沢東が延安から共産ゲリラ活動を指揮する一方、蔣介石《しょうかいせき》のもとで国民党軍が仮に遷都した重慶などの奥地でおこなわれた抵抗運動は、「土匪《どひ》や共産主義者」が先導している、とされた。

同じように一九四一年の真珠湾と、東南アジアにおける米英蘭の植民地にたいする攻撃は、列強にたいする日本の防衛行為として描かれ、列強は中国にいる日本の敵を支援し、日本に欠かせない資源を断つと脅し、アジア共栄の指導者としての日本の運命を邪魔だてしていると宣伝された。天皇は日本時間の一二月八日、詔勅で臣民に、戦争の拡大をつぎのように宣言した。「今ヤ不幸ニシテ米英両国ト釁端《きんたん》ヲ開クニ至ル　洵《まこと》ニ已《や》ムヲ得サルモノアリ豈《あに》朕カ志ナラムヤ」。天皇はこれにつづけてつぎのようにのべた。「中華民国政府曩《さき》ニ帝国ノ真意ヲ解セス濫《みだり》ニ事ヲ構ヘテ東亜ノ平和ヲ攪乱《こうらん》シ遂ニ帝国ヲシテ干戈《かんか》ヲ執ルニ至ラシメ茲《ここ》ニ四年有余ヲ経タリ幸ニ国民政府更新スルアリ帝国ハ之《これ》ト善隣ノ誼《よしみ》ヲ結ヒ相提携スルニ至レルモ重慶ニ残存スル政権ハ米英ノ庇蔭《ひいん》ヲ恃《たの》ミテ兄弟《けいてい》尚未《いま》タ牆《かき》ニ相鬩《あいせめ》クヲ悛《あらた》メス」。

「米英両国ハ残存政権ヲ支援シテ東亜ノ禍乱《からん》ヲ助長シ平和ノ美名ニ匿《かく》レテ東洋制覇ノ非望ヲ逞《たくまし》ウセムトス剰《あまつさ》ヘ与《よ》国《こく》ヲ誘ヒ帝国ノ周辺ニ於《お》テ武備ヲ増強シテ我ニ挑戦シ更ニ帝国ノ平和的通商ニ有ラユル妨害ヲ与ヘ遂ニ経済断交ヲ敢テシ帝国ノ生存ニ重大ナル脅威ヲ加フ」。

こうした流れにそって天皇は、よりレトリックをこらした次の言葉で詔勅を締めくくった。「皇祖皇宗ノ神霊上《かみ》ニ在リ朕ハ汝有衆《ゆうしゅう》ノ忠誠勇武ニ信倚《しんい》シ祖《そ》宗《そう》ノ遺業ヲ恢弘《かいこう》シ速ニ禍根《かこん》ヲ芟除《せんじょ》シテ東亜永遠ノ平和ヲ確立シ以テ帝国ノ光栄ヲ保全セムコトヲ期ス」。

詔勅は戦争が終わるまで、毎月八日に臣民にくだされ、読みあげられた。[4]

振りかえってみると、日本が対中戦争を欧米宗主国を巻きこむアジア太平洋戦争に拡大させたことは、狂気の沙汰とはいえないまでも、自暴自棄のおこないだった。しかし当時の日本の指導者たちは、たとえ日本が「四等」国にまで地位を引きおとされることがないとしても、戦争拡大は避けられないと考えていた。連合国軍が欧州でのナチスの猛攻撃に心を奪われているので、日本の指導者たちは、日本が東南アジアの資源を得て、中国の頑強な抵抗を日本が鎮圧できるような、何らかの和解交渉に彼らが応じる気になるだろう、と論じたのだった。

その議論はこうつづいた。西洋列強を交渉の席につかせる日本の能力は、植民地の抑圧からの解放という高貴な目標が土着のアジア人から支持されれば、いっそう強められるだろう、と。一九四一年一二月に天皇が宣戦布告したときまでには、アジアにおける「白人」という日本の敵は、中国の抵抗と合成され、便利なアルファベットの簡略表記になっていた。日本は米(Americans)、英(British)、中国の抵抗(Chinese resistance)、蘭(Dutch)という「ABCD」包囲網によって首を絞められているというのである。アメリカはフィリピンを、オランダはインドネシアをそれぞれ支配し、英国は香港、シンガポールをふくむマラヤ、ビルマとインドの植民地の一大君主であった。彼らにたいして日本が断乎として蜂起すれば、他のアジア人も支持に立ちあがる。そう宣伝家たちは約束した。だがつまるところ、日本人は解放者ではなかったのだろうか?(図3-4)

彼らはそうではなかった。だがそうした白昼夢が、まことしやかな見せかけから、すっかり切り離されることはなかった。ともかくも二億人の中国人が日本の支配に服従した。また、結局のところ小規模のビルマとインドの「独立」陸軍が、解放のレトリックを取りいれて日本人と運命をともにし、フィリピンとインドネシアでは土着の協力者をうんだ(一九四〇年にフランスがドイツに降伏したあと、日本人はすでにインドシナにおける仏植民地を引きつぐ交渉をしていた)。日本の戦闘員や銃後の家族、支持者にとって、自分たちのおこないが西洋帝国主義を駆逐し、「アジアの興隆」をもたらすという考えは、みずからが求められている偉大な犠牲の理由をあきらかにし、高貴なものにしたのだった。

図 3-4　政府ポスター，日本，1943 年(複製)．ニューヨーク，個人所蔵．New York. Courtesy of Bard Graduate Center: Decorative Arts, Design History, Material Culture; New York.

この外国人向けポスターは，米英蘭(ABD の頭文字)による抑圧と，中国(C)による抵抗からアジアを解放するという日本の「高貴」な使命について公式の宣伝をとらえている．

アジアにおける西洋と、共産主義の影響に反対する日本人の運動《キャンペーン》は、内務省の「思想警察」が、「危険思想」を狩りだすのに膨大な力をそそぐ国内の舞台にもひろげられた。一九二〇年代のいわゆる「治安維持法」は、とりわけ共産主義の勧誘役や左翼知識人を標的にしていた。一九三〇年代のおわりまでに、危険な考えの定義は拡大され、「英米思想」一般をふくむまでになった。こうしたことは、やがて必然的に、『国体の本義』（一九三七年）や『臣民の道』（一九四一年）といった冗長な公式本で、くわしく説明されるまでになった。公認されていたユーモア雑誌『漫画』の一九四二年五月号に掲載された諷刺漫画は、「英米思想を一掃する」という一風変わった図柄でこの攻撃をあらわしていた。[5] それは頭をすいてフケの粉をはらう若い女性を描いたもので、女性の襟足は、「浪費」「わがまま」「享楽主義」「自由主義」「物質主義」「金銭崇拝」「個人主義」「英米思想」などと読みとれるフケでおおわれていた。

英米の価値観や性格特性にたいするそうした大ざっぱな攻撃には、いくつかのはたらきがあった。西洋という敵を、救いがたいほど退廃し、利己的な関心でいっぱいの人間として描くことは、たんに敵への侮りをかきたてる以上のことを意味していた。それは、アジアにひろがる日本の侵略にたいし、米英がみずから進んで長期にわたる軍事的な反撃をする意思も能力もないだろうという、日本人の希望的な信念を強めた。同時にこの「国民性」をめぐる議論は、いわゆる伝統的な日本人の美徳への鼓吹に、基礎をあたえたのだった。イデオローグや宣伝家たちは、つかい勝手のよいイメージや理念をもとめて過去をくまなく探しまわり、たとえば桜花や、比類なき「大和魂」の神秘性、純潔にまつわる百花繚乱の言葉をもちかえった。中世の書物は「武士道」について高度に理想化された規範を提供した。「武士道」にかんする散文は、戦争の精神的・審美的な側面を断言するうえで、とても融通性があり、そこでは他のいかなる民族や文化も、これをほんとうに理解したり見習ったりすることは、けっして望みえない、と宣言されたのだった。[6]

さらに効能があったのは、日の神である天照大御神にまで血統をさかのぼる朝廷の類のない「神楯《イージス》」[*3]のもとで、忠誠と孝心を結びつける「皇道」なるものについて、古書が高度にレトリックな素材をあたえてくれたことだった。一九四一年一二月の詔勅はそうした熱気をしのばせている。同時代の実用的な目的のために、伝統を再発明することは、今日の歴史家にもおおいに愛されている発想だが、ことこれにかけて、日本人をしのぐものはなかった。

だが同時に日本の宣伝家たちは、彼らの聖戦を、もっとも現代的で未来派風の衣装でよそおうことにも習熟していることをしめした。そしてすくなくともはじめ、中国において、あるいは、真珠湾とシンガポール防衛で驚くべき不手際をさらけだした米英にたいして、真の勝利の展望がまだあるかに思えたころ、日本の民衆の感情を動員するほんとうの鍵は、自信ある前向きのビジョンにあったのである。日本の民衆は、国内においては新機構、国外においては新秩序を創造し、アジアを西洋の搾取という災厄から解放して「大東亜共栄圏」をつくりだし、

図3-5　鶴田吾郎デザインによるポスター「興亜」．陸軍記念日を祝して日本の陸軍省から出された．日本，日付なし．*Reports of General MacArthur*, vol. 2, part 1. Collection National Archives and Records Administration. より．

共産主義の脅しを砕いて、天皇の「御旗のもとに」革命的な変化をもたらすという宣伝を、雨あられと浴びせられていた。とりわけ京都帝国大学につらなる哲学者たちは、日本の使命は「近代を超克」し、すばらしい新世界にみちびくことにほかならない、と語った。もっとわかりやすいキャッチフレーズづくりの専門家たちは、日本が「アジアの光」になるだろうと表現した[7](図3-5)。

　この日本の近代性の強調、いわば退廃した西洋がもたらしたものを超えて、日本はポストモダンの世界への道をしめす宿命にあるとすらいった近代性の強調は、しばしば見おとされてきた[8]。だが戦時下の日本のキャンペーン攻勢は、この点を抜きには理解できないだろう。なぜ日本はアジアの、そしてたぶんは全世界の「指導民族」たるべく定められているのか。イデオローグたちはこう宣言した。なぜなら、日本人は他のいかなる民族ももたず、同じくもつこともけっして望みえない価値と才能をもっているからだ、と。

　この超民族主義的《ウルトラナショナリスティック》な空騒ぎをささえようと、あらゆる種類の「証拠」が呼びおこされた。日本帝国は、中国から儒教の理念、とりわけ孝心という基本的な徳目を吸収したが、中国ではもはや儒教は隆盛ではなくなっていた。日本はその歴史と文化に固有の要素から近代民族主義を鍛えあげてつくりだしたのである。武士に帰するとされた忠誠心と自己犠牲は、たぶん土着の神道宗教から搾りだされた純血人種の神話と結びつけられ、こうしたすべてがふたたび、神授の皇統の神秘性と結びついた。そして、とりわけ、世界の非白人、非キリスト教、非西洋民族と国家のなかで、ひとり日本のみが、西洋の支配から逃れた。どのようにしてか。西洋の科学と技術に習熟することによってである。日本は、日本のみが、東西の最良のものを混ぜあわせることに成功したのだ。そう宣伝家は考えたのである。

近代性の「利器」は、文学や造形美術においても、一九三〇年代の日本が夢中になる対象だった。わずか半世

図3-6　長じゅばん「近代性」(部分). 日本, 1930年ごろ. モスリン地に印刷. 13¼×19¼インチ. 東京, タナカ・ヨウコ所蔵. Courtesy of Bard Graduate Center: Decorative Arts, Design History, Material Culture; New York. 撮影：ナカガワ・タダアキ/Artec Studio.

百貨店や地下鉄から, 道路を縦横に走る電線, 電話線にいたるまで, 1923年の壊滅的な関東大震災のあとで, より近代的な流れに沿った京浜地域の復興が, あますところなく描かれている.

紀のうちに、封建時代の鎖国から世界の列強に並びたつ地位へと日本を飛躍させた技術と工業の迅速な変化は、軍事的な武勇よりも、よりあきらかだった。第一次世界大戦と、一九二三年の大規模な関東大震災のあと(この震災は京浜地域に、より近代的な流れに沿った膨大な建築ブームを引きおこすことになった)、どこに出かけても、西洋様式のモダニズムは目にみえるものとなった。高層のビルが都市に立ちあがり、路上には車が出現した。列車は国土を縦横に突っ走り、飛行機が空に点在するようになった。地下鉄は東京の大地の奥をゴーゴーと音をたてて走りぬけた(図3-6)。こうした西洋式のファッション、つまり音楽、衣装、料理、映画、そして「自由恋愛(free love)」すらもが、都市のブルジョア階級を魅惑した。

同時に、そうした創造的な近代化にともなって、かつては思いもよらないほどの暴力を、技術官僚的《テクノクラティック》に「正当化」したり、動員したりするようになったことも、議論の余地がないほどはっきりしていた。第一次世界大戦は世界中の軍事作戦立案者に、将来の勝利は、戦争遂行のもとに社会のあらゆる諸側面を総動員する能力できまることを教えた。政府や産業、財政、陸軍や海軍だけでなく、全国民の支持も必要なのだ。近代的なコミュニケーション手段のすべての資源をつかって、心理的な動員をかけることが、総力戦をなしとげるうえで、兵器と同じほど重要になったのである。

一九三〇年代のなかばまでに、そうした「総力戦」の計画が日本でいちじるしく幅をきかせるようになり、きまって国家の役割と権威を強める言葉にはめこまれるようになった。元マルクス主義者たちは、国家社会主義や民族社会主義を希求して、右翼のイデオローグたちにくわわった。因襲を打破する「新官僚」や「革新官僚」の幹部たちは、重要官庁で影響力のある職についた。軍部と密接に結びつき、軍事関連企業に集中し、しばしば満州国の産業発展に深くかかわっていることで有名な「新興財閥」と総称される二〇ほどの大きな産業財閥が台頭した。特定の重要なセクターでは、官民の資本と経営を公式に組みあわせるために、いわゆる「国策会社」が創設された。

こうしたことがらが、反対なしにおきたわけではなかった。文民と同じく軍部でも派閥主義は激しかった。一九三〇年代には、日本で多くの暗殺事件がおき、一九三六年には、若い陸軍将校が率いる深刻なクーデター未遂、二・二六事件すらおきて、日本はその衝撃に揺らいだ。だがついには、抜けめのない軍国主義者と改革官僚たちが意思をつらぬいた。一九二〇年代の治安維持法は、ますます抑圧の厳しさをまし、あまりにリベラルで、英米思想を支持するような危険思想にくわえ、急進的な右翼テロに突っ走りそうな者まで取りしまるようになった。

一九三一年にはじまった満州の奪取は、こうした多くの展開のイデオロギー上の試金石であり、道標となった。中国外交官が日本による中国「東部三省」の強奪を弾劾し、国際連盟が国際的な現状の擾乱《じょうらん》を公式に非難する一方で、日本の大衆は、祖国がいよいよ偉大な使命に乗りだしたことを確信するようになった。「王道楽土としての満州国」は、「五族協和」などとならび、さらなる高揚をもたらすもうひとつのキャッチフレーズになった。活字メディア、宣伝ポスター、映画、歌謡のなかで、新しい傀儡《かいらい》国家は、ただ貧しい日本の家族が移住できる豊かで理想郷に近い土地としてだけでなく、国家社会主義を実現するうえでの完璧な「実験計画」として描かれた。新官僚とその片割れである軍部の改革主義者たちは、こう宣言した。世界を不況と混沌に投げこんだ資本主義システム、その搾取と不安定とは無縁の理想国家を満州国につくることができるだろう。同時に、不寛容な白禍、黄禍、赤禍の世界とはちがって、人種の調和も促進されるだろう、と。

手つかずで、ひろびろとした満州国の美しさは、その魅力をさらに強めた。名高い中堅のプロ写真家たちは、社会リアリズムの様式で撮影した成長しつつある満州の印象ぶかい映像を祖国に送りかえした。旅行代理店と、力ある南満州鉄道会社は、この新たな辺境の地をよぎる名高い列車に旅客を誘う華やかなポスターを、大量にうみだした。児童文化もまた、開発にうってつけの土地へと子どもたちを招く同じイメージでみたされた(9)(図３-

図 3-7 「満鉄」の羽裏のついた羽織．日本，1930 年代はじめ．黒絹 41½ ×51 インチ．羽裏は友禅染の絹で，22×21¾インチ．東京，タナカ・ヨウコ所蔵．Courtesy of Bard Graduate Center: Decorative Arts, Design History, Material Culture; New York. 撮影：ナカガワ・タダアキ /Artec Studio.

轟々と走る蒸気機関車の織物の図柄は，南満州鉄道の宣伝広告のポスターをもとにしている．この鉄道は，万里の長城以北にできた日本の新植民地の心臓部に敷設された．こうしたイメージは，日本の科学技術力への誇りや，新しい傀儡国家・満州国を発展させるという先駆的な挑戦について沸きたつような興奮を誘った．

7)。

壮大なドラマがおきる場所、めざましい好機、すばらしい機構として描かれた満州国のそうした心象は、日本経済の驚くべき発展にたいする、より大きな民族の誇りの一部だった。世紀の変わり目における中国とロシアにたいする勝利は、農業から工業に移り変わる社会の変容をあらわす最初の偉大な実演となった。一九三〇年代の満州国と総力戦への動員は、それよりもっと華やかな見世物であり、工業や科学技術の変化の速度と規模に心を動かされない日本人の大人はほとんどいなかった。たとえば日本がロシアを打ちまかした一九〇五年に一五歳だった男女は、満州事変がおきたときにはまだ四一歳であり、一九四一年に世界を相手に勝負にうってでたときは、五一歳にすぎなかった。

一九三〇年代から一九四〇年代はじめに

図 3-8　秋香「海洋嶋沖日艦大勝」. 日本，1894 年．木版画．Photograph ©2011 Collection Museum of Fine Arts, Boston. Anonymous Gift(23.288-90).

最初の日清戦争での日本海軍の武勇を，典型的に描いたこの劇的な祝いの木版画では，堂々たる戦艦「松島」が，中国の艦船を沈める図が描かれている．勇猛な水兵たちが，荒れ狂う波のなかの小型船に乗りくむ一方，背景には，日本の別の巨船がおぼろに浮かびあがっている．

かけて、戦争のイメージを特徴づけた多くの様式や約束事は、じつは一八九四年から一八九五年にかけての日清戦争で確立されたものだった。欧米ではそのころまでに、写真ジャーナリズムがひろまるようになっていたが、日本において初期の対中戦の劇的な描写は、大衆的な木版画として描かれた。一○カ月間つづいたこの日清戦争をとおして、木版画家の小さな同人グループは、推定三○○○の華やかに彩られた戦闘場面を大量生産した。こうした様式化された英雄的な戦闘のイメージの多くは一○年後、写真や他の図版表現がうまれて、もう木版画がすたれつつあったにもかかわらず、対露戦で再利用されることになった。さらにそれは十五年戦争において、魔術で一変したような姿でもどってきた。戦艦は途方もなく大きくなった。大砲は巨大だった。天皇の戦闘員たちは、頑丈で毅然としているだけでなく、背が高く顎《あご》が角ばって、服装と髪型がほとんど完璧なまでに西洋風だった。彼らは、かぼちゃ頭で辮髪《べんぱつ》、そして異様な身なりをした中国人よりも、あきらかにロシア人に近かった(図3-8、3-9)。

　近代の経済発展が、世紀の変わり目の勝利を可能にさせた(日露戦争にかんしていえば、ニューヨーク、ロンドンから

図 3-9　右田年英「旅順口の海戦に我富士艦砲術長奮戦の図」．日本，1904 年．木版画．Photograph ©2011 Collection Museum of Fine Arts, Boston. Jean S. and Frederic A. Scharf Collection(2000.75).

この日露戦争を描いた図版は，10 年前に日清戦争を描く木版画で最初にあらわれた常套表現を再利用している．その表現では，鍛えぬいた戦闘員たちが，最新鋭の軍事技術を操作する場面を描くことが多かった．

の借款もあったが)。その工業化のもっとも初期の段階は、まさに国家が戦略的な軍事関連産業に深くかかわることができるよう、意図的にゆがめられた。にもかかわらず二〇世紀はじめの日本経済は、工場労働力の過半数をしめる女性によってささえられ、基本的には織物と軽工業に集中したままだった。日本の資本主義は、比較的にはまだ初歩的な段階にあった。

日露戦争のほんの一〇年後にはじまった第一次世界大戦は、日本の軍需景気に火をつけ、工場生産の増大と男性の都市労働階級の拡大をもたらし、三井、三菱、住友、安田など巨大な「旧」財閥の統合による寡占をうみだした。しかし日本が実際に、経済学者が「第二次産業革命」とよぶ、急速で自立的な重化学産業の発展を経験したのは、一九三〇年代になってからだった。総力戦への動員は、日本が不況から抜けだすことに役だったばかりではない。それは日本を、科学技術の熟達という面でもまったく新しいレベルに押しあげたのである[10]。

実際の戦争の文脈でいえば、こうした発展は見るからに華々しいものだった。あらゆる近代国家は、誇らしげに工業の腕力を見せびらかすものだ。はじめは写真、その後は映画が大衆に届くようになると、工場の組み立てラインや重々しい機械装置、すばらしい乗りものといったイメージに、独特の魅惑が宿るようになった。これに、機関銃や重砲、戦艦、潜水艦、戦闘機、戦車などの近代戦の装備が加わると、その効果は絶大で、催眠術をかけるように、たやすく人々をうっとりさせた。

　この戦争装備への熱中ぶりは、戦時のアメリカと同じように日本でも顕著だった。いまから振りかえって、中国や連合国への日本の戦争を、傲慢で極悪だとしりぞけることはたやすいし、もっともなことだ。たしかにアメリカへの攻撃は極端なほど向こうみずだった。奇襲がアメリカ人にもたらす心理的な衝撃についても、あらかじめ十分には考慮されていなかった。真珠湾が引き金をひいたアメリカ人の憤怒と復讐への渇きを、日本人はだれもほんとうには予想していなかった。驚くべきことに、アメリカが報復に動員できる莫大な工業資源について、日本人が真剣に、組織的な関心をはらった節も、ほとんどなかった。それでも、もう敗北が避けられないことを認めざるをえなくなるまで、日本人はその戦争装備に誇りをもつことができた(図3-10、3-12、3-13)。

図3-10　風呂敷「三菱爆撃機」．日本，1930年代．友禅染による人造絹糸．29¼×29¼インチ．東京，タナカ・ヨウコ所蔵．Courtesy of Bard Graduate Center: Decorative Arts, Design History, Material Culture; New York．撮影：ナカガワ・タダアキ / Artec Studio．

　この風呂敷に描かれた三菱重工業の陸軍九三式重爆撃機(Ki-1-II)は，1933年から1936年にかけて製造されたあと，より軽量で高速のモデルに取って代わられた．スマートな戦争の機械の力を，ただ広がる魅惑的な青と対比させたことで，戦時の織物でも最も印象的な図像のひとつになっている．

　一九四二年の征服の頂点で、帝国の陸

図 3-11　作者未詳「学徒出陣」．日本，1944-45 年ごろ．50×74⅝ インチ．東京，国立美術館所蔵．
　対中戦争がより大きなアジア太平洋戦争に拡大してのち，徴兵は大学生にまで拡大された．1944 年 10 月からはじまったこの学徒動員で，こうした多くの若者たちが，前進する米軍への自殺的な特攻パイロットの任務を命じられた．この絵画には，彼らにたいする崇拝の思いと，英雄への門出の祝いの雰囲気が描かれている．まだ学生服を着たままの若い応召兵は，首のまわりに優美に日の丸をまとっている．

海軍は、西は中国内陸部、東ははるか遠く太平洋、北はアリューシャン列島、南はフィリピン、蘭領東インド、英領ビルマにいたる広大な地域を支配した。日本人は対中戦に最先端の新しい戦車を配備し、高性能の長距離爆撃機や、一九四〇年からは世界最良の戦闘機、三菱の「零戦《ゼロせん》」も投入するようになった。この「零戦」は、太平洋戦争の初期の段階では、米英にたいしてもつかわれ、日本側の大きな強みとなった。中国での戦闘で腕をみがき、鍛えあげられた日本の操縦士は、彼らの多くが殺されるまで、世界でも最優秀の部類に数えられた。彼らは無数の少年や若者たちのアイドルだった。

　一九三〇年代に日本海軍は、最先端の巡洋艦、駆逐艦、空母、潜水艦からなる恐るべき艦隊を進展させた。一九三七年に彼らは、過去最大の戦艦の秘密建造に乗りだした。ついには不幸な運命をたどる「大和」と「武蔵」

図 3-12　非買品“お宮参り”「戦艦」．日本，1930 年代後半．友禅染の絹に刺繍(絹に金属的な織り糸)．40½×37 インチ．Collection Alan Marcuson and Diane Hall, Belgium. Courtesy of Bard Graduate Center: Decorative Arts, Design History, Material Culture; New York. 撮影：ナカガワ・タダアキ /Artec Studio.

戦艦の劇的表現を描いたこの着物は，少年のお宮参り用につくられたが，結局，売られることはなかった．着物にはいまだに値段票がついており，購入後に家紋を縫いとる予定だった三箇所の部分が，白い保護紙で覆われている．

である。真珠湾攻撃は、たんに大胆というばかりでなく、近代的な戦艦・飛行機からなる攻撃のために編成された大艦隊と、空母搭載の雷撃機から発射された最先端の魚雷という点からいっても、戦術的に目をみはる成功であった。太平洋戦争の開戦からまもない日々に、日本の飛行機がマレー沖で英国の戦艦「プリンス・オブ・ウェールズ」と巡洋艦「レパルス」を撃沈したとき、彼らは世界を唖然とさせ、陽が沈むことはないと思われてきた大英帝国への弔鐘を鳴らしたのだった(日本人だけが思いあがりを占有していたのではない[11])。

　戦時中の視覚宣伝を支配していたのは、古風なサムライや小粋な

図3-13　吉岡堅二「大東亜戦争記念」報国はがき，「ハワイ真珠湾強襲」．政府発行の官製はがき，1943年．Photograph ©2012 Collection Museum of Fine Arts, Boston. Leonard A. Lauder Collection of Japan Post Cards(2002.4256)から．

桜花よりも、英雄的な戦闘員と、とほうもなく近代的な彼らの機器のイメージだった。そしてまた、庶民が文字どおり戦争で自らをよそおったのも、同じたぐいのイメージだった。

日本の十五年戦争における愛国的な着物や、さまざまな子ども服を美しく飾った壮麗な布地の図柄は、日本以外に、まさにこれに相当するものは見あたらない。いかなる国の庶民も、老若を問わず、これほど優雅に聖戦のイメージで着飾ったことはない。他のどんな国民も、ファッションと独創芸術との境がしばしばあいまいになるこの衣装の分野で、これほど多くの創意工夫に富む個人むけのデザインをうみだしたことはなかった。

もちろん、この衣装はある程度、深い審美的な日本の伝統を反映していた。その伝統とは、着物や羽織、そのほかの伝統衣類に特有の裁ちかたや、上層階級のみならず封建時代後期から下町の庶民の服装にもあらわれた派手なデザイン、いわゆる高級芸術と美しい日用工芸品の製作に明確な一線を引かない芸術創作の一般的な伝統などである。しかし一九三〇年代から四〇年代はじめにかけ、日本人が戦争を美化したこの愛国的な織物は、深く根をおろした審美的な伝統以上のものをあらわしていた。戦争そのものと同じように、それらは意識的な、日本の近代性の表現だったのである。それは、時代錯誤とはまったく無縁だった。

かなり単純化すれば、帝国日本が戦争にいたった道のりについて、戦後の研究には二つの対照的な分析法があるといえるだろう。より伝統的な研究法は、日本が米欧列強にくらべて進歩がおくれていたことや、「封建制の残滓《ざんし》」が持続したことを強調した。強固な民主制度を確立できなかったことや、西洋に追いつこうと必死だった非西洋国の権力の病理などである。もっと新しい研究法は、日本が戦争に突きすすんだ国際環境(帝国主義、植民地主義、世界恐慌、螺旋状に拡大した軍備競争、勃興する民族主義、敵意にみちた新思想など)だけでなく、一九一〇年代以降から日本で盛んになりはじめた「近代主義《モダニズム》」や「近代性《モダニティ》」の多くのあらわれを、より強調する傾向がある。

この後者の見かたは、大正デモクラシーとして知られる現象にも、新たな注意を呼びおこすことになった。その名称はもともと、裕仁天皇の父である大正天皇の統治期間(一九一二―二六)の「年号」に由来する。だがその勢いは、幕間のように短いその大正期よりも長くおよび、天皇の統治そのものを超えるものだった。大正デモクラシーは、巨大なひろがりで起きたダイナミックで非軍事的な動きを、すっぽりとおおうレトリックのようなものだ。大正デモクラシーは、政治的にはつぎのようなものを指す。議会政治の強化。政党に率いられ大企業の利権で強くささえられた内閣の登場。労働活動家、フェミニスト、社会主義者、共産主義者、自由思想やマルクス主義者に強く影響された新たなインテリ層を巻きこむ反対運動の台頭などである。政府の監視機関が一九三〇年代、英米思想を日本人の頭から追いはらうのにあれほど精をだしたのは、そうした影響が社会にひろくいきわたるようになっていたからだ。

社会的、文化的には、大正デモクラシーは、もっと無定形だが、同じようにダイナミックスは、つぎのような動きを研究する今日の歴史家にとって、見たところ無尽蔵の宝庫になっている。それは都市化や消費主義、娯楽、大衆むけ出版、ファッションや安っぽい装飾、それにあふれんばかりの気分といった新興ブルジョア文化一般などの動きだ。たとえば一九二〇年代には、「モガ」や「モボ」を中心とする、沸きたつような流行が見られた。モガやモボは、時にはハリウッド映画の鏡をとおして、かわりに「クララ・ボウ(Clara Bow)・ガール」とか「バレンチノ(Valentino)・ボーイ」とよばれることもあった。[12] 近代性のより高尚なきわみでは、岩波書店が、自由主義や左翼の正典をふくむ欧州古典の翻訳をよびものにして、世界主義的《コスモポリタン》な「岩波文化」をうみだすことになった。同時に出版界の巨人である講談社は、主婦や少年少女を対象とした雑誌をはじめ、それほどインテリむきではない賑やかな刊行物をだして、大衆むけの「講談社文化」を促進した。ほとんど一夜にして、子どもむけの定期刊行物、書籍、漫画、オモチャ、ゲーム、衣類といった児童文化の商品が市場に出まわるようになった。[13]

この大衆文化の多くは、音楽でも表現された。ラジオと蓄音機が登場し、勇ましい、あるいは感傷的な、涙もろい歌曲が、鳥のさえずりのように大気を満たした。しかるべき作曲家、作詞家、歌手には、有名人の地位があたえられた。しかし、「新時代」の印象をじかに人々に感じさせ、圧倒したのは、映像による表現だった。児童書の挿絵画家たちは、戦時をとおして、その名がだれにも知られていた。少年たちや、かなり多くの大人たちが、一九三一年にデビューし、近所の白犬たちを駆りあつめる元気な黒い野良犬を主人公にした『のらくろ』のような漫画の熱心なファンになった。世紀の変わり目から活躍した北澤楽天《きたざわらくてん》や、一九二〇年代から登場した近藤日出造らに先導されて、才能のある本格的な諷刺漫画家たちがあらわれ、政治や社会の流れの弱点を鋭く突いた。夢見がちな画家の竹久夢二は、古風な店や料理屋の帳にとざされた世界と、モダン・ガールの派手なカフェ社会の間を浮遊するかにみえる、はかなくメランコリーな若い女性を描き、愛好家たちをひきつけ、うっとりとさせた。

消費者主義や大衆娯楽が盛んになるにつれ、はなばなしい広告美術の世界が発展し、それはやがて、多くの戦時の映像宣伝にもきわだった特色をあたえることになった。最新式であるということは、西洋のファッションと、たとえば着物のような伝統的な衣服のいずれかを選ぶことを求めはしなかった。反対に、商業美術家たちは、和洋のスタイルと伝統を取りいれる垢抜けした美学を熱愛した。たとえば化粧品会社の資生堂が、世界主義《コスモポリタン》をめだたせる洗練された女性のエレガントなイメージを売りこむ一方で、三越のような全国に支店のある百貨店は、着物や伝統の髪型にもっと落ちつきをおぼえる大多数の女性消費者のあいだに、多くの顧客を獲得した。消費者は、指数関数的に増えるかにみえる選択肢から、好きなものを取りあげ、選ぶことができた。映画、演劇、ミュージカル、書籍、雑誌、飲料、カフェ、クラブ、レストラン、百貨店、旅行代理店。そうした光かがやく新しいブルジョアの陽射《ひざ》しのもとで、商業美術家たちは、ほとんどすべてのものを消費者に勧めることになった。彼らは、その手仕事が雑誌やポスターだけでなく、どこにもある小さなマッチ箱にすら複製されるのを目にした。人は文字どおり、ポケットやハンドバッグに入れて、新しい文化をもちはこべるのだった[14]。

こうしたすべては、写真や映画製作の独創的な革新によって完全なものになった。この分野の製作者は、一九二〇、三〇年代に、外国のモデルや着想を日本土着のビジョンや主題と結びつけるうえで、画期的な貢献をすることになった[15]。シュルレアリスムなどの前衛芸術の影響は芸術に浸透し(図3-14)、絵画などのように、あまり過激でない表現様式が支配的な分野においてすら、やはり劇的な新機軸があらわれた。伝統的な日本の描写様式「日本画」でも、最良の作品が引きつづき描かれていたが、いまや伝統的な着物姿の美人に加え、洋装の女性が標準的なモデルになった。これは「洋画」という西洋様式の油絵を仕込まれた芸術家世代によって、おこなわれるようになった[16]。

図 3-14　古賀春江「海」. 日本，1929 年. カンヴァスに油彩. $51\frac{1}{4}\times63\frac{7}{8}$インチ. 東京，国立近代美術館所蔵.

1920 年代終わりの古賀のこの有名な作品は，西洋からの影響と，「近代性」への日本独自の取りくみとのあいだにあった劇的な相互作用をとらえている.「近代性」は，軍国主義者が支配権を握り，検閲と抑圧のネジを締めあげる以前の戦間期に，日本で盛んになった.

今日ですら、外国人にはほとんど知られていないが、「近代」がなにを意味するのかについて、軍国主義者が彼らの流儀による解釈をもちこんで介入したとき、広範な日本の芸術家たちは、すでにこのようにして、近代性を視覚化し、創作することに没頭していたのだった。だが芸術家たちも、いやいやではあったが、すぐに同列についた。数すくない例外をのぞいて、彼らは戦争機関《ウォー・マシーン》に才能を貸しあたえた。芸術家たちも総力戦に動員された。魅力ある漫画の野良犬「のらくろ」ですら、軍隊の指導者になった(図3-15)。

勝者が歴史を書く。古いきまり文句はそういう。帝国日本の戦争にかんするかぎり、それはあらまし真実だろう。戦後の歴史学は、日本の侵

図 3-15　子ども用着物「のらくろ」．日本，1930 年代．絹に印刷．$37\frac{1}{2} \times 37\frac{3}{4}$インチ．東京，タナカ・ヨウコ所蔵．Courtesy of Bard Graduate Center: Decorative Arts, Design History, Material Culture; New York．撮影：ナカガワ・タダアキ /Artec Studio．

野良犬が主人公になって大いに人気を博した田河水泡の漫画『のらくろ』は，1931 年に月刊誌『少年倶楽部』でデビューした．雑誌は少年むけだったが，すぐに少女や大人にも愛好されるようになった．日本がますます戦争に巻きこまれるにつれ，「のらくろ」も応召して軍隊の星一つ(二等兵)になったが，この着物が登場するころまでには，星三つ(上等兵)にまで昇進していた．

略や残虐行為に焦点をあわせる傾向にあったし、そうすべきでもあった。彼らは戦争宣伝をすぐにしりぞけた。しかし、このやりかたには問題があった。戦争宣伝は輝かしいものだった。それに正面きって立ちむかうことなしには、日本の戦争の全容をとらえることはできない。つまり、すべての民族や文化が、いかに彼らの戦争を美しく、高貴で、正当なものとしたのかを理解するうえで必要な、幅ひろい比較の視座をもつことができないのである。

今日の日本で、戦時の大宣伝機構がうみだしたアクセサリーを展示することは、いまだにタブーとされている。理由ははっきりしている。外国人はそうした展示を、懲《こ》りない新民族主義として非難するだろう、というものだ。政治的左派の日本人の批判者はこれに賛同するだろう。こうした批判は、たしかに半分は正しい。第二次世界大戦の終わりから半世紀以上をへだてたいまでも、アジアでは、いたるところで日本の十五年戦争による傷口がひらいたままうずき、そのことが、いまだに現代の国家アイデンティティをめぐるたたかいを規定している。とりわけ中国人は、日本の戦争責任問題をドラムのように連打して、そこから彼ら自身の今日の民族主義を汲みあげている。そしてその反対側では、多くの保守的な日本人が、いまだに戦時のレトリックは真摯なものであり、戦死者は「英霊」として哀悼するに値すると論じている[17]。

身内の死を哀悼する必要性はたしかに普遍的なものだ。しかし日本の例でいえば、一九六〇年代なかばから、多くの保守派の首相が、哀悼のために靖国神社を訪問することを選んだのは、まったく無益なことだった。そこは、かつてアジアを略奪した人々の魂が、桜花としてよみがえるといわれた場だったのである。彼らはふつう、敬意表明の日程を、終戦記念日かその近くにあわせたが、そうした行為がなぜ、聖戦そのものへの敬意と切り離せるのかについては、けっして外部の世界に説明することはなかった。そうした鈍感な政治状況のもとでは、国家全体が戦争と死に動員された当時の雰囲気をふたたび醸成しようとするどんなゆゆしい試みも、猜疑の目でみられるのは、けだし当然のことだろう。

しかし、過去を再訪する以外に、そうした悲劇がどのようにして起きるのかを理解する道はあるだろうか。日本の十五年戦争から、公的に再検討しうるものを消毒して取りのぞいてしまったことは、かつて近代戦の大義のために動員された視覚宣伝のもっとも巧みな表現のひとつを、世界から隠してしまうという致命的な結果をもたらした。当時の状況からすると、日本のその巧みな宣伝はたしかに、包囲された中国人が、重慶や延安の指揮下に八年の長きにわたってつづけた抵抗運動がしかけられるどんなものより巧妙だった。実際、中国人の抵抗運動は、日本の宣伝努力をこれほど大規模で結合力あるものにした人材や組織、物理的な安全から、遠くへだてられていた[18]。だがそれをこえて、漫画やポスター、本格的な絵画、長編映画など、ほとんどすべての視覚表現のレベルでも、日本の宣伝努力は、あからさまな米英の宣伝を上まわっていた。

真珠湾攻撃からまもなく、米陸軍のために「記録映画」風の宣伝映画を準備するよう徴募されたときに、ハリウッドの映画監督フランク・キャプラには、対中戦争のあいだに日本が封切り、アメリカ側が押収した多くの長編映画を上映して観る機会があった。そのときの彼の反応はしばしば、現代の映画界でも引用される。「こういう映画にはかなわない」とキャプラは声をあげた。「われわれがこんな映画を作るのは、たぶん一〇年に一本だ。だいたい、こんな俳優なんていない[19]」。

これがまさしく、庶民の尊厳を呼びおこすことにかけて非凡な才能で知られた監督の称賛であった。振りかえってみれば、キャプラの観察は、説得力があるというだけでなく、戦争宣伝のほかの分野にも、いまだに通用するものだった。たとえばほとんどの第二次大戦期のハリウッド映画は、今日では、きまり文句やステレオタイプ(「多民族の小隊」であるアメリカ人に対して、「密林にひそむ獣」としての日本人、戦闘で能力や勇気を示すアメリカ人の英雄など)でおもな関心をひくにすぎない。対照的に、多くの日本の特作映画はリアリズムのレベルも高く、抑制されたヒューマニズムの気風すら感じられる。これは南京大虐殺をしでかしたり、やがては自殺的な「万歳」攻撃で命を投げだすことで有名になったりした人々にたいして、ほとんどの外国人が抱くイメージとは相反している。映画は、戦場の騒乱や殺戮ゲームよりもむしろ、日本人の主人公たちの真摯さや仲間同士の友愛、感情をあらわにしない自己犠牲に焦点をあわせる傾きがあった。映画は中国人であれ白人であれ、敵にはめったに銃の照準をあわせなかった。たいてい、おしゃべりは最小限におさえ、ひとことも話さずに長時間が過ぎることもある。流れる楽曲は感傷的で甲高い素材というより、調子が美しく、ロマンティックなものにむかう傾向があった[20]。

たとえば、日本でつくられた最初の長編商業戦争映画のひとつ、東宝映画によって一九三八年に製作された『チョコレートと兵隊』の主人公は、われわれが接近戦では出会うことのないような、まったくありふれた年輩の応召兵である。映画は中国の前線と、主人公の妻や、幼い息子と娘がひどく質素な村で、あてどなく暮らす銃後の場面とを、切り返し《カット・バック》でいったりきたりする。主人公が映画で最後に登場するのは、南京への進軍の準備をしている場面だが、彼の戦死がつたえられると、息子は葬式で、「父親は英雄だ」と告げられ、「でも、これから、だれがぼくを釣りに連れていってくれるの?」とこたえる。宣伝臭はほとんどなく、映画は地方の話し上手が子どもたちにさまざまな話を聞かせながら、孤児となった少年がオモチャの飛行機で遊ぶのをちらりと見る場面でおわる。人は、お国のために死んだ純朴でたしなみのある男に、あきらかに血ぬられた債務を負っているのだった。

「軍神」として祀られた若い将校の実話をもとにつくられた一九四〇年の松竹の『西住《にしずみ》戦車長伝』で、観客は日本の印象的な機械(戦車)と、お国の戦闘員の苦難や英雄的犠牲という二つの主題にみちびかれる。西住はまさに何度も何度も戦闘に直面するが、彼がだれかを殺す場面はまったく登場しない。彼は戦車が渡渉すべき川の深さをはかっている最中に、死にいく中国兵に狙い撃ちされ、致命傷を負う。彼は死の前に名残を惜しむのだが、息絶える場面や、熱のこもった辞世の言葉はない。西住の神々しさはすべて、純潔のうちに宿っている。その純潔はおのずと、彼の部下への気づかい(それが、部下に命じるのでなく彼自身が水深をはかりにいく理由だ)や、疑うことなく国家への義務を受けいれること(それが、多くのハリウッド映画の脚本でよくあるように、もったいぶって「われわれはなぜ戦うのか」と問う必要を彼が感じない理由だ)にあらわになる。西住と彼の戦車は、日清、日露戦争期に盛んだった素晴らしい木版画のたぐいのテーマになったことだろう。それはまったくたやすく、男の子の着物の図柄の完璧な対象にもなったことだろう(図3-16)。

これと酷似した優しい《ソフト》リアリズムが、アジア太平洋戦争のあいだに製作された銃後をめぐるもっとも興味ぶかい日本映画を特徴づけている。黒澤明の『一番美しく』である。東宝によって一九四四年に配給されたこの映画は、航空隊のために精巧な光学レンズを製造するよう、いなかから徴募された、とても若い女工たちに焦点をあわせる(レンズを磨き、検査することが、ここでは近代的な機構をなしている)。ハリウッドの戦争映画に出てくるような、かわいらしく溌剌とした妻たちや女友だち、看護師などとはちがって、そこに出てくる若い女性たちは無垢と純潔ゆえに、美しい。映画で鍵になるのは、終幕で女主人公についていわれる「やさしい(gentle)」という言葉だ。これは、女主人公が、たんなる献身や鍛錬を超越してはじめて獲得できる美質だ。それはまさに、西住を敬慕される人にしたのと同じ美質である。熱っぽい民族主義や天皇崇拝と同じくらい、あるいはそれ以上に、戦時の視覚宣伝に浸透し、それほど多くの日本人に説得力あるものとしたのは、無私の犠牲と結びついた、

図 3-16　日本の陸軍省の委嘱によって吉村公三郎が監督し，1940 年に封切られた映画『西住戦車長伝』のポスター．

この映画ポスターは広く知られたが，ここではマレー語の観客向けの図版を取りあげた．

日本映画はしばしば，占領地域に配給するため翻訳された．1938 年に中国で殺された戦争英雄の生涯にもとづくこの長編映画のポスターは，戦争宣伝に独特の多くの性格を結びつけている．その性格とは，誠実で毅然とした英雄，畏怖の念を呼びおこす戦争兵器，とりわけ第一次世界大戦後に，商業広告や大衆グラフィックに浸透するようになった滑らかなスタイルなどである．

この「やさしさ」の精神《エトス》だったのである。[21]

日本の敗北につづいて、アメリカの占領当局は、「封建的で軍国主義的」とみなされる二三六本の長編映画の破棄を命じた(ふつうは、かがり火で焼かれた)。戦争につらなる多くの日本画や洋画は、それほど過酷な運命をたどらなかった。パリで修養し、尊敬された藤田嗣治をはじめとする多くの主要な日本人画家たちは、そうした作品の製作を委嘱されたが、その集団がなした貢献は、中国や東南アジア、太平洋戦域における戦争を、日本人がいかに現世的に視覚化したのかをみるうえで、驚くべき窓を提供している。多くの日本の戦争映画と同じように、日本の絵画は、純粋な宣伝という以上のものとして、時の試練に耐えている。人はそこに、「純真《ピュア》」な英雄たちを見いだす(とりわけ「日本画」はすすんで、この点に力をつくした)。だが人はまたそうした絵画に、悲しみや哀悼、大正デモクラシーの精神をあれほど活気づけたヒューマニズムや反軍感情の暗示さえ、見いだすのだ。こうした本格芸術作品の多くは戦勝者によって没収され、日本に返還される一九六〇年代まで、ワシントンに保管された。いま日本ではすこしずつ展示されている。劇映画とちがって、絵画作品は破棄されなかったが、その多くはまたも鑑賞できないか、ほとんど知られていない[22](図3-17)。

この図録に掲載された驚くべき織物がつくられ、着られ、そして世間の目から遠ざけられ、ほとんど忘れさられたのは、こうした環境のもとであった。第二次大戦の他の国の戦闘員の銃後で、まさにこれに相当するものはなかった。一五年にわたる日本の戦争で、戦争の意匠と主題は他国にはみられない進化論的な洗練をとげ、そこではこうした戦争に関連する織物が、主戦論の「ごく短い印象的な引用」(実際に、しばしば言葉に頼っていた)や特定のできごとへのほのめかしとして作られる傾向があった。ほかのどんな国でも、こうして堂々と、文字どおり身にまとって戦争を美化したことはない。

この問題を説明するために、ある程度は、「文化」や「伝統」といった旧式の考えに目をむけねばならないの

図 3-17　江崎孝坪「グアム島占領」. 日本, 1941 年. 紙に彩色. 76¼×105⅝インチ. 東京, 国立近代美術館所蔵.

伝統的な日本スタイルの絵画(日本画). その優美で繊細な色ぬり(ウォッシュ)と, 平坦で様式化された表現は, 「純潔」や, 「アジアの光」としての日本の使命の規律を示す宣伝に, とりわけ向いていることがわかった.

はあきらかだ。日本人の衣装は特に、かなり複雑で派手なデザインに意をつくしており、正真正銘の優れた芸術家たちは、ためらわずにそうした作品製作に打ちこみ、ときには布地に手描きをすることすらあった。封建後期以来、あらゆる階層の人々は、つねに芸術的なタッチで描かれた文章や記号を身にまとった。戦時の織物は、これを一歩先にすすめたともいえるだろう。

こうした衣装は、名状しがたく、おぼろだが、まさに意図しないやりかたで、銃後と戦場を象徴的に結びつける日本人独特の習慣を再現するのに役だった。その習慣は、想像しうるかぎりもっとも親密で、実際に触ることができる方法をとっていた。ほとんどの日本人男性は、別れにさいして郷里からあたえられた「千人針」をもって戦地におもむいた。この実用的な贈り物は、それぞれの縫い目が、異なる少女や女性によって縫われ、赤い糸でそれぞれに結び目をつくっているという事実、あるいはすくなくともその前提でその名がついていた。日本からいかに遠く離れても、戦闘員たちは比喩的に、あるいは文字どおり、郷里の人々と肌に感じる接触を保ったのである(映画『西住戦車長伝』のひねったユーモアのある場面では、中国戦線の兵舎でぶらぶら時間をつぶしていたある兵士が、彼の千人針の縫い目を数え、「だまされた」と不平をいう)。ひるがえってみれば、戦争の図柄を身にまとった銃後の人々も、似たような肌に触れあう親しみを、心にえがくことができたのだった。

だが結局のところ、そうした戦争宣伝にもちいた芸術的技巧は、いかなる旧式の意味でも、伝統とはかけ離れていた。最近のファッションや商業デザインのように、その図柄は大胆で垢抜けていた。描かれた飛行機や戦艦、戦車は、時代の最先端をいっていた。聖なる使命という大義は、アジアに繁栄の新時代を画することだった。それらすべては日本の複雑さ、そしてとりわけこの場面においては、真におそるべき「近代性」の美しい表現だったのである。

〈訳注〉

*1　欧米間の相互不干渉を主張するアメリカの外交政策。一八二三年にジェームズ・モンロー(一七五八—一八三一)大統領が主張したことにはじまる。

*2　いわゆる日本でいう排日移民法。ジョンソン・リード法ともいう。各国からの移民割りあてを制限する内容で、とくに日本を名指したわけでないが、アジア系移民が事実上禁止され、日本の移民が排除された。

*3　ギリシャ神話で、ゼウスが娘のアテナに授けたといわれる神の楯「アイギス」のこと。「イージス」は英語読み。保護や庇護も意味する。

第四章

「愛されない能力」

——日本における戦争と記憶

解題

外国人のあいだでは、「日本人」が過去の汚点を消毒して取りのぞき、戦時の侵略と残虐行為をみとめることができずにいる、ということが流行《はや》りになっている。保守派や右翼の取りまきとおなじように政府のレベルでも、これを立証するような記録をかき集めることは、むずかしいことではない。一九五〇年代から二〇世紀にかけて、政治で優勢を占めた自由民主党にかかわる政治家たちは、つぎからつぎへと交代で、おきまりのように(ときにはほとんど約束事のようにみえた)、南京大虐殺(the Rape of Nanking)といった残虐行為を否認した。一九八〇年代なかばの中曽根康弘首相をはじめとして、保守の指導者は、第二次世界大戦の指導者たちをふくむ戦死者の御霊を祀る靖国神社を訪れるようになった。文部省が歴史教科書の検定のよりどころとした学習指導要領をめぐって、一九六五年から一九九七年の長きにわたった家永三郎の教科書裁判は、一九三七年の日本の中国侵攻を、中国への「侵略行為」とみとめたがらないような公的なごまかしに、きびしい目を注ぎつづけるのに役だった。一九九〇年代に、日本人研究者によって、韓国・朝鮮人や日本人以外の女性たちが、アジアに展開する日本帝国軍のための性的な「慰安婦」となるよう強《し》いられた問題が暴露されると、政府は当時もいまも、補償のかたちでこの問題に公的責任をみとめることに抵抗した。こうしたごまかしの記録の一覧表は、やすやすとひろげられるだろう。

より一般的な、政府以外のレベルでは、一九三七年から一九四五年にいたるアジア太平洋戦争を振りかえるにあたって、人々の回顧を特徴づけたのは、ひろく染みとおった被害者意識だった。およそ三〇〇万人の戦闘員と市民が戦死し、ヒロシマとナガサキで極点にたっする一九四五年の米軍空襲によって、六六の都市が壊滅した。それにつづく数十年、生き延びた数千万の日本人は当然にも、この受苦と破壊を、心の奥底の記憶として刻みつづけた。第二次世界大戦に関連して日本でもっとも有名な博物館は広島平和記念資料館だが、そこでの圧倒的な印象は、原爆がもたらした怖ろしい効果だ。一九九九年に東京で開館した高層ビルの昭和館は、おもに戦時中と戦後初期の困難な時期につかわれた日用工芸品や暮らしむきなど、温和な展示を呼びものにしている。

しかし被害者意識は、日本や日本人だけに特有のものとはいえない。さらに実際のところ、日本では、戦時中の日本帝国の残虐行為や戦争責任を専門に取りあげた民間の「平和」博物館や展示、とりわけ刊行物の数は、じつに数多い。日本のほとんどの大型書店には、南京事件や慰安婦問題、満州で帝国陸軍七三一部隊が囚人にたいしておこなった残忍な科学実験、東アジアや東南アジア全域における日本の略奪など、日本の残虐行為を取りあつかった写真や図版入りの書籍・雑誌など刊行物専用の書棚がある。英語で"A Report on Japan's War Responsibility"(日本の戦争責任報告)という副題がついた主要な学術雑誌『季刊戦争責任研究』は、一九九三年から刊行されており、細心な学者による注釈つきの記事を掲載している。ベトナム戦争のさなかに大人になり、その後数十年、アメリカで政府や民間が大虐殺を体裁のいいごまかしで繕うのを目撃した私のような一米国人にとって、日本の歴史的なごまかしだけを指して注意をよびかけるような偏向は、人を惑わせるだけでなく、偽善的に思える。

さながら万華鏡のような「日本の戦争記憶」について書かれた以下の文章は、「戦争犯罪とその否定」をテーマに二〇〇二年に刊行された書籍に掲載された。

アジアにおける第二次世界大戦が大詰めをむかえつつある一九四五年六月のなかば、渡邊一夫という日本人の仏文学研究者が、日記のなかで、ドイツと日本について深い考察をしるした。東京が爆撃されるあいだ、当時四〇歳代はじめだった渡邊は、第一次世界大戦のドイツ兵士の遺体からとられた手記について、一九一五年にロマン・ロランが書いた記述を読んでいた。彼がとりわけ心を打たれたのは、ドイツ人には「愛されない能力」があるというひとりのプロイセン将校の言葉だった。渡邊は、これは彼の祖国と同胞についてもいえることではないか、と書いた。[*1]

のちに戦後日本でもっとも魅力ある「進歩的知識人」のひとりとして尊敬された渡邊は、戦争を深く嘆いていた。一九四五年三月にはじまり、一一月におわった彼の『敗戦日記』(だが、その半世紀後まで刊行されなかった)[*2]は、日本からアメリカ側に降りかかった「聖戦」の狂気について、心のより奥底から感情を呼びおこす哀歌のひとつだといえる。日独という枢軸国の奇妙な取りあわせによる残忍な行為は、あきらかに、両国が「愛されない国民性」を共有しているという観察を渡邊に思いつかせる一助になっただろう。しかし彼の考えでは、この背後には、たんなる軍国主義や暴虐行為以上のものがあった。日本人は、平等に考えることがむずかしく、「責任」の真の意識に欠けるので、他者を遠ざけるのではないか、と彼はおそれた。一九四六年一月、戦争終結から五カ月後に、渡邊はとくにこの「愛されない能力」をとりあげた短い随想を書き、その能力を明確に、「悔恨」の問題と、平等や責任について日本人が浅薄な理解にとどまっているという彼のおそれに関連づけた。[(1)][*3]

渡邊は今日のドイツと日本についても、そうした類推《アナロジー》をひきだすだろうか。われわれ自身、そうするだろうか。第二次世界大戦の終結から半世紀以上がすぎたが、一九四五年当時に元敵であった非共産主義の国のほとんどがひたすら望み、願わくばと夢見たやりかたで、元枢軸国のパートナーが発展したということは、たしかに妥当だろう。[2] 日独は根本から民主主義的な社会になった。いずれも、大多数の国民に繁栄をもたらした。両国ともに強大な経済の工場として再登場したが、いずれも近隣の平和を脅かすことはなかった。

それでもなお、ほとんどの外部者の目には、戦争と記憶にかんするかぎり、日独が異なる道を歩んだと映ることも、また理にかなっている。それに値するかどうかはともかく、「ドイツ人」は一般に、ナチスの過去と向きあうことを称えられてきた。対照的に「日本人」は、より一般的に、欧米だけでなくアジアの論評者からも、数十年も前に天皇の名でおこなった戦争の汚点を消しさろうとしているという酷評をあびてきた。たしかに、戦争責任に向きあっているかどうかということになると、日本がドイツにくらべて不利であるということが、現代の論争の通り相場だ。この問題にかぎっていうと、信頼されず、愛されもしない日本人の能力は、ほんとうの単数形である。

これには、わかりやすい説明がある。あらゆる実際上の目的から、日本の内閣と国会は一九四九年以来、同じ保守政治の系譜に支配されてきた(一九五五年に自由民主党という名になった)。保守の選挙基盤は、第二次世界大戦で逝った二〇〇万人の陸海軍人との死別を、いまも心の奥底からいつくしむ有権者におかれている。予想できることだが、そうした有権者は、国家のために死んだ人々への栄誉と敬意を否定するような日本人戦争犯罪への全面的な非難には、敵意をいだいている。

部外者ではなく、この有権者こそが、保守派がもっとも気づかう聴衆なのである。このことがすくなくとも、なぜ戦争責任や悔恨、謝罪における公式の声明が、日本人以外にとっては、これほどしばしば、なまぬるくみえるかを説明するのに、ある程度は役だつだろう。[3] しかし同時に、たしかに保守派のなかには、日本帝国が戦争に動員されたような宣伝に、いまだに賛同する多くの頑固な民族主義者もいる。つぎからつぎにかたちをかえて、彼らは日本が、共産主義の「赤禍」や、アジアにおける欧米の帝国主義・植民地主義という「白禍」にたいして、正統な防衛戦争をたたかったと論じるだろう。この見解によれば、日本の戦争は無分別であったかもしれないが、その動機においても行為においても、まずは格別に犯罪的とは思われない、ということになる。

最近まで、年老いた保守政治家が一定の間隔をおいてまくしたてる、より節制のない民族主義的なレトリックのほとんどは、たんに、懲《こ》りない一群の愛国者が戦時の刷りこみを持ちこしているにすぎない、と示唆することができたし、すくなくともそうした希望がもてた。だが日本では二一世紀になって、それがほんとうではないことを、困惑させるほどはっきりさせる保守指導者があらわれた。広く報じられた神道政治連盟での演説で、一九三七年生まれの森喜朗首相は、日本を「天皇を中心とする神の国」とよぶことで、軍国主義的な過去から、もっとも過激で民族排外主義的なレトリックを呼びおこすことがふさわしいと考えた。別の機会に彼は、まったく内輪の聴衆にたいし、日本の今日の使命について、「国体」の護持という言葉をつかい、戦前の天皇崇拝の中心にあった隠語をよみがえらせた。たちまち、日本の新しい指導者は、国際社会でもっとも悪名高い、死んだレトリックの愛好者としての地位を確立した。一夜にして彼は、日本の「愛されない能力」の最新の化身になったのである。

だが難儀なことに、森の反動的な言葉(彼は釈明しようとしたが、撤回はしなかった)は、ほとんどの同胞に愛されずにおわった。メディアは彼をこきおろし、世論調査での個人支持率は二〇ないし一〇%にまで急落した。いっそう印象的なのは、二〇〇〇年六月の総選挙で、彼のひきいる自民党の衆院勢力が二七一から二三三議席にまで落ちこみ、多数派は維持したものの、複数の野党勢力と僅差になったことだった。長びく日本経済の停滞などが、この急勾配の人気の落ちこみに寄与した面もあったが、首相は愛国的レトリックにかんしてあきらかに、受けいれられる一線をこえたのだった。彼は、保守的な有権者ですら、恐怖をもって思いおこす戦時の歳月の深さを読みあやまったのである。(4)

いつものように、日本のもっとも大げさな民族主義者の言明にこだわる日本人以外の人もまた、第二次世界大戦について、ふつうの日本人が思いおこす方法と複雑さについて読みあやまる傾向がある。欧州の人々はふつう戦争のはじまりを、一九三九年にドイツがポーランドに侵攻したときとし、アメリカ人は一九四一年の日本による真珠湾攻撃とするのにたいし、日本ではふつう、戦争は一九三一年に日本が満州に侵攻したときがはじまりとされている。日本の敗北後まもなく、左派の学者たちによって奨励された名称では、アジアにおける第二次世界大戦はひろく、「十五年戦争」とよばれる。

いまのほとんどの日本人もまた、この十五年戦争は侵略戦争だったとみとめている。外国メディアがくりかえし、日本人右翼の見解を強調する結果、日本には戦争にたいする真摯で批判的な民衆意識があると想像する余地もなくなってしまうために、このことは日本人以外の人にとっては、驚きと思えるかもしれない。もし日本人が「第二次世界大戦で日本は侵略者だったか」と聞かれたら、ほとんどの外国人はたぶん、その回答は否定的だと予測するだろう。実際、まさにこの質問が、一九九三年に保守系の『読売新聞』によって、無作為抽出された人々にぶつけられた。五三・一％の人が「はい」と答え、二四・八％が「いいえ」で、残りは無回答だった。聖戦の宣伝をもっとも厳しくたたきこまれただろうと思われる七〇歳以上の戦中世代では、わずか三九・五％が、「日本は侵略者ではなかった」と答え、四一・一％は「はい」と回答し、残りが無回答だった。二〇歳代で六一・七％は日本が侵略者であったことに同意し、一七・一％がそうした言いかたに賛成しなかった。(5)

記憶と認識のこの裂け目が、日本における今日の民族主義の表明の熱っぽさを説明するだろう。外国人がもっとも扇動的な右翼の発言だけを取りだし、深い潮流を代表するものだと解釈しがちなのにたいし、日本の新しい民族主義の代弁者は実際には、ほとんど世界の終末のような言葉で、自国の愛国主義の「死」を語るのである。たとえばここに、もっとも影響力のある保守系「修正主義者」の学者の団体「新しい歴史教科書をつくる会」が一九九八年に出した英文パンフレットの代表的な一節がある。

もし日本が他国に侵略されたら祖国を守るか、と聞かれた日本の若者のうち、「はい」と答えたのは一〇％だった。九〇％は「いいえ」と答えた。世界の若者の七〇％以上が、祖国を防衛すると答えている。アメリカでは五六・九％、韓国では五四・四％が、祖国につかえるために利害を犠牲にすると答えた。日本人はわずか五・五％しかその質問を肯定しなかった。この数字はわが国の心理の深層にあるものを示唆している。日本人にとっては、経済問題に愚かな執念を燃やし、人はいかによく生きるべきかを考慮できなくなることが、第二次世界大戦の終結からの五〇年間を特徴づけてきた。その結果、まさにわが国の未来は危機に瀕している。私はカルタゴ最期の日々を思いだす。

これはまさに、驚くほど復古的な言葉だ。この文章は、「いかによく生きるべきか」について、日本で真剣に取りくまなくなったのは、ただ第二次世界大戦の敗北後、戦争が見くびられ、公然たる愛国主義が、深くひろがる懐疑の目でみられるようになってからだと示唆している。そうしたレトリックは、日本の真のアイデンティティを、平和と民主主義への約束を宣言すること以外の場所に見いだすべきだという森首相の示唆と一致する。このあきらかな国家アイデンティティの危機から逃れるために、「正しい」国家の歴史をつくる運動につらなる人々は、歴史著述と教育の真の目的は、国家に誇りを浸透させることだと宣言した。この運動のもっともよく知られた代弁者のひとり藤岡信勝教授はつぎのようにいう。「自国の近現代史教育のあり方こそは、一国民を国民として形成する最重要の条件である。誇るべき歴史を共有しない限り、国民の自己形成はできない[6]」。

こうした断言は、近代国家としてのアイデンティティにかんし、日本がいつものように途方に暮れ、苦しみながら二一世紀に入るにつれ、ますます頻繁に聞かれるようになった。だが同時に、われわれは、こうした表明をつらぬいて流れる狼狽を見失うべきではないだろう。それは、日本の敗北以来、とりわけ若い世代は、諸国の現代人のなかでも、もっとも愛国主義的ではない、というヒステリーに近い認識である。これを、どのようにしたら説明できるだろうか。保守的な「新しい教科書をつくる」運動につらなるような人々にとって、答えは明白だ。それはまさに、二〇世紀なかばの戦争における侵略者としての日本の否定的な印象があまりに深く流れているために、戦後の日本人は、その近代史と業績を、誇りをもって眺めることができないというものだ。

現代日本における戦争と記憶の相互作用は、実際は、こうした二分法が示唆するよりも、もっと複雑で入りくんですらいる。最大限の意味でそれは「万華鏡のように変幻自在」であり、そこではきわめて広範囲にわたる態度や意見を確認することができるし、わずかの解釈のひねりで、そこからいかなる数の思考パターンもつくりだすことができる。以下の議論では、そうした思考パターンを五つ選んでみた。五種類の記憶は、いわば、日本の戦争について人々の意識と公的な歴史を形づくるうえで、とりわけ抜きんでていると思われるものだ。それは1.否定、2.道徳的(あるいは不道徳的)等価性の喚起、3.被害者意識、4.日米二国間による日本の戦争犯罪の汚点の除去、5.罪と責任をみとめる民衆の議論である。[7]

1. 否定

右翼の暴漢から保守的な政治家、官僚、実業家、民族主義的ジャーナリズムや学者、はては漫画家にいたるまで、日本の戦争犯罪を躍起になって「否定」しようとするさまざまな日本人の集まりについて語るのは、筋がとおったことだろう。しかし、具体的にいって、否定されているものとは、いったい何なのだろうか。

答えはさまざまだ。予想されるように、最も極端な立場は、たんに戦時の宣伝をよみがえらせることによって、軍事侵略をおこなった日本の重大な責任という考えに立ちむかう。その議論によれば、天皇に忠誠な日本の陸海軍兵士は、国家への愛と汎アジアの理想主義に燃えたち、祖国防衛と、「大東亜共栄圏」を建設するという使命を、同時におこなった。

この見かたからすると、日本はあらゆる方面から押しよせる戦略的、イデオロギー的、経済的な脅威によって戦争に駆りたてられた。北にはソ連があった。ソ連に先導された「国際」共産主義は、中国や朝鮮半島、日本自体にまであふれ、浸透した。中国では、混沌と、日本の条約上の権利への侵犯(満州もこれにふくむ)があった。地球規模の大恐慌と、それにつづく反日的な通商政策の高まりがあった。欧米は、アジアにおける日本式の「モンロー圏」を確立することに反対した。一九三〇年代には、アメリカと大英帝国による不公平で、しかも情勢を不安定にする海軍軍縮条約があった。アジアの危機が激しくなるにつれ、いわゆるABCD包囲網による「経済的な絞殺」がおこなわれようとした、などの指摘だ。議論はさらにこうつづける。こうした多くの脅威にたいして、日本帝国の指導者たちは、たんに正統な自衛行為をとったばかりではない。彼らは危機を転じて、全アジアを抑圧的な欧米人から解放し、同時に、盛りあがる共産主義の潮流にたいして難攻不落の防波堤を築こうという、真に道徳的な運動に変えたのだった。このようにして「聖戦」は不可避であるとともに、利他的なものであった。

しかし、「日本は侵略者ではなかった」と主張する人々のあいだですら、こうした生一本の愛国主義に同調する人は、比較的少数にとどまる。ここで人は、愛国的な問題にかんして、より興味ぶかい例外と出会うことになる。というのも、「天皇中心」や「神道中心」といった森首相の昔風のレトリックがしめすように、古風な日本式の民族主義が、全身全霊をかけて日本の「固有で比類ない独自性」を賞揚するのにたいし、こと第二次大戦の侵略や残虐行為の問題になると、この独自性はより一般に、明白に否定されるからである。いたるところで世界秩序は混沌にむかって崩壊し、地球規模の戦闘はあらゆる戦域、あらゆる陣営で、言語に絶する野蛮行為をひきおこしていた。そこで、この転調した否定の様式はつぎのようにつづける。日本人だけを選びだして、アジアにおける戦闘の勃発の責任を負わせたり、アジアの野蛮行為で日本人だけの汚名が永続したりするのは、ばかげたことである。そうすることは、たんに戦争の勝者の解釈を不朽のものとすることに等しいのである、と。

二〇世紀の日本の経験の前むきな評価をすすめることで、国への愛を回復することが必須と思う人々は、南京大虐殺や戦争捕虜虐待、帝国軍に性的につかえる大規模な「慰安婦」の搾取といった個々の戦時の恐怖を軽視したり、否定したりすることには、関心がない。彼らは、否認すべき「古い」歴史の構成物を特定することにかけては、きわめて正確である。その構成物のひとつは、戦後数十年にわたって、学問やジャーナリズム、教育といった分野に莫大な影響をあたえた近代日本史におけるマルクス主義分析である。それは、権威主義的な天皇制、「財閥」主導の資本主義という「二元構造」や他の有害な「封建遺制」など、国内では抑圧、対外では侵略をした日本帝国の陰に横たわるものを強調した。修正主義者の憤りのふたつめの標的は、一九四五年から一九五二年にかけ、降伏後の勝者による米主導の占領で、日本に押しつけられたとされる考えや価値観である。とりわけ熱情的なあざけりの対象は、ここでは「東京裁判史観」である(8)。

「勝者の歴史」、あるいは勝者の正義、勝者のダブル・スタンダードというこの重要な考えは、戦争意識の万華鏡をひと揺らしすると、必然的に、道徳相対主義という議論にたっすることになる。

2. 道徳的(あるいは不道徳的)等価性の喚起

正式には、極東国際軍事裁判と呼ばれる東京裁判は、保守的な日本の修正主義者の格好の標的になったが、それにはよくわかるいくつかの理由があった。A級戦犯の被告人にたいしては、ドイツでこれにあたるニュルンベルク裁判のナチス指導者への審理のほぼ三倍の時間をかけ、一九四八年末まで終結がもたついたころには、くだされる判決が時の審判に十分耐えられないであろうことが、すでにあきらかになった。被告人二五人すべてが戦争犯罪で有罪とされ、裁判所の手続き終結後一カ月のうちに、七人が絞首刑によって処刑された。しかし連合国の裁判官自身ですら、全員一致の合意にたっすることはできなかった。このようにして、一一人のうち八人が支持する裁判の決定力のある「多数判決」には、それぞれ異なる見地から、裁判の手続きと判決を批判する五人の個別意見書がついていた。もっとも詳細で劇的な個別意見書は、インドのラダビノード・パル判事が提出したもので、彼はまさしく裁判の前提が薄弱だとして、被告人二五人全員を無罪だと主張した。

数百ページにおよぶパルの詳細な少数意見は、敗戦後の連合国軍の占領がおわるやいなや、一九五二年には日本語で刊行され、それ以来、「勝者の裁き」を批判する日本人の聖典となってきた。彼の批判は本質的なものである。パルは、被告人が事後法(ex post facto)の犯罪として裁かれるという司法上の前提に異議をとなえた(それは、「平和にたいする罪」など、ニュルンベルクや東京裁判がひらかれる前には国際法に存在しなかった罪への違反だとした)。彼は東京裁判における検察の基本的な主張を、道理に反するとしてしりぞけた。すなわち、日本の指導者が、一九二八年にまでさかのぼって「侵略をはかる謀議」をおこなったという告発である(それは被告人が、正統な自己防衛という認識にしたがって行動したと主張できず、それによって一九二八年以後のすべての軍事行動が「殺人罪」を構成することを意味した)。そしてインドのよき民族主義者だったパルは、アジアを西洋の植民地主義から解放しようとした、あるいはすくなくともアジアはそうした解放を必要としていた、という被告人の主張をまじめに受けとめた。彼がひそかに、欧米の偽善にたいする鋭い言及を、すくなからず反対意見に盛りこもうとしたことは、驚くほどのことではない。

パル判事は、「東京裁判史観」を躍起になって否認する人々にとって、天の賜物であることを証明した。というのも、それが彼らの議論に、日本人以外(同じく重要なことに非白人であった)の顔をあたえたばかりでなく、その議論にしっかりとした理論上の足場をあたえたからだ。彼らは周到に、しかし実際には公正とはいえないやりかたで、パル判事を利用した。東京裁判はまぎれもなく、十分に吟味されることなくおこなわれたできごとだったが、重大な日本の戦争責任を否定する人々がしたことは、この勝者の裁きにひそむ弱みと、東京裁判の前提や結論にたいするパル判事の辛辣な法律上の異議とを、十五年戦争をとおして日本人がおこなった真の戦争犯罪と侵略行為を包みかくす煙幕として利用したことだった。[9] 東京裁判を否認することは、一部により全体を比喩で表現する代喩[*4]となって、つまるところ大日本帝国は世界秩序の大瓦解に加わった「潔白」な国のひとつだという意味を必然的にともなうことになった。あるいはすくなくとも、他国が有罪でないのと同じように日本は有罪ではなく、他の戦闘員がそうでないのと同じように、日本の戦闘員は戦場や占領地域で野蛮でもなかった、というわけだ。

言語道断な日本の侵略行為や残虐行為にたいする、より具体的な非難を否定するようになるのは、「勝者の裁き」を否認するという、このより広い文脈においてなのである。もっと重要なレベルで、なおも戦争犯罪裁判という枠ぐみにおいて、修正主義者は、大日本帝国がいかなる根本的なありかたにおいても、盟友のドイツと類似していたという議論を、激しく拒否する。ヒトラーにあたる日本人はいなかったし、ナチ党に相当するものもなかった、と彼らはいう(ナチ党は、ニュルンベルク裁判において、共謀の告発を、より筋道だったものとした)。彼らは、われわれがいまホロコーストと呼ぶ計画的な集団虐殺《ジェノサイド》に匹敵することは、日本にはなかったという。こうして一九三七年の南京における市民大虐殺を「第二次世界大戦の忘れられたホロコースト」と言及することは、とりわけ感情的な否認を呼びおこす。ふたたびここでも、そうした否認は、帝国軍隊によって全戦域においておこなわれた捕虜や市民にたいする組織的な虐待はいうまでもなく、南京で実際におきたおそろしい略奪をあいまいにする煙幕になる。[10]

東京裁判の裁きの席につき、いまでも日本を裁く席にいる勝者のダブル・スタンダードに注意をよびおこすことによって、予想されるように修正主義者は、一九世紀から戦争自体をつうじていまにいたるまで、ほぼ思うままに動きまわれるようになる。パル判事は、東京裁判当時にもおこなわれていた西洋の帝国主義と植民地における抑圧の深い歴史に、たんに注意を呼びかけるという以上のやりかたで、こうした立論に様式をあたえた。彼は、東京裁判の被告席に列した政府関係者のほとんどが、まさに当時、共産主義封じこめの必要性にとりつかれていたことを指摘することで(パル自身も強い反共主義者だった)、元陸相・首相の東条英機や彼の同僚が出した「反共主義」の弁論を検察側が否認したことをひやかした。彼は白人検察官が人種偏見のかどで日本人を非難するときには、けっして心を動かされなかった。そしてもっとも物議をかもし、頻繁に引用されることになった文章で、パル判事は、アジアにおける戦争でナチスの残虐行為にもっともよく匹敵するのは、アメリカによる原爆使用だったろうと示唆した。彼は日本人による凶悪な振るまいを認識していた。彼の主眼は、この点で日本人だけがそうだったのではない、ということだった。

日本の新民族主義者は、ちがった回り道をとって、この議論を展開する。それどころか、あたかも「他者の犯罪が自己の罪を免れさせる」とでもいうように、不道徳を歴史的に「抹消」するやりかたで、この議論をつかうのである。たとえば米英豪のあいだでは、日本の残虐行為のなかでもっとも強く、根のふかい「記憶」はまさに、戦争捕虜への虐待だろう(アメリカの場合は、これに真珠湾攻撃の「裏切り」と「恥辱」が相まっている)。東京裁判では、日本人の捕虜になった英米軍人の四分の一以上が、とらわれの身で亡くなったと推定されたが、これは欧州戦線で日本の枢軸同盟国のもとで死んだ捕虜数よりはるかに多い割合だった。日本の保守は、今度はこれにかわって、米軍の空襲による日本人庶民の容赦ない殺戮だけでなく、もっと的確な再反論として、戦争の最終週にソ連に投降したはるかに多くの日本兵が長びく監禁生活を送り、シベリア収容所で大量に亡くなったことを強調することで、これを「抹消」する。多くの欧米人とちがって日本の保守主義者は、日本を独善的に裁いた連合国の勝者に、ソ連がふくまれていたことを、けっして忘れることはない。[11]

勝者の偽善というこの意識は、歳月とともに強まっていった。ニュルンベルクと東京で裁く側にあったほとんどの国々は、裁判当時ですら、自らの暴力行為、侵略、政治的人種的抑圧に巻きこまれていた。ほとんどが、それにつづく混乱と残虐行為に関与した。うわべは日独の裁判のショーケースで樹立された国際法の新しい基準に、みずからが責任を負うことになるとはだれも夢にも思わなかったし、第二次大戦を「歴史」ととらえる現代の研究があきらかにするように、あらゆる国が戦時中の振るまいにかんする公の記憶について、ごまかしたり、あいまいにしたりすることに手を染めていた。たとえば戦時中のアメリカの反ユダヤ主義[*5]や、一九九五年にスミソニアン協会航空宇宙博物館でひらかれた原爆記念の「エノラ・ゲイ」号の気の抜けた展示をみるがよい[*6]。ポール・トウヴィエとモーリス・パポンの裁判[*7]で、遅まきながら暴露された、フランスの対独協力者における誇張された「レジスタンス神話」を見るがよい。さらに「中立」なスイスにあったナチスの銀行口座を思うがよい。オーストリアでは外国人嫌いのイェルク・ハイダー[*8]が高い支持率を誇り、ヴァチカンは、法王ピウス十二世のヒトラーへの宥和政策をみとめないという姿勢をとりつづけた[*9]。そしてドイツ自身について、ひとつだけ最近の例をあげると、新千年期のはじまりにあたって、ヒトラーの反ユダヤ主義と反共主義について、「合理的な論拠」を認識したとして、歴史家エルンスト・ノルテ[*10]に、公の栄誉を授けたことを見るがよい。

このような世界で、なぜひとり日本人だけが、いまも取りたててとがめられねばならないのか。そう新民族主義の「修正主義者」は問うだろう。それは、愛されない天賦の性質よりも、たんなる反日の人種差別を反映してはいないのだろうか、と。

3. 被害者意識

犠牲者になることへの鋭敏な感覚は、日本人だけのものではない。第二次大戦にかんするかぎり、強く情緒をかきたてる固有名詞のキャッチフレーズでそうした被害者意識をつたえることも、日本人にかぎったことではない。「広島忘るまじ」は、アメリカの「真珠湾を忘れるな」と明白な相似形をもっているし、「バターン死の行進を忘れるな」も同様だ。英国人の記憶では「シンガポール」や「泰緬鉄道」が、アジアにおける戦争の受苦をあらわす類似の記号である。中国人にとっては、「南京」、フィリピン人にとっては「マニラ」がその暗号だ。

だが日本において、戦後の被害者意識は必然的に、打ち砕かれた敗北という精神的外傷をあたえる記憶と一対になっている。その記憶とは、無益な死であり、最後には広島と長崎で極点にたっした、およそ六六の都市の空襲による破壊である。総計で約三〇〇万人、人口の約四%の日本人が戦争とその結果によって死亡し、生き延びた人々から、究極の勝利という心理的な慰謝すらも奪ってしまった。敗者におよそ英雄はいない。戦死者自身、そしてほとんどすべてのふつうの日本人は、「被害者」か「犠牲者」であるということが、きまり文句になった。[12]

日本人が、「聖戦」の本質について学び、認識することが期待されたであろう決定的な時期は、もちろん、敗北のあと、一九五二年四月までつづいた米主導の占領期だった。ナチスを裁いたニュルンベルクと同じく、「A級戦犯」を裁く東京裁判のひとつの明白な目的は、日本が残虐な侵略戦争をおこなうにいたった点を、説得力をもってしめす証拠と証言をかため、自発的な発見をうながす性質のものだった。東京裁判がつづくあいだ、アメリカ側は、日本のマスメディアの統制をとおして、そうした「戦争犯罪」の詳細が確実に周知されるようにした。

多くの日本人は当時、日本人戦闘員の側の野蛮な行為が暴露されて、まさに深い衝撃をうけた(中国市民にたいする残虐行為や一九四五年のマニラ略奪《レイプ》、報じられた帝国軍兵士による人肉食事件などは、とりわけ強い印象をあたえたかにみえる)。まさにその数十年後、ベトナム戦争に従軍した米退役兵の煩悶を、ほとんど予告していたかのように思えるが、復員した日本の陸海軍の兵士は祖国に帰って、同胞からただ犯罪者と罵られるだけだったと、しばしば苦々しげに愚痴をこぼした。しかし、日本の戦争犯罪にかんするこの初期の宣伝の衝撃は、ほとんどの日本人が降伏後の何年にもわたって直面しつづけた日常生活の困難によって、ひどく鈍いものとなった。数百万人にのぼる海外からの復員兵と市民の帰還は、おわるまでに数年かかり、それまで日本に残された家族は、意気阻喪するような不確実な状態におかれたままだった。うまく帰還できた人々も、一九四九年ごろまでは、産業の不振、大量の失業、超インフレ、きびしい食糧不足、がつがつした闇市で苦しむ祖国に出会うことになった。

こうした状況にあって、日本によるアジアの犠牲者たちの苦境は、そうとわかったときですら遠くに離れた、抽象的なものに映った。さらに、昨日の敵である白人もまた犠牲者であるなどということは、想像することすらむずかしかった。反対に、いまや小規模な英分遣隊とともに、日本を占領した栄養十分な、立派ななりをした戦勝者のアメリカ人は、まさにうらやむべき人々だったのである。

戦争責任にたいする日本人の意識が、より深まるようになるのを鈍らせたふたつめの状況は、冷戦だった。一九五〇年に朝鮮戦争が勃発し、活気ある軍需景気で日本の経済回復に火をつけるころまでには、冷戦はとうに、戦時の古い連合国の同盟関係だけでなく、かつての戦時の敵対関係をも壊すべく、介在するようになっていた。西独と同じように、日本は軍事的・経済的にアメリカの反共戦略の中枢に位置づけられた。この文脈において、元枢軸国の二人組による最近の残虐行為を忘れ、彼らにたいしてソ連が主導する共産主義の犠牲になる危険性を強調することが、ともにアメリカの目的にかなっていた。悪い冗談だが、東条英機は、新しい「太平洋のパートナー」のゴーストライターとして招かれてもよかったのかもしれない。

冷戦がおわるまで日米関係は、日本の保守指導者にたいし、安全保障と国家のアイデンティティについて、明快で確固とした、ほとんど近視眼的な意識を提供した。東京とワシントンの関係は、日本の国際的な全活動がそのまわりに回転するための主軸となったが、それは米独関係にみられるより、その程度においてはるかに、はなはだしかった。ドイツが、より大きな北大西洋条約機構(NATO)の一部になったのにたいし、日本は、アジアにおけるアメリカの死活的な二国間パートナーであることに、格別の誇りをもっていた。そしてドイツが数十年にわたって、注意ぶかく、大陸の隣邦や以前の敵と建設的な関係を結ぶことが重要だと考えたのにたいし、日本の保守政権は、それほど自立的で創造力のある進路をとらなかった。アメリカにしっかり抱きすくめられて、日本はアジアの沿岸に静止する巨大な戦艦のように、列島に米軍基地がちりばめられ(「戦艦」のたとえは、戦略立案者に愛用された)、その経済は、アジアよりもっと欧米と組みあわされ、日本は隣邦にたいして、よりもろい橋しか架けていないようにみえた。たしかに、冷戦の二極関係の確実性がおわったことは、アジアにおける主導権争いで中国が日本の手ごわいライバルとして劇的に興隆したことと相まって、過去一〇年間に不安定感を募らせたといえるだろう。近年、より耳障りで民族主義的な声が聞こえるようになったのは、すくなくとも相当の部分、この新たな脆弱性の感覚のしるしと解釈できるだろう。

しかし冷戦がおわる前ですら、この日米関係の奇妙に内むきな性格は、それがアメリカの核の傘のもとで戦略的防衛の安全保障を提供しているというのに、日本の被害者意識を強めるという逆説的な効果をもたらした。その関係はけっして、真に対等のものではなかった(当初から在日米軍のひとつの任務は、おおやけにはほとんど語られなかったが、日本を戦略的に抑えこむことだった)。もちろん人は、この関係をさまざまに表現することができよう。たとえば、あきらかに日本は「アメリカの支配による平和(パックス・アメリカーナ)」の枠内において、かなりの自治、かなりの「経済的民族主義」を行使してきたということもできるだろう。だがどうであれ、一九五二年に占領がおわって以来ずっと、アメリカにたいする日本の地位が従属的で、下位におかれた独立というたぐいまれなものであったことを否定するのは、依然としてむずかしい。このことを否定する「太平洋のパートナー」の熱心な代弁者でさえ、日本の国内外の多くの観測者が、それが実情だと考えていることをみとめねばならない。

以上が、そのもとでこれほど長く日米関係がつづいた、うんざりするような心理的な状況である。だがこれで、この込み入った話がおわるわけではない。冷戦真っ盛りのときですら、この二国間関係の奇妙な不均衡は別の効果をもたらした。日本は、この二重基準によって判断されがちなのである。別のダブル・スタンダードをあてはめようとする効果であり、それは、「被害者意識」の現象そのものに、別のダブル・スタンダードをあてはめようとする効果をもたらした。そのもっとも鮮やかな例だろう。残忍さと無益さという点で、大ざっぱにいえばこの戦争を、数十年前に敗戦でおわった日本の残虐な戦争のアメリカ版だったとみなすことは、不合理ではないだろう(米作戦立案者は、ベトナムにおける彼ら自身の「平定」作戦の適切な教訓として、一九三〇年代と四〇年代初期に日本が中国の農村でおこなった反共「焦土戦術」を研究するまでにいたった)。もっとも、アメリカにおいてそうした比較を示唆することは、政治的にはあきらかに受けいれがたいことだ。この戦争について、その後のアメリカ人一般の記憶と記念を定義づけることになった受苦と犠牲の深い感情は、ワシントンにあるベトナム戦争慰霊碑の壁に刻まれている。同様に、そこに敬意をささげにくる訪問客は、その悲劇のうちに死んだ数百万のベトナム、カンボジア、ラオス人を想像することから、文字どおり、壁でへだてられているのだ。湾岸戦争の際に、ジョージ・H・W・ブッシュ大統領は、たった数十年前のおそろしいアメリカの戦争にかんする自己批判は、「時効になった」とまでいった。[*11]

このように、アメリカ人は残虐で敗れた戦争であっても彼らの記念碑をもっているのに、日本人はそうしなかった。ここでもまた要点は、第二次世界大戦における日本と、インドシナ〔ベトナム〕戦争におけるアメリカとを対比して描くことが、あらゆる面で正確かどうかということではない。むしろ、アメリカ人(やほかの国民)が、彼ら自身が実際には遵守していない基準を、日本人には守らせているようにみられる、というダブル・スタンダードのもうひとつの例なのだ。アメリカにおいて南部連合兵士とその戦跡にたいする尊敬があるのは、——彼らが奴隷制に賛成だったにもかかわらず(あるいは、それゆえとすらいえるかもしれない)——そうしたダブル・スタンダードの別の例ともいえる。すべての国民は戦死者に名誉をあたえるが、日本でおおやけにそうすることは、とりわけむずかしいことに思える。

つぎからつぎにかたちを変えて、この被害と加害をめぐる問題は、一九四五年以来におきた戦争と記憶にかんするあらゆる議論に浸透した。それは一九九〇年代、さまざまにイデオロギーが異なる人々や利益集団が、第二次世界大戦の歳月にむけて「おおやけの歴史」にふさわしい国立記念館を建設することで激論をたたかわしたときに沸点にたっした。日本遺族会が主導する強力な保守のロビイストたちは、日本の「英霊」に栄誉をあたえ、若い世代に戦時期の困難と犠牲を知らしめる手段として、そうした記念館の建設を長く促進してきた。これに対抗する立場で、平和運動の関係者、リベラルなメディア、左派の学者は、そうした施設は日本帝国の侵略と残虐行為に主要な関心をむけねばならないと論じた。こうした記念の空間を明白な平和主義者の表明にかえる方法として、「平和祈念館」や「戦没者平和記念館」といった名称が提案された。

だがつまるところは、慎重さと、保守主義がうち勝った。高層の「昭和館」が一九九九年、東京に開館した。そこでは、議論の多い日本の戦争についての明白な解釈は最小限にし、かわって一九三五年から一九五五年にかけての、日本人の艱難《かんなん》に焦点をあわせた展示や企画をおこなうことになった。[13]

4. 日米二国間による日本の戦争犯罪の汚点の除去

冷戦が割りこんで第二次大戦の公的な記憶をゆがめる前ですら、アメリカは注意ぶかく、日本の戦争責任のある側面をかくした。これは東京裁判の文脈でおきたことだが、日本の民族主義者が非難するような反日の偏見とはまさしく反対の意味での「勝者の裁き」による結果だった。純粋に功利的な政治上の理由から、アメリカ人は日本の戦争犯罪の本質と巨大さを隠蔽《いんぺい》したのである。

この未完の事業は、立ちかえって日本につきまとうことになったが、それも当然だった。しかし同時に、日本人以外の人は戦争犯罪の隠蔽を「日本人」の不実のもうひとつの例とみなすことになり、二国によるまったくの合作である隠蔽は、日本国外では、うまくその効果をはたせなかった。米主導の検察が無視、およびまたは隠すことにした主要な論点と犯罪は、つぎのようなものだ。

(1) 日本の侵略と残虐行為にたいする天皇の認識と責任
(2) 悪名高い七三一部隊が満州で、すくなくとも三〇〇〇人の囚人にたいしておこなった致死にいたる「医学」実験
(3) 皇軍の陸海兵に性的に奉仕する数万人のいわゆる慰安婦の徴募と、事実上の奴隷化。その多くは韓国・朝鮮の若い女性だった
(4) 中国における日本の化学戦の全容

白人や他の戦争捕虜を、日本の炭鉱や他の企業で奴隷労働として使役したことにかんする近年の調査に照らせば、勝者は東京裁判の「A級戦犯」の実際の起訴から、財閥という寡占産業のどのような代表をも除外したこと

を特筆せねばならない。この除外はあまりに本質的なものなので、検察そのものの側に、犯罪の無視、あるいは共謀さえあったといっても、過言ではない(14)。

こうした隠蔽でもっともひどいものは、高官や科学研究者らを巻きこみ、「ナチスの医師たち」の犯罪に匹敵するような、公式で組織化された殺人をおこなった七三一部隊の事例である。ドイツのケースとちがって、人間を被験者とするこうしたグロテスクな実験に参加した日本人は、彼らのとった手続きや発見結果をアメリカ側にもらすのと引きかえに、秘密の訴追免除をうけた。その結果当然にも、帝国陸軍の正式な組織の枠内でなされたこうした行為の存在そのものが、その後アメリカ人自身によって、注意ぶかくかくされねばならなかった。

これほどセンセーショナルではないが、一般の日本人の「戦争責任」の意識にかんしてより重大だったのは、裕仁天皇が、その名のもとになされた政策や行為について、いかなる責任からも免除されたことだった。戦後にナチス体制が排除されたドイツとちがって、敗北した日本では、決定的に過去と袂をわかつことがなかった。そのもとで一五年の侵略が遂行された同じ玉座の君主を維持することは、この制度や、さらには人格の継続性さえ物語る、このうえない象徴《シンボル》にほかならなかった。

勝者アメリカの側にとって、これは実利的な判断だった。彼らは、日本人がたしかにおとなしく占領に従うようにするため、裕仁天皇を利用することが好都合だと思っていた。当時はそれがいかに合理的に思えたにせよ、こうした方針のマイナスの結果は、広範におよんだ。天皇の戦時の役割と責任が実際はどうであったのかについては、これまで、いかなる本格的な調査もなされなかった。日本の重臣と米占領司令部の双方によって注意ぶかく振りつけられた見解は、天皇が、彼の名においてなされたいかなることにたいしても、道徳的責任すら負っていないことをあきらかにしていた。占領当局の高官、法廷関係者、検察・弁護のメンバー、「A級戦犯」の被告人、そして天皇自身が一緒になり、驚くべき馴れあいの策謀行為において、東京裁判はそもそものはじめから、君主に罪を負わせるような可能性がある、いかなる証言をも排除するように「設定」されていた。裁判の判決に個別につけられた二つの批判的な少数意見が指摘したように、天皇の免責は、こうした法的な手続きを茶番にした[15]。

当時とその後数十年にわたり、この二国間による天皇の隠蔽が、いかに微妙に、しかしいちじるしく、日本人が真剣に戦争責任を究めることを妨げたのかは、強調してもしきれない。天皇は帝国軍の最高指揮官であり、国家の最高位の政治家だった。もし彼が、即位した一九二六年から戦争終結の一九四五年までのあいだに起きたどんな恐怖と災厄にも責任がないと思われるなら、なぜふつうの日本人が、みずからの責任をとると考える必要があるのだろうか。裕仁天皇は、戦後の日本の無責任、無答責の抜きんでた象徴、助長者となった。

これに彼の長命が加わった。裕仁天皇は第二次大戦の他の主要な国家指導者のだれよりもはるかに長く生き、一九八九年に八九歳で亡くなるまで在位した。かくも長命だったので、一般的にマスメディアでは、天皇の個人的な戦争責任を論じることはタブーとなった（左翼や特定のリベラルな出版物では、しばしば熱心に論じられたが）。前例のないアメリカへの公式訪問に引きつづき、一九七五年にひらかれた有名な記者会見で、あるジャーナリストが大胆にも戦争責任の考えについてたずねたとき、天皇の答えは意義ぶかいものだった。「そういう言葉のアヤについては、私はそういう文学方面はあまり研究もしていないのでよくわかりませんから、そういう問題についてはお答えが出来かねます」と天皇はのべた。それは、天皇個人というだけでなく、日本と、天皇がその訪問で記念した「太平洋の協力関係《パートナーシップ》」の本質に、冷静にせまる機会だった。

歳月がすぎ、天皇がだんだん弱く、うつろな姿になるにつれて、若い世代が彼の長い「昭和（一九二六—八九）」時代を、悪気のない陳腐なものとしか結びつけられなくなったのも理解できる。戦争と平和と繁栄はひとつに霞んでみえ、それがじつに徹底していたので、今世紀に入ると日本の保守政治家は、前君主を記念する「昭和の日」という驚くべき復古的な国民の祝日をもうけるよう提案した。こうしたことは、もちろんドイツではおきなかった。そしてもしいまの日本が、特有の「愛されない能力」をもちつづけているとするなら、二つの帝国による天皇のタブーの合作を、その説明の重要な要因としてあげねばならない[16]。

冷戦が、日本の戦争犯罪と戦争責任にたいするアメリカの考えにあたえた衝撃は、一九四八年までに、おおやけになった。一九四五年から一九四六年にかけ、数百人の日本人が潜在的な「A級戦犯」として逮捕されたが、実際に起訴されたのは二八人にすぎなかった(公判中二人が死亡し、一人が精神的に被告適格を欠くという理由で裁判からのぞかれた)。一九四八年一一月に東京裁判がおわるまでには、監獄にとどまる他の被疑者は少数になり、判決がくだされると、その少数もただちに訴追を免除された。ニュルンベルクのショーケースにつづいて、ナチス戦犯の訴追がいまもおこなわれるドイツとはちがって、日本ではその後の訴追もなく、最重要と見こまれる戦犯への捜査すらおこなわれなかった。この問題を追及する日本固有のシステムは、これまで一度も築かれなかったのである。

むしろまったく反対のことがおきた。一九四九年ころまでに、旧帝国軍のメンバーたちが、対共産主義、とりわけ中国にたいする諜報活動に勧誘された。一九五〇年六月の朝鮮戦争勃発によって、米占領軍下で日本を再軍備させることが急務となったのである。もちろん、それとともに、その時点でわずか五年前におわったばかりの「古い」戦争について、日本人がとった行動の記憶を覆いかくすために、日米二国間で申しあわせた宣伝が繰りひろげられた。冷戦の新しいイメージにおいて、「赤化中国(Red China)」が、アジアにおいて真に脅威をもたらす残虐な危険国家として、日本に取ってかわったのである。

一九五二年に日本が主権を回復した講和条約は、世界のほとんどの国々をふくんでいたが、ソ連と中華人民共和国を除外していた。こうした理由から、当時それは「全面」の対語である「単独」講和として知られ、日本国内の左翼の集団などから強く批判された。戦争責任の問題にかんするかぎり、たぶん講和条約のもっとも重大な問題は、賠償金の取りあつかいに横たわっている。

日本の敗北直後、賠償金の考えは本質的に懲罰的なものだった。現存する工業施設は、日本の軍事力によって破壊されたアジアの他の国に移転されるべきものとされた。それは、そうした国々の損失補償の助けになるばかりではない。議論はさらにつづく。それはまた、アジア全域をつうじて、工業生産力の「平準化」をすすめる仕組みとしても役だつだろう。技術的、政治的な理由から、こうした初期の計画は死産におわった。講和条約をまとめる一九五一―五二年までに、ジョン・フォスター・ダレスひきいる政策立案者は、賠償の目的そのものについて、まったくの回れ右をした。そうした補償はいまや、現在の日本の生産物から、あるいは財政取りきめのかたちをとって、日本と、より発展がおくれたアジアの他の反共主義国家との経済統合を推進するという基本的な目標にむけてなされることになった。こうした国家間合意は、ちょうどドイツが欧州で同じ立場になったように、日本をアジアの「工場」として再建させ、まったく同時に、中国の経済的な封じこめにたいするアジアの関与を強化するようしむけられていた。日米の当局者が、それればかりは望まなかったのは、戦時の虐待や残虐行為にたいする補償の要求にさらされて、日本が脆弱なままにおかれることだった。

その後数十年のあいだ、日本政府は、元敵国であるフィリピン、ビルマ、インドネシア、南ベトナムとの二国間の「賠償」和解交渉をとおして、一九五二年の講和条約における義務を履行した(アメリカは、国民党ひきいる台湾と同じく、賠償権を放棄した。講和条約当時、日本は共産党体制の中国とではなく、台湾との交渉を余儀なくされた)。一九六五年まで延期された韓国との国交正常化は、賠償合意をともなった(かつての植民地の南半分との友好関係樹立は、アメリカによるベトナムへの軍事関与の熾烈化と一致して、より大きなアジアにおけるアメリカの封じこめ戦略の一部としてすすめられた)。他方、おそまきながら一九七二年に日本が中華人民共和国と関係を正常化したとき、中国側は、賠償問題を追及しないことに同意した。すべてアメリカの支持をうけながら、日本はこうしたさまざまな国家間取りきめをつうじて、理論的には、公式にすべての未払い戦争賠償請求を処理し、解決した[17]。

一九五二年の講和条約をもとにうまれた二国間の「太平洋の協力関係《パートナーシップ》」は、日本側においては、政治家、官僚、財界からなる保守的な「鉄の三角形」の結合として特徴づけられ、その三角形はあらゆる実利上の目的から、今日までその力を維持している。この三角形の連合はつねに争いや派閥主義に悩まされてきたので、日本の学者はふつう気をつけて、一枚岩のような「日本株式会社(Japan, Inc.)」の神話を否定する。にもかかわらず、ここでも戦後ドイツの状況とは示唆に富む対照をなしているが、日本政府は一九四九年以来、やはり本質的には同じ保守の系譜によって支配されてきたといえるだろう。その政党名は実をあらわしていないが、一九五五年の自由民主党の結成は「一党」支配の伝統を確立し、一九九三年八月から一九九六年一月にかけ、弱小な非自民党の二人の首相を例外として、その支配は冷戦期全体におよび、二〇〇九年に脆弱な民主党が首班を得るまでつづいた[†]。

自民党の首相は、戦時の日本人の振るまいについて、さまざまな表現で一般的な「遺憾(regret)」の意を表明するのが常だった。それでも、これは「A級戦犯」の被疑者(けっして起訴はされなかった)岸信介が、一九五七年から一九六〇年まで、首班となるのを支持した同じ政党なのである。それはまた、中曽根康弘元首相が、一九八五年の終戦記念日に全閣僚とともに靖国神社を公式参拝し、第二次世界大戦で天皇のために死んだ人々に敬意をはらうことによって、積年のタブーをやぶった政党でもある。東京裁判で死刑を宣告された七人の被告人を靖国神社に祀るようひそかに取りきめたのも、戦争にかんする教科書のあつかいを水で割って薄めることを支持したのも、南京大虐殺を否定するような扇動的な発言をするような閣僚をしばしば任命したのも、この自民党だった。

そして半世紀以上にわたって、アメリカに「日本における適任者」を提供してきたのも、この自民党だ。「適任者」とは、しっかりした保守主義者、敵意にみちた反共主義者、日米安保合意に忠誠な支持者、「パックス・アメリカーナ」のもとで、日本の軍事的な役割のゆるやかな拡大の必要性を断固として主唱する者である。より過激な彼らの民族主義的な発言は、時おり、アメリカの保護者《パトロン》を困惑させたが、第二次世界大戦における日本人の振るまいの残虐性を、控えめにあつかおうとするもっと大きな働きは、両国政府の織り込みずみの利益にかなっていた。というのも、日米政府が切望するように、もし二国間の安保条約のもとで、より大きく多様な再軍事化を日本の民衆に説得しようとするなら、いまだに民衆の意識に強く残る、過去の日本の軍国主義と「侵略」にたいする決定的な認識を追いはらうことが、必要でありつづけるからだ⑱。

5. 罪と責任をみとめる民衆の議論

日本においては、なぜ「愛国心」に、いまだに猜疑の目がむけられているのだろうか。

この問いはわれわれを、被害者意識という現象、より正確にいえば、被害者意識が前むきで建設的な方向に転じる方法に立ちかえらせる。それはまた、われわれを半世紀前の日本、敗戦や占領だけではなく、戦争そのものにおいて、もっと大きな体験をした日本に連れもどす。苦しんだことや、「犠牲」になったということは、たんなる悲嘆や正当化、弁解をすることにとどまらなかった。それは審問の世界に扉をひらくことになったのである。

降伏に引きつづいて、戦時のことを大っぴらに語れるようになったとき、つぎのような問いかけが、いかにつらく、心底からの問いとして日本人にひろがったのかは、強調してもしきれない。「苦しめられた」と人はいう。ではどんな目的のでは、だれによってなのか。何によってなのか。そう人々はたずねた。人は「犠牲」という。

ための犠牲だったのか。そして人は、偉大な犠牲が無に帰さないよう、どうやったら戦死者にあがなうことができるのだろうか。

米軍による空襲や原爆の犠牲になったり、すぐに気づくような戦勝国のダブル・スタンダードの犠牲になったりしたことは、そうした被害者意識の一側面にすぎない。より説得力があり、日本人に浸透していたのは、日本人が、戦争それ自体の犠牲になったという意識、絶望的な「聖戦」に投げこんだ軍国主義指導者の愚行によって、さらに、洗脳されるがままに一般民衆が無知であったことによって、犠牲になったという意識だった。

こうした態度は、勝者によって押しつけられたものではなかった。それは内面から噴きあげ、すぐに、ひろく受けいれられる一連の信仰箇条にかたまった。日本は将来、戦争に巻きこまれるようになってはならない。ふたたび欺かれないようにすることが、理性的で開かれた社会をつくることになる。「平和と民主主義」にむけてそうした社会をつくることは、たんに国家の誇りと国際社会の尊敬をふたたび勝ちえることになるばかりではない。それはまた、生者が死者にたいし、彼らがむだに非業の死をとげたのではないことを保証する、想像しえる唯一の道なのだ。

そうした感情は、あらゆるレベルで表明された。戦争に反対の声をあげなかった教師や学者は、その結果、親類や同胞、さらにもっとも胸を刺すことだが、自らの学生たちを死に追いやったことに深い罪責の感情を抱いた。ほとんど本能的に、彼らの多くは、影響力ある政治学者の丸山真男がのちに「悔恨共同体」とよぶ集団をかたちづくった。日本を戦争に駆りたてた構造的な力学だけでなく、ほとんどの日本人を軍国主義に同調させた偽りの意識を説明するために、すくなからぬ学者は、さまざまなかたちで、マルクス主義に目をむけた。占領期に合法化された共産党は、日教組をふくむ組織労働者階級に深く食いこんだ。社会主義者、フェミニスト、「古い自由主義者」、宗教指導者、学者、文学者、ラジオのメディア関係者、ジャーナリズム、戦時下の検閲にいらだった映画製作者。彼らのすべてが、批判と自己批判の合唱にくわわった。

一九四六年五月にはじまった東京裁判の半年かそこら以前は、国を破壊にみちびいた軍国主義者へのさげすみが、じつに並はずれていた。そうした時期の刊行物に立ちかえるのは、目がさめるほど印象ぶかいことだ。政治諷刺漫画家たちは、昨日の名誉ある指導者を笑いものにした。新聞の社説や投書は、勝者がもっと高位の人々を逮捕していないことに不平をこぼした。人々は、日本人自身が戦争犯罪者の捜査と訴追にじかに参加できないことに、遺憾の意をあらわした。

もちろんそこには、当時の皮肉なものいいにあったように、「看板の塗りかえ」という浅薄で、むきだしなたくらみの要素もたしかにあった。罪ぶかい人々は本心をおおやけには語らなかったし、きびしい日常生活の圧迫感や冷戦の新しいファッション、戦勝国のダブル・スタンダードへの募りゆく意識などによって、きわめて真摯だった初期の批判と自己批判は薄れていった。それでも、批判意識の希薄化にあらがう目だった潮流もあった。その後数年、数十年にわたり、数々の国内の論争や対立をとおして、戦争の記憶と責任の問題へのかかわりは絶えることがなかった。なかでも注目に値するのは、憲法改正や国の検定教科書、日本帝国の略奪行為にたいして公式に「謝罪」する場合の適切な言葉の選びかた、いまだに温和な名称で呼ばれる「自衛隊」にふさわしい任務などをめぐる、みたところ果てしのない議論である。さらにここ一〇年は、「慰安婦」や戦争捕虜、日本の「人道にたいする罪」によって直接虐待された占領地域の市民ら、個人にたいする補償や賠償の問題がくわわった。

すべてくわしく論ずるに値するこれらのテーマは、ある種の「制度化された記憶の争奪」をなしているといえるだろう。その争奪は、「凱旋《がいせん》」意識と神話化をめぐって同じような戦いがつづくアメリカと同じように、日本でも、第二次大戦にかんする重要な意識を生きながらえさせている。たとえば、断固たる平和主義的な「非戦」の憲法条項の改訂をめぐって、熱をおびた衝突は、一九五二年の占領終結以来、ずっとつづいている。こうした議論は変わることなく、戦争一般の恐怖と、とりわけ戦前の日本の軍事機関の無責任さを呼びさます。[19] まったく同じように、一九六〇年代なかば以降、海外から強い批判をうけた教科書論争は、まさに日本の近代史の「暗い」側面を控えめにあつかおうとする公式の試みを反映している。だが同時に、教科書検定が定期的におこなわれたことや、政府の立場に法的に挑む教科書裁判が延々とつづいたことで、「正統」とそれにたいする批判の衝突がたえずくりかえされ、その後も同時進行形の国内教育として役だってきた。[20]

こうした議論の多い「制度化された記憶」は、戦後の政治論争をとおして主旋律のように流れた。その主題は、同じように「戦争と平和」の問題を人々の意識の中心に押しあげることになった個別の事件やできごとという力強い対位旋律をともなった。たとえば一九五二年の占領終結には、衝撃的な「血のメーデー」事件がともなった。このデモは、冷戦の性格が色濃い講和条約と、それに付随しておこなわれる日本の再軍備や中国への強い敵視に抗議したものだった。一九五〇年代なかばには、ビキニ環礁でおこなったアメリカの水爆実験により、日本人漁民が放射性降下物で被曝した一九五四年の「ビキニ〔第五福竜丸〕事件」が、ひろい反核運動に火をつけた。一九五九年から一九六〇年にかけて、日米安全保障条約の差しせまった改定は、東京で大規模な抗議行動を引きおこし、タカ派のもとで加速していた日本の再軍備の問題に、ふたたび劇的な異議が唱えられることになった(このときにアメリカにとっての「日本の適任者(man in Japan)」だった岸信介首相は、東京裁判で訴追を免れ、判決直後に釈放された「A級戦犯」被疑者のひとりだった。[21]

一九六〇年代後半に「戦争と平和」の問題は、アメリカのインドシナ侵略への日本の加担にたいし、全国規模でおきた抗議の文脈のなかで、うむを言わさないかたちで再構築された。はっきりものをいい、メディアにもつうじた「べ平連」を先頭として、この新左翼運動は必然的に、アメリカの行動を、日本自身の四半世紀前の戦争という鏡に映しだしてみせただけでなく、「犠牲者」や「加害者」という考えそのものを再検討することをともなった(時に日本人は、同時に「犠牲者」であり、「加害者」でもあるという可能性をしめした)[22]。これにつづく一九七〇年代はじめの中国との国交正常化は、今ようやくよみがえる対中戦争で、日本帝国軍がどんな放埒なことをしたのかを、身悶えするような苦痛をとおして向きあうことに道をひらいた。それ以降、一群の多作な学者、ジャーナリストが日本の戦争犯罪についてくわしい報告を書きつづけてきた。そのなかには、南京大虐殺や、ほとんどの日本人以外の観察者や人気のある論評者のレーダーには引っかかることの少ない「七三一部隊」の活動もふくまれている[23]。ある集団において、裕仁天皇の長くつづいた在位が、日本人の戦争責任について率直な議論の勢いをくじいたというのはほんとうだ。だが皮肉なことに、一九八九年の天皇の死去は同時に、この天皇支持者特有のタブーにも弔いの鐘を鳴らした。その死につづいて、それまで抑えられていた戦時の多くの日記や回想があらわれ、これがふたたび、日本人の戦争責任問題について、おおやけの議論に弾みをつけることになった[24]。

われわれはこうしたすべてのことにもとづき、ある種の「貸借対照表《バランス・シート》」をつくることができるだろうか。たぶんできるが、それは危うい仕事だろう。日本特有の「愛されない能力」にかんする渡邊一夫の意気消沈した観察は、一九四五年当時と同じように今も、しっくりくるように思える。しかし、悔恨の問題にかんするかぎり、なぜそうであるのかを説明するのは、かんたんではない。日本人は平等に考えるのがむずかしく、責任にたいする真に深い意識に欠ける、という渡邊自身の解釈は、ほんとうに説得力があるとはいえない。今日のわれわれの耳に、そうした文化的決定論の音調は、オリエンタリズムのたぐいの自己参照的で、自己卑下的な響きにも聞こえる。渡邊自身は、そうした世界の罠には、はまらなかった。責任と悔恨にかんする戦後の議論の持続性が証明するように、多くの彼の同胞も、そうした罠にはおちいらなかった。あるいはまったくちがう見かたをすれば、ほとんどの国民、国家、民族、集団は、平等に考え、歴史上の罪の責任にたいする意識を引きうけるまでにはたっしていない、といえるのではないか。見わたすところどこであれ、「悔恨」が、独善性や被害者意識、偏狭な忠誠心、そしてまさに過去の罪にたいする無関心といった暗がりを照らし出す灯火となることはまれだ。日本の状況は、貸借対照表のいずれの側においても、真に例外的とは思えない。

日本国内においては、他の貸借対照表について語ることが公平だろう。裕仁天皇が、彼の好みからするとあまりに文学的な「言葉のアヤ」ととらえた「戦争責任」への真の取りくみについてはたしかに、与党、官僚、大企業という保守的な三角形ではなく、むしろ一般の人々に目をむけるべきだ。深く堅固に身をかためた日本のエリートたちは、この問題について真剣に心をひらいたり、公文書を公開したりすることにはずっと気乗り薄のままであることを証明し、こと財布の問題になると、賠償や補償について、もっとも狭い厳密な法解釈に執着したままだ。ここでもまた世論調査が、過去の悪行をみとめ、被害者に手当てをすることについて、彼らの指導者たちよりも、民衆のほうが、はるかに覚悟ができていることを示唆している。たとえば一九九四年の調査で、質問された日本人の八〇％は、政府は「日本が侵略、植民地化した国々の人に、十分な償いをしていない」ことに同意した。[25]

マスメディアをきわめて巧みにあやつることを学んだ保守的な学者を先頭に、この一〇年、ネオ・ナショナリズムの新たな興隆に自暴自棄の激しさをあたえたのは、まさに、こうした「愛国心のない」考えかたを受けいれる一般の感受性への反応だったのである。保守的な学者はまたアメリカ人、中国人、とりわけ韓国人にたいし、巧みに人種カードを切ることにも習熟した。驚くべきことではないが、彼らはそうした人々を、日本人にたいする偏見にとらわれていると描きだすのである。こうしたことすべてには、時代をつうじてくりかえす不吉な循環性があり、部外者にとっては、「愛されない能力」という渡邊のかつての考えを、意固地になってただ強めようとしているようにみえるのである。

〈著者による補足〉

† このページは自民党の選挙での数々の敗北、とりわけ二〇〇九年(この論文が出版されて七年後)の敗北を考慮して、若干手を入れた。

〈訳注〉

＊1 『渡辺一夫 敗戦日記』串田孫一、二宮敬編、博文館新社、一九九五年。大部分がフランス語の原文で書かれたその日記の一九四五年六月一八日の項(三六頁)に、以下の引用がある。「「戦争のお蔭で我々は、ドイツ国民の恐ろしいUnbeliebtheit(愛され得ぬ能力)がはっきりわかった。あらゆるものには原因がある。我々がこうした憎悪を起させたに違いないのだし、大体において、我々はこの憎悪を正当化するようなことをしさえしたのだ……」(プロシヤ歩兵第一連隊予備役大尉マルシャル・フォン・ビーベルスタイン男爵の言葉。ロマン・ロラン、一四一ページ)」。

＊2 単行本としてはそうだが、『世界』三六二号(一九七六年)三二〇―三五二頁には「未発表・渡辺一夫敗戦日記」と題して公表されている。

＊3 前掲所収の随想「愛されない能力(Unbeliebtheit)」。

＊4 「代喩(synecdoche)」は修辞法のひとつ。刃で刀、帆で船をしめすような場合をいう。

＊5 たとえばワシントンの「ホロコースト・ミュージアム」のサイトには、百科事典の「米国とホロコースト」の項目で、戦時の米国が草の根の反ユダヤ主義などに影響されて、ユダヤ人の移民受けいれに消極的な政策をとっていたことなどをみとめた記述がある。

＊6 スミソニアン協会航空宇宙博物館は、戦後五〇年の節目に、原爆投下を歴史的に検証する原爆展を企画したが、退役軍人らから、「原爆投下は多くの命を救った」などの猛烈な反発をうけ、原案を骨抜きにされた。詳しくは展示を企画した博物館長による『拒絶された原爆展 歴史のなかの「エノラ・ゲイ」』(マーティン・ハーウィット、山岡清二監訳、みすず書房、一九九七年)や『原爆神話の五〇年』(斉藤道雄、中公新書、一九九五年)などを参照。

＊7 ポール・トゥヴィエ(Paul Touvier)は、独占領下のヴィシー政権がリヨン近くに設けた親ナチスの私兵集団幹部として、一九四四年に七人のユダヤ人の処刑を指示した。戦後はニースのカトリック修道院などに身をひそめたが、一九八九年に拘束され、「人道にたいする罪」により、一九九四年四月に終身刑の判決を受けた。一九九六年七月、パリ近郊の刑務所病院で、八一歳で死亡。

モーリス・パポン(Maurice Papon)は、ヴィシー政権の地方幹部として、ボルドー近くで戦時中、一五六〇人のユダヤ人を拘束し、ナチスの収容所に送りこんだ。戦後はパリ警察幹部、閣僚などをつとめたが、一九九八年「人道にたいする罪」で懲役一〇年の判決を受けた。病気の理由で二〇〇三年に保釈され、二〇〇七年二月、パリ近郊の私立病院で九六歳の生涯をとじた。引用はいずれも米紙『ニューヨーク・タイムズ』訃報記事による。著者が「フランスの対独協力者における誇張された「レジスタンス神話」」とよぶのは、戦後のフランスで、対独レジスタンスが強調され、ヴィシー政権のもとでナチス・ドイツと協力した過去を追及してこなかったことを指す。

＊8　イェルク・ハイダー(Jörg Haider)はオーストリアの極右政治家。一九八六年にオーストリア自由党の党首となり、反移民・反欧州連合の急進的な主張を掲げて人気を集め、一九九九年の総選挙で二七％の得票を得た。欧州各国は自由党の政権入りに反対して制裁措置をとったため、二〇〇〇年に党首を辞任した。その後しばらくは国政の表舞台から遠ざかったが、オーストリア未来同盟の指導者のひとりとして返り咲き、二〇〇八年総選挙で躍進の兆しをみせた。その直後の一〇月、交通事故により、ケルンテン州知事として五八歳で死去。彼の父親はオーストリア・ナチス党員で、ハイダーはしばしば、ナチスの武装親衛隊やナチス政策を称賛して物議をかもした。オーストリアは一九三八年にナチス・ドイツに併合され、敗戦までその支配下にあったが、当時はオーストリア・ナチスが積極的に活動し、これを歓迎する市民もすくなくなかった。BBCサイトの「歴史」に二〇一一年二月一七日、歴史家のロバート・ナイト氏が寄稿した文章「オーストリアとナチズム」によると、併合下のオーストリアには二〇万人以上のユダヤ人がいたが、上流階級や東欧からの移民を問わずナチスによる抑圧の対象となり、推定で六万人以上のユダヤ人、一万人近くのシンティ・ロマの人々が収容所に送られた。しかし連合国は一九四三年一〇月のモスクワ会談で、戦後にオーストリアを独立国として再確立させることを決め、同時にオーストリアを、「ヒトラー体制の侵略の最初の犠牲者」と位置づけた。このため、戦後のオーストリアで政治指導者は過去を問われることがなく、一九八六年の大統領選で当選した元国連事務総長のクルト・ヴァルトハイムのナチスの過去が国際問題になるまで、オーストリアでは戦時のナチス協力の過去がタブー視されてきた。

＊9　ピウス十二世(Pius XII)は一九三八年から一九五八年にかけてローマ法王。ユダヤ人グループのあいだからはピウス十二世にたいし、「ナチスに対して反対の声を十分にあげず、介入してユダヤ人を救うことをしなかった」との批判や、「戦後もヴァチカンは、ナチス高官が南米に逃亡する手助けをした」などの声が出ている。ヴァチカンはこれにたいし、よりはっきりとナチスを批判していれば、ローマなどでより多くの死をまねいていたろうと反論し、法王はユダヤ人を救うため「隠密裏に、静かに」動いていたとしている(二〇一〇年三月八日付け米紙『ニューヨーク・タイムズ』)。

＊10　エルンスト・ノルテ(Ernst Nolte)は一九二三年生まれのドイツの歴史家。ベルリン自由大学などで教え、国家社会主義と共産主義の比較研究で知られる。一九八六年にドイツの新聞に投稿し、スターリンらによる虐殺などを例にあげ、二〇世紀の大量虐殺の時代にあって、ホロコーストだけが特異な殺戮ではなかったと主張した。これにたいし思想家のユルゲン・ハーバーマスらが強く批判し、翌年にかけて「歴史家論争」が起きた。ドイツだけでなく、国外の歴史家の多くは、「ナチスの犯罪は

ロシア革命や内戦にたいする対応だった」とするノルテの議論を、歴史を相対化することでナチズムの犯罪を矮小化し、正当化するものだと批判した。ノルテは二〇〇〇年六月、コンラート・アデナウアー賞を受け、再び論争が起きた(二〇〇〇年六月二一日付け米紙『ニューヨーク・タイムズ』などによる)。

＊11 ジョージ・H・W・ブッシュは第四一代アメリカ大統領、在職一九八九―九三年。第四三代ブッシュ大統領の父親。「時効となった」は原文では"statute of limitations"で、直訳では「出訴期限法」を意味する。出訴期限が切れると時効が成立するため、ここでは意訳した。

第五章

被爆者
——日本人の記憶のなかの広島と長崎

解題

第二次世界大戦は、アメリカの大衆の意識に、「良い戦争」として刻みこまれており、多くの理由から、これはけっして変わることがないだろう。ナチスドイツと、軍国主義的な日本帝国の脅威を根だやしにすることは、偉大で必要な功績であり、アメリカはそれを実現するうえで主要な役割をはたした。そのために、アメリカが戦後、グローバルなかかわりをするようになったにもかかわらず、こと歴史を考える段になると、ほとんどのアメリカ人を偏狭なものにしてしまう。この狭量な見かたからすると、第二次世界大戦は一九四一年一二月の日本による真珠湾攻撃にはじまり、広島と長崎への原爆投下からまもなく、一九四五年八月に天皇が降伏の玉音放送をしたことでおわったことになる。この説明によれば、一九三七年の日本による中国侵略や、一九三九年のドイツによる欧州の電撃戦(blitzkrieg)が、かろうじて思い浮かぶにすぎない。ナチスの軍隊を打ち負かすうえでソ連がはたした主要な役割や、その過程でこうむった大量の死傷者は、アメリカ人の精神にほとんど銘記されておらず、一九三七年から一九四五年にかけて、やはり数百万人の犠牲をはらって、日本の軍隊の活力を絞りとった中国国民党・共産党の抵抗運動の役割も軽んじられ、ほとんど忘れさられてしまっている。そのうえ、第二次世界大戦はアメリカにとってもちろん、勝利をえた最後の戦争だった。朝鮮、ベトナム、そしてイラク、アフガニスタンが、悲痛なまでにそれをあきらかにしている。愛国的なアメリカ人ならだれも、こうした泥沼の戦争の慰めとなる対抗記憶《カウンター・メモリー》を、放棄しようとはしないだろう。

人口が密集する日本の二つの都市への原爆投下は、この「勝利した良い戦争」の物語に、こぎれいに、はめこまれている。この語りくちによれば、日本の軍国主義指導者に降伏を説くには原爆が必要であり、日本本土に侵攻しようとすれば失われていただろう無数のアメリカ人の命を救ったことになる。実際、われわれすべてがそうだが、アメリカ人は映画のようにものごとを考えるきらいがあり、ここでの標準的な台本は明確で単純だ。アメリカは、死ぬまで戦うと固く決心をした狂信的な敵と対決しており、英雄的な飛行士たちは、護衛戦闘機なしに、彼らの堂々たる「超空の要塞(Superfortress)」爆撃機[*1]を離陸させる。彼らは二つの目標都市の上空数マイルで原爆を落とし、急いで遠ざかって振りかえると、そこには畏怖すべき、色とりどりの、ほとんど超自然的なキノコ雲が、おそるべき高みにむかって立ちあがっている。すぐつづいて、朗々とした、勝利にみちた略述が響きわたる。全知の物語のナレーターは、広島の八日後、長崎の五日後に、天皇と軍国主義の顧問たちが降伏したと告げる。作家のポール・ファッセル[*2]が、のちに有名なエッセイで「原爆を、心から神に感謝する」と表現したように、それは絶大な称賛である。

二つの爆心地で体験した原爆がなんであったのかを再構築し、思いだすことは、もちろんこれとはまったく違う語りかたとなる。空虚なキノコ雲は消えさる。物質的破壊と人的死傷にかんする抽象表現は、それぞれ名前のある子どもたち、女たち、男たちに取ってかわられる。だれも大虐殺を、神に感謝はすまい。だが日本で原爆にかんする民衆の記憶があらわれるまでには、時間がかかった。戦争が終わったときに日本人は全国じゅうで、日々をともかく生き延びるなど、もっと差しせまって考えねばならないことがあった。米占領当局は何年ものあいだ、広島や長崎をえがく著作や写真、絵画を検閲したが、それは、そうした表現が、反米の敵意を引きおこすというおそれからだった。二つの爆心地の写真集が日本で刊行されたのは、一九五二年八月、占領がおわったあとだった。そして有名な写真家が二つの都市を訪れ、傷あとの残る生存者を最初に撮影したのは、ようやく一九六〇年になってからだった。被爆者が実際に爆心地で経験し、記憶から消しさることができないことがらを詳しくえがいた初期の素描は、原爆投下から四半世紀後、一九七〇年になってようやく出版されて陽の目をみた。

どんなテーマであれ、「日本」とか「日本人」、あるいは日本文化、日本社会といったふうに、あたかもすべてが均質で同一であるかのように語るのは、愚かなことだ。これは原爆がどう記憶されたのか、という問題にもあてはまる。広島と長崎について、一枚岩のような記憶のしかたはない。それゆえ、表題に Hiroshimas と Nagasakis という複数形の名詞を入れた以下の文章は、一九九五年の雑誌『外交史(*Diplomatic History*)』[*3] の原爆特別記念号に発表された。

〈訳注〉

＊1　爆撃機B-29の別称。広島に原爆を投下した「エノラ・ゲイ」と長崎に投下した「ボックスカー」は、いずれもB-29の改造機だった。

＊2　ポール・ファッセル(Paul Fussell 一九二四―二〇一二)はアメリカの作家。第二次大戦では米陸軍少尉として仏で戦い、名誉戦傷章などを受けた。一八世紀英文学を研究するかたわら、戦争の歴史をえがいた作品を多く書き、『戦時』(邦訳『誰にも書けなかった戦争の現実』宮崎尊訳、草思社、一九九七年)などで知られる。ここに引用された"Thank God for Atomic Bomb"(一九八八年)は単行本におさめられた表題作(二〇一二年五月二四日付け英紙『ガーディアン』の訃報記事による)。

＊3　『外交史(*Diplomatic History*)』は、アメリカ対外関係史学会(Society for Historians of American Foreign Relations 略称SHAFR)の機関雑誌。SHAFRは一九六七年に創設された。

広島に原爆が投下されたときに少女だった原美恵子は、のちに自分について、「現在の美恵子には過去の美恵子の影は一点もない」と書いた[(1)]。被爆者のほとんどはこのアイデンティティの裂け目を体験しており、日本全体にとっても、一九四五年八月六日と九日の原爆投下によって、時間の真の意味は変えられてしまった。

こうした深い断続の感覚は、もちろん日本に特有のものではない。世界の多くにとって、欧州のホロコーストと、広島／長崎の核による大量虐殺《ジェノサイド》は、それまで「近代性」の名で知られ、夢みられてきたもののおわりを告げ、恐れと畏怖の可能性を秘めた新世界の到来を意味したのである。だが日本において、状況は二つの点で独特なものだった。ただ日本人のみが、実際に核による破壊を体験した。そして直後の数年間、彼らだけが、「新世界」の性質と意味について、おおやけに語ることを許されなかったのである。一九四五年九月なかばから、米当局は占領下の日本で、原爆にかんする議論のほぼすべてを検閲で禁止した。

そうした検閲は、核に関連する一切を秘匿するというアメリカの一般政策と、それとは別の次元で、敗戦国日本における占領政策の一部としてアメリカが追求したひろいメディア統制の課題の両方を、反映するものだった。とくに広島と長崎の問題にかんするかぎり、日本における検閲の理論的根拠には本質的に二つの要素があった。米占領当局は、原爆の効果について議論に歯止めをかけなければ、彼らにたいする「人心の動揺」をきたしかねないことをおそれた(どこであれ、もっとも伸縮自在で、広範に適用できる検閲の根拠だ)。より具体的にいえば、九月はじめになされた日本の政治家や、活字メディアの主張は、日本の戦時の残虐行為を宣伝し、戦犯裁判をおこなうという連合国の政策が、日本側の対抗キャンペーンに直面するかもしれないという印象をつたえていた。それは、事実上市民を標的にした二つの原爆の破壊にもっとも鮮やかにしめされるように、連合国自身の残虐な政策に注意を呼びおこすキャンペーンだ。(2)

そうした対抗キャンペーンは、仮説の上の話ではあったが、さもありえそうなことだった。前外務大臣で、その後ふたたび外相に返り咲く重光葵は(その間に東京裁判で有罪になった)、連合国による日本の戦争犯罪への告発にたいし、日本側が原爆を対抗宣伝につかうようはっきりと提案する初期の外務省内部の覚書をつくった。首相の座を熱望した野心的な保守政治家の鳩山一郎は(占領期のパージは彼のスケジュールをさまたげたが、一九五四年末から一九五六年まで首相をつとめた)、早まって同じような意見をおおやけにした。[3] 占領がはじまって数週間のうちに、同盟通信社や朝日のような代表的な新聞も、やはり同じように無邪気に、戦争の振るまいの記録にバランスをとろうと試みた。しかし、後になって振りかえる歴史家の強みをいかしていえば、原爆とそれが人々にもたらした結果について日本人の議論を封じたことは見当ちがいであり、おそらくは逆効果、そして確実にいえるのは、原爆を生きぬいた人々自身のニーズを無視するものだった、ということだろう。

原爆が投下された八月六日、九日と、米占領軍による検閲が課せられた九月なかばまでのあいだ、新兵器にたいする日本人の反応は、じつに多様で刺激的なものだった。勝者アメリカが敗戦国日本への駐留を確立するまで、もちろん日本のメディアは日本の帝国政府の検閲をうけた。こうして歴史家は、占領開始の前と後のいずれにも、偏った公的な記録を見いだすことになる。それでもなお、直接原爆にさらされた人々の圧倒的な恐怖と衝撃の感覚をこえて、あるいは連合国の残虐行為を日本人のそれに対置しようとする政治家の思惑からはなれて、日本人の万華鏡のような反応を再現することはできる。

はじめに、憤怒が、そうした反応のひとつだった。たとえば原爆投下直後の広島で、生存者は負傷しなかったアメリカ人の戦争捕虜のところに押しかけ、彼らを殴り殺した(彼らは地下の監房に収容されていた)。[4] まにあわせの広島の医療施設では、日本が自分たちの秘密兵器でアメリカに報復し、これと匹敵するほど残虐な死と受苦をもたらしたという噂がひろがり、日本人生存者はそれを聞いて満足した、と報じられた。政府とメディアは当然にも新兵器を、野蛮で悪魔のような敵の性格をあかすものだと非難した。九月はじめ、占領の検閲が課せられる前に、『朝日新聞』は、広島の生存者の目にあきらかに浮かぶアメリカ人への憎しみについて、いきいきとした記事を掲載した。占領期におきた世に知られない無数の個人的悲劇のひとつだが、米軍にくわわったある日系二世の兵士がのちに、両親の出身地広島に親戚を訪ねたところ、人々からアメリカの「殺人者」への敵意をむきだしにされたことに心が千々に乱れ、東京にもどって兵舎で自殺するということもあった。[5]

だが、おそらく驚くべきことだが、すくなくともざっと見るかぎり、その後の数週間、数カ月、数年間にわたって、アメリカ人にたいする憎しみは、支配的な感情ではなかった。原爆の破壊性があまりに畏怖すべきものだったので、多くの日本人ははじめそれを、痛ましい負け戦そのものと同じく、ほとんど自然災害であるかのようにみなしたのだった。やがて災厄の人為性が十分に理解されるにつれ、人々の目を釘づけにしたのは、科学と技術が突如として、それまでは想像もできなかった次元に跳躍していたことへの認識だった。そうした態度はまもなく、爆撃された二つの都市自体においてすら、人目をひくようになった(アメリカはまだ用心深く、英豪軍に、広島地方の占領行政を監督する任務を割りあてていたが)。復興という差しせまった課題、そしてたんに日々を生き延びるという困難に直面して、すぐに憤怒が霧散した敗戦国日本じゅうで、たしかにそれは、広くいきわたった現象だった。

日本人はおよそ数日のうちに、新兵器が核爆弾であることを突きとめた。日本人の科学者たちも真珠湾後、そうした兵器の開発の可能性を調べたが、技術的には実行可能であっても、実務的には今後数十年にわたって不可能だと結論づけた。[6] ニールス・ボーアのもとで学んだ著名な物理学者で、戦時における核分裂の軍事応用研究を統括してきた仁科芳雄は、攻撃の直後に広島に派遣され、彼らがくだした長期的な見通しが甘かったことをただちに理解した(仁科は一九五一年にガンで亡くなったが、彼の病気は広島の残留放射物による被曝の結果だと、世間では信じられている)。

日本が降伏した八月一五日までには、まったく新しい次元の兵器が二つの都市を破壊したことが、日本じゅうにひろく知れわたった。天皇自身、ポツダム宣言受諾の日におこなった慎重かつ自己宣伝的な声明のなかで、注意ぶかくつぎのように強調した。「敵ハ新《あらた》ニ残虐ナル爆弾ヲ使用シテ頻《しきり》ニ無辜《むこ》ヲ殺傷シ」と天皇は臣民に告げ、さらにこうつづけた。「惨害ノ及フ所真ニ測ルヘカラサルニ至ル而《しか》モ尚《なお》交戦ヲ継続セムカ終《つい》ニ我カ民族ノ滅亡ヲ招来スルノミナラス延《ひい》テ人類ノ文明ヲモ破却スヘシ」(7)。日本の降伏は、その公式の帝国的な表現においてはこうして、絶滅の可能性から人類そのものを救う雅量のある行為となったのである。

八月末に米占領軍の分遣隊が実際に日本に到着するときまでに、敗戦と無条件降伏にたいする人々の反応は、政治的に複雑な形状をとりはじめるようになっていた。原爆はすぐに、アメリカの物質的な実力と、科学的な智勇の象徴となり、それが物質面での日本の相対的なおくれをあまりに際だたせたために、いっそう衝撃的なものになった。アメリカが原爆を完成しつつあるときに、日本の軍国主義政府は、天皇の忠誠な臣民に、祖国を守るため竹槍を手に、死ぬまで戦うよう熱心に勧めていた。降伏の一年後、有名な諷刺漫画家の加藤悦郎は、占領の最初の一年間を年代記風にとどめる図版小冊子の巻頭に、この二分法を見事にえがきだした。八月一五日に、疲れきって地上に横たわる男女のかたわらには、火消しバケツが投げすてられており、二人が原爆にたいして竹槍と、ちっぽけなバケツで立ちむかうばからしさを想う、という諷刺画だった(8)。

竹槍に原爆を対置する加藤の並列図法は、当時ひろがっていた爆発しそうな政治感情をとらえていた。要するに、こういうことだ。日本のイデオローグや軍部の代弁者たちは人々をあざむき、とほうもなくすぐれたアメリカを相手に、日本を絶望的な戦争へとみちびいた。個人的にみれば、彼らはあきらかに愚か者だった(こうして、東京裁判のショーケースに気をもむ日本人は、さほど多くなかった)。より一般に、日本人はその後の軍部の訴えや軍事解決を、すっかり信用できなくなったのである(こうして、もとはアメリカ人の手で草案がつくられた一九四七年の日本の新憲法の「非戦(no-war)条項」は、ふつうの日本人から強固な支持をえた(9))。戦後の日本政治にあれほど大きな影響力をもった大衆の反軍感情の起源は、そうした理屈ぬきの直感にあったのである。「十五年戦争」は概して、日本にとって破壊的だった。一九三一年の満州事変から四五年の日本の降伏まで、三〇〇万人近い日本人の陸海兵、市民が殺され、広島と長崎をふくむ総計で六六の都市が爆撃された。つまるところ、悲惨と屈辱だけが、いわゆる「聖戦」の目ぼしい遺産だった。[10] 原爆はただちに、この悲劇的な愚かしさを例証することになった。

勝者のアメリカ人が日本に到着するまでに、すでに原爆のまわりには、こうしてさまざまに複雑でシンボリックなものが響きわたっていた。祖国に想像もできない破壊性をもたらした戦争の恐怖が、その一側面だった。日本自身の立ちおくれが別の側面であり、科学のはかりしれない潜在力というのも、またちがった側面だった。日本人はこの文脈では「科学」について否定的な解釈をしなかった。それとは反対に、科学と技術の不足を敗戦の明白な理由だと考え、科学と技術を、すぐに役だてうる祖国再建の手段として選びだしたのだった。

日本の降伏から、九月なかばにアメリカが検閲を課すまでのあいだ、科学を推しすすめる緊急の必要性について、政府やマスコミが語る声明を目にしない日は、ほとんどなかった。八月一六日、首相に指名されてから初の放送で、東久邇宮稔彦王は、「科学と技術」が、戦争における日本の最大の欠点だったと宣言した。翌日、辞任にあたって文部大臣は、学徒たちの戦時の努力をねぎらい、日本の「科学力、精神力」を、可能な最高レベルにまで引きあげることに専念するよううながした。八月一九日にマスコミは、新文部大臣・前田多門のもとで、戦後の学校制度は「基礎科学を重視」すると報じた。八月二〇日付け『朝日新聞』の記事は、「われらは敵の科学に敗れた」と無遠慮に宣言し、「この事実は広島市に投下された一個の原子爆弾によつて証明される」とのべた。記事には「科学立国へ」という見出しがついていた。[11] つづく数年間、科学教育を充実させることが、ずっと日本の最優先の順位にあった。

どこでも同じことだが、原爆はこうして日本でも、前うしろに二つの顔をもつヤヌス神になった。核戦争の恐怖の象徴であると同時に、科学へのあかるい見こみともなったのである。しかしほかの国以上に日本では、核爆弾や無条件降伏、そしてのちの平和主義の新憲法といった特有の条件が戦後の環境をつくりだし、そこでは「科学国家の建設」が、ほぼ変わることなく、非軍事の追求をとおして維持される「平和」への感情的な強調と一対になったのである。経済的には、この展開の長期にわたる結果は、めざましいものだった。一九八〇年代までに日本が経済的な超大国として台頭したのは、かなりの部分、降伏後に才能ある日本の科学者、会社員、官僚の圧倒的多数が、科学の民間応用の向上に専念したという事実に由来している。多くの科学者や技術者が兵器関連の研究に、もっとも心地よい課題と潤沢な資金を見いだすアメリカとはちがって、日本ではそうした仕事は社会的な汚名《スティグマ》を意味した。[12]

広島／長崎の悲劇と「科学立国」へのあかるい見こみを、ただちに楽観をもって結びつけたことは、たんに科学と技術を物的に推しすすめる以上の効果をもたらした。科学それ自体が、より「合理的」な思考様式一般の発展と同等視されるようになったのである。日本社会すべてをとおして、敗戦にいたる破滅的な愚行は、批評意識と「構想力」の弱さのせいとされた。この見かたからすると、戦後日本において科学振興と民主主義の促進を結びつけるようになるまでは、ごく短いだけでなく、重要な一歩ともなった。科学はただ、真に自由な研究と表現を奨励する「合理的」な環境のもとでのみ進歩できるという理由からである。このようにして、うわべは敗戦にたいする科学技術的な反応のようにみえたものが、そのなかに、帝国国家の足かせを投げすて、進歩的な改革をはじめるにあたって、おおいに寄与する政治的な論理をはらむようになった。[13]

同時に、核の惨害と無条件降伏の精神的外傷はまた、長いあいだつづいてきた日本に特有の脆弱性と被害の意識を強めることにもなった。原爆が戦争の悲劇的愚かしさを象徴するようになるにつれ、さきの戦争そのものが、根本的に日本人の悲劇と受けとめられるようになった。広島と長崎は、日本人の受苦の聖像《イコン》となった。それは日本人の戦争の記憶を、日本でおきたことだけに固定し、同時に日本人が他者にあたえた加害の記憶を覆いかくすことができるような、非を認めない国の財宝のようなものになった。広島と長崎を思いおこすことは、南京やバターン、泰緬鉄道、マニラなど、これらの地名が日本人以外の人にとって意味する無数の日本人の残虐行為を、たやすく忘れさる方法になったのである。

「被害者意識」は戦後と現代の日本において人気のある婉曲語法であり、この意識において原爆は中心を占めている。この見かたからすれば、核による犠牲は、戦後の日本に、新しいかたちの民族主義をうみだしたことが観察されよう。それは複雑な方法で反軍国主義、あるいは政治的左派につらなる個人や集団から長く信奉された「一国平和主義」とすら共存する、新たな民族主義である。

だがそうした考察は、被爆者自身の運命を忘れることにつながる。実際、当時のアメリカ人と日本人は、喜んでこれらの被害者を無視した。被爆した二つの都市にかんするアメリカの公式報告は、物的損害を強調し、人々の死傷や受苦を最小に見つもる傾向があった。放射線による病気のおそるべき結果について、先見の明のある初期のジャーナリスティックな報告は、米占領当局に否定されるか、抑えつけられた。日本人の撮影フィルムは没収された。死者数の見つもりは控えめだった。

広島や長崎から自由に報道することを禁じるアメリカの政策は、オーストラリアのジャーナリストであるウィルフレッド・バーチェットを巻きこむ有名な事件をとおして、早い時期にあきらかにされた。バーチェットは九月はじめに広島を訪ね、「原子力の疫病」の被害者をなまなましく描く記事をロンドンの『デイリー・エクスプレス』紙に送ることに成功した。これが放射線の致命的な効果にかんする最初の西側の記事となり、占領当局者はただちにバーチェットが報じた内容への攻撃を開始した。彼は一時的に記者許可証を剝奪され、広島の被曝状況を写した現像前のフィルムが入ったカメラを押収され、それは不可解なことに「消滅」した。これに相当するアメリカ人記者による長崎の初期の記事は、ダグラス・マッカーサー元帥の報道本部で許可されず、それ以後、外部世界への報道は、『ニューヨーク・タイムズ』紙の科学記者ウィリアム・ローレンスのような、独りよがりで当局から公認された代弁者をとおして、注意ぶかく統制された。[14] 八月から一二月にかけ、三〇人の日本人撮影班が二つの都市で撮ったおよそ一万一〇〇〇フィートのフィルムは、一九四六年二月、米当局に没収され、二〇年後の一九六六年まで日本に返還されなかった。[15]

原爆による死者の正確な評価見つもりも、長いあいだ入手がむずかしかった。一九四六年六月、名高いアメリカ戦略爆撃調査団は、広島での死者数をだいたい七万から八万人、長崎での死者数を三万五〇〇〇人から四万人とした。それ自体控えめな数字で、一九四六年なかばまでの原爆関連死を計算に入れることにあきらかに失敗しているにもかかわらず、こうした数字は信頼できる見つもりとして、その後の原爆にかんする論評でも長くつかわれることになった。例によって政治的な理由から、一九四六年以降、米政府も日本政府も初期の見つもりを見なおそうとしたり、その後も引きつづく被爆者の死の総計に関心を呼びおこしたりすることもなかった。二つの都市の原爆投下による直接あるいは長期にわたる死者数は、二〇万人を十分に上まわることが、いまやあきらかだ。たぶん広島はおよそ一四万人、長崎は七万五〇〇〇人で、その死の大部分は原爆投下時か、その後まもない時期に生じた。他の見つもりでは、それより、かなり高いものもある。[†16]

報道で汚点を消しさることや、人々のその後の体験をとったフィルムを抑えこむこと、さらには真の死者数を軽視することをこえて、さらなる犠牲者への無視があった。驚くほどのことではないが、アメリカは原爆を生き延びた人々にたいし、いかなる援助もしなかった。ほかの考慮もあったが、そうすれば、原爆を使用したことを不適切だったとみとめると、解釈される可能性があったからだ。原爆犠牲者に援助をすれば、通常兵器の焼夷弾爆撃による犠牲者が、補償や特別のあつかいを求めることに扉をひらくことになるかもしれなかった。一九四七年はじめ、米政府によって日本におかれた有名な原爆傷害調査委員会(Atomic Bomb Casualty Commission 略称ABCC)は、もっぱら長期的な原爆による生物学的な効果について、科学データを集めることを目的に設けられた。それが公正かどうかは別にせよ、ABCCは多くの日本人から、広島・長崎の被爆者住民を、たんなる実験対象、二度めのモルモットとしてしかあつかわないという目でみられるようになった。[17]

おそらく、さらに驚くべきことに、日本政府が原爆犠牲者に特別の援助をはじめたのは、ようやく一九五二年に占領がおわってからだった。広島と長崎の惨状のさなかに、現地の医療はおもに地元の資源に頼るしかなかったが、その資源を提供した地方自治体は、ほとんど全滅に近かったのだ。無神経にも被害者を無視するというこの初期の歴史の遺産のひとつは、そうしていなければ避けられたほど、犠牲者の特定と、原爆被害の定量化をうたがわしいものにしたことだった。[18]

地元においては、大惨事による未曽有の被害や、政府による大規模な救援がなかったというばかりでなく、その精神的外傷をもたらす体験をともにわかちあうことを許されなかったという事実によって、苦痛はいっそう、ひどいものになった。地元におけるアメリカの検閲は、最も非人道的なものだった。ほとんど例外なく、原爆を生き延びた人々は、おおやけの前で悲嘆にくれることも、書かれた言葉でその体験をわかちあうことも、公共の相談や支援をうけることもなかった。たとえば大勢の人々と死別したり、激しく損傷した体や、グロテスクなほど長びく死に向きあったりしたことで生じる心理的麻痺や生存者の罪責感情など、われわれがいま原爆と関連づけて考える心理的なトラウマを、被爆者がひらかれたメディアの場で発言することは不可能だった。生存者とともに働く医療研究者が、ほかの医師や科学者が被爆者を治療する役にたつよう、発見したことをまとめて出版することもできなかった。米占領当局が、生存者による個人的な記録の出版にかんする制限をゆるめはじめたのは、原爆投下から三年以上もたってのことだった。そして日本のさまざまな学会が原爆の損傷について自由に、公然と、独立した調査をできるようになったのは、一九五二年二月、占領終結のわずか二カ月前、広島と長崎の住民が爆撃され被曝してから六年半もがすぎてのことだった。[19]

アメリカがもたらした被爆者の孤立は、日本社会のなかでの村八分《オストラシズム》によって、さらにひどいものになった。というのも、原爆はもちろん、被害者に徴《スティグマ》(しるし)を残したからだ。ある人は外観を傷つけられた。別の人は緩慢な死にゆだねられた。ある人は、あの運命を決した夏の日々に、子宮内で発育障害になった。ほかのほとんどの日本人(戦場からの生還者や通常兵器の焼夷弾で生き延びた人々もふくむ)が戦後に立ちかえった、いわゆる現実の世界に、被爆者の多くは、うまく対応できなかった。はじめはこうしたすべてが、彼らの血によって原爆の呪いを次世代につたえると思われていた。新しい日本において、被爆者は歓迎される同胞ではなかった。肉体的とはいわないまでも心理的に、ゆがめられた彼らは、みじめな過去を思いおこさせた。被曝による遺伝への影響がわからなかったため、被爆者はきまって結婚の対象から遠ざけられた。大多数の日本人は、日々生き延びるたたかいに必死で、被爆者を思わずにいても平気だった。それは日本政府も同じで、一九五三年一一月まで、被爆者の調査をおこなう自前の調査協議会すら設けることをしなかった。[20][*1]

時間がこれほど奇妙にねじまげられた環境のもとで、日本人が全体として、原爆が人にもたらす結果を、ほんとうに具体的に、いきいきと視覚化することをはじめたのは、広島と長崎が破壊されてようやく三、四年がたってからのことだった。占領下の日本で最初にあらわれた犠牲者の視覚表現は写真ではなく、爆弾投下の報道を聞くやいなや、親族のいる広島に大急ぎで駆けつけた丸木位里《いり》、丸木俊という芸術家夫妻による素描と絵画だった。丸木夫妻は一九五〇年に「ピカドン」と題した広島の白黒による素描小冊子を刊行した(ピカドンは、原爆の目のくらむような閃光と、それにつづく爆風を特別にさす婉曲語法である)。一九五〇年と一九五一年に、夫婦は

「幽霊」「火」「水」「虹」「少年少女」と題した五点の被爆者の大壁画を展示することを許された。あとになってわかるように、これがアジアにおける第二次世界大戦を、人間の次元で表現する、一生をかけての夫妻の共同制作のはじまりとなった。(21)

あとで丸木夫妻が回顧したように、彼らが広島をえがこうとしはじめたのは、二人がただ広島で目撃したことに取りつかれていたというだけでなく、もし彼らが紙に画筆をふるわなければ、このできごとについて日本人が目にする視覚的な証言が永遠に失われると信じていたからだった。広島と長崎の原爆の結果を撮影した写真は一九五二年春、占領がおわってのちにはじめて全国的に出版されたが、占領政策はそうしたネガや焼きつけ写真を所有することすら禁じたために、出版のために日本側の写真をつかうことができなくなった可能性もあったのである。

活字メディアにおいては、一九四八年おそくに検閲がゆるめられ、被爆者による回想や詩、随想、小説の出版にとうとう道がひらかれた。この分野でちょっとした出版ブームに火をつけたのは、放射線病で死の床についていた長崎の男やもめの若い父親、永井隆が書いた驚くべき感情のほとばしりをつづった手記だった。皮肉にも、永井は放射線医学を専門とする医療研究者であり、敬虔なカソリック教徒だった。彼の妻は長崎原爆の爆風で即死した。彼は幼い息子と娘とともに長崎の廃墟のあばら屋で暮らし、彼が住む都市の運命の意味に思いをめぐらし、死が彼をとらえるまで、猛りたつように書きつづけた(その死は一九五一年五月一日で、白血病による心不全だった)。長くつづく死にいたる苦しみに耐えた永井は並はずれてカリスマ的であり、一九六〇年代なかばに広島県生まれの名高い年輩の作家、井伏鱒二が『黒い雨』を出版するまで、原爆にかんするどのような作家も打ち勝つことができないほど、人々の想像力を虜《とりこ》にした。

核によるホロコーストについて永井の解釈は、黙示録的なほどにキリスト教徒らしかった。[*2] 原爆は神の摂理の一部だった。それはまた、受苦と死という神聖な行為であり、それによって罪があがなわれる、というものだった。そして彼の見かたでは、この二発めで最後となった核爆弾が、長いキリスト教の伝統をもつ長崎に落ち、まさに浦上天主堂の真上で爆発したことは、偶発的なできごとではなかった。永井はとくに熱情的な文章でこう書いている。「世界大戦争という人類の罪悪の償いとして、日本唯一の聖地浦上が犠牲の祭壇に屠られ燃やさるべき潔き羔《こひつじ》として選ばれたのではないでしょうか」。

列をなして永井の著作を買いもとめた人や、彼に手紙を書いた大勢の人、さらに病床にまで巡礼に出かけた人々が、基本的に彼のキリスト教信仰に心を動かされたという証拠はない。より明白なのは、彼の勇気、彼の運命を理解しようとする煩悶、彼がまもなく孤児として残す二人の子どもへの情念に、人々が心を動かされたということだった。そして救世主的なキリスト教神学による考えとはいえ、日本は世界の贖罪《しょくざい》のために、比類のない受苦を耐えしのぶよう神の力で選ばれたという永井の説教は、あきらかに日本人の心の琴線にふれたのだった。新憲法のもとで正式に「日本国の象徴であり、日本国民統合の象徴」へと装《よそお》いをかえた裕仁天皇すら、一九四九年に永井の病床へと巡礼した(22)。

彼自身の言葉によると、永井は一九四五年のクリスマス・イブに、彼のもっとも有名な本『長崎の鐘』を着想し、一九四六年八月九日、彼の最愛の妻やキリスト教徒、数十人の病院の同僚たちの命を奪った長崎原爆一周年の日の前後に、草稿を完成させた。しかし本は一九四九年のはじめまで出版をみとめられず、これらの問題の取りあつかいに、当時の占領当局者は神経をとがらせつづけた。出版社は同じ表紙のもとで、永井の難解だが感動的な省察と、日本によるフィリピンでの残虐行為にかんする写真入りの長い読み物を合本するよう要請された。この合本は、原爆の使用は必要で正しかった、というアメリカの公式の立場を無意識のうちにくつがえすものだったゆえに、ひどく皮肉なものだった。つまり日本人の読者は、広島／長崎の原爆とマニラの大虐殺《レイプ》を対置したことから、アメリカと日本の残虐行為が等しいのだと示唆していることを、たやすく読みとれたのである。この粗野で露骨な干渉にもかかわらず、ともかくも『長崎の鐘』はベストセラーになったばかりでなく、まもなく大衆映画となり、同様によく知られた主題歌になった[23]。

永井の躍進は実質的に、一九四九年にはじまった被爆者による書籍、記事、詩歌、個人的な回想の出版に扉をひらいた[24]。占領がおわるまでに、原爆文学という独特のジャンルは、しばしば永井の場合のように、いきいきとした殉教の感覚と結びつけられ、人々の意識に焼きついた。一九五一年、広島における直接体験の古典的な記録のひとつである「夏の花」を完成して二年後に、原民喜[*3]は、東京の自宅近くの鉄道の踏み切りに身を横たえて自殺した。原爆を体験した詩人のなかで飛びぬけて尊敬されている峠三吉は、一九五一年、広島の被曝で悪化した慢性気管支の病気で入院をしているあいだに、並はずれた創造性を爆発させて、彼の詩のほとんどを書いた。峠は一九五三年三月、手術台のうえで没したが、傍らで日本共産党員の友人が鈴なりになって見まもり、一人の同胞が彼の『原爆詩集』の「序」を読みあげた。のちに広島平和記念公園の記念碑に彫られたこの「序」は、原爆に抗議する日本人の叫びとして、もっともよく知られる詩となった。

ちちをかえせ　ははをかえせ
としよりをかえせ
こどもをかえせ
わたしをかえせ　わたしにつながる
にんげんをかえせ

にんげんの　にんげんのよのあるかぎり
くずれぬへいわを
へいわをかえせ(25)

丸木夫妻の絵や、被爆者による著作や回想は、原爆について多くを物語っていた。そのうち、すぐに大半の日本人に知られるようになったのは、核絶滅にまつわる独特の言葉とイメージだった。現存するもののうち、文章的にも表現的にも、一九四五年八月六日と九日の経験にもっとも近いのは、仏教の地獄の恐怖をえがいた中世の書物や巻物だろう。「地獄のようだった」とか、「地獄さえ、これほどひどくない」という言いまわしは、回想にあたって、生存者がもっともふつうに繰りかえす言葉だった。一九四五年八月二三日、勝者アメリカが到着する一週間前におおやけにされた原爆の影響にかんする日本の最初の詳細な調査は、広島と長崎を「生ける地獄(living hell)」と表現した。(26) 丸木夫妻の絵で広島の男、女、子どもたちを焼きつくす火炎は、中世の絵師たちが黄泉《よみ》の国の炎を表現したのと同じ手法でえがかれた。そしてまさに、丸木夫妻の原爆犠牲者の絵にえがかれた、手足をもがれた裸の人々の真の先例は、そうした仏教の地獄の巻物に登場する苦しむ罪人たちだけだった。何年もあと、被爆者による素描集のタイトルを選ぶにあたって、日本の公共放送網は、ごく自然に「忘れられない劫火」と名づけた。(27)*4

丸木夫妻の最初の墨絵で、荒涼とした壁画の主題となった「幽霊の行列」は、両腕を前に伸ばし、皮膚がそこからはがれ落ち、裸のまま呆然として歩く傷ついた被害者をえがき、原爆体験の永続するもうひとつのイメージをとらえていた。この場合に核の真実性は、日本における幽霊や食屍鬼《しょくしき》*5の伝統表現と共鳴しており、そうした幽霊たちもまた、ぞっとするほどゆっくり動き、彼らの前方に両手を伸ばしているのだった(多くの原爆生存者は、くらむような原爆の閃光から目をふせごうとして両腕を激しく焼かれた。痛みがやわらぐという理由から、彼らはほとんどいつも両腕を前に伸ばし、手のひらを下にして歩いた)。

グロテスクなまでに一変する優しいイメージもまた、核の災厄の忘れられないイメージとしてあらわれた。たとえば水は、いくつかのかたちで中心的なこだわりの対象となった。まず、犠牲者が感じた、焼きつくような渇きだ(犠牲者が語った最期の言葉としてもっともしばしば聞かれたのは、「水を、ください」だった)。そして、そうした嘆願にこたえなかったことからくる生存者の永続する罪責の体験だ(日本人は一般に、負傷した人には水をあたえないよう教えられていた)。そして、美しい瀬戸内海にそそぎこむ広島の七つの大きな川のすべてが、原爆が落ちたときに、遺体の山にふさがれた(人々は火炎から逃れるために水に飛びこみ、溺死するか、負傷したためにそこで亡くなった)。

原爆投下後に降った黒い雨は、快晴の日の雰囲気を一変させた。不吉な降雨は、肌や衣服にしみをつけ、やがて新兵器による前例のない後遺症の、消えることのない比喩となった。それに続くＡＢＣＣの調査では、黒い雨と広島・長崎における放射性降下物とのあいだに致死性の結びつきはないとされたが、一般の人々の意識においてその雨は、原爆を生き延びたかにみえる数千の人々の命を、まもなく奪いとったおそるべき放射線病と関連づけられるようになった。数時間後、あるいは数日後に彼らは発熱、むかつき、嘔吐、異常な渇き、さらに時として痙攣や精神錯乱を体験した。原爆投下後の二週めから、あきらかに生き延びたはずの人々は、唾や尿便に血が混じり、体には打ち身のようなしみ(紫斑病)があらわれ、髪がごっそりと抜けおちた。当時は、そうしたグロテスクなものごとが何の前兆なのか、だれも知らなかった。八月二三日におおやけにされた日本政府の報告は、いま、われわれが放射線病と呼ぶものを「悪霊」と表現することで、地元の恐怖を表現した[28]。

伝統的には慈悲のシンボルだった別のイメージも、魔法のように一変した。愛と生命の普遍的な聖像《イコン》である母と嬰児は、断ちきられた「生命の絆」の象徴におきかえられた。母親たちは死んだ赤子に授乳しようとし、子どもは死んだ母親の乳房から乳を飲もうとした(一三世紀はじめの『方丈記』のような中世の古典は、仏教の終末や、仏道の末日を意味する「末法」の証拠として、こうした打ち砕かれたイメージを提供している)。奇怪な図像は、一九四五年八月には、ありふれたものになった。隣人にも愛する人にも、もちろん見わけがつかないほど、ひどく傷ついた人々。手のなかに自分の眼球をもった男。羽根が焼かれて失われ、ぴょんぴょん跳ねる鳥たち。生きたまま燃えあがる馬。ガラスであれ、梯子《はしご》であれ人間であれ、それまで影をつくっていたものが消えさり、焼けこげた壁にそこだけ永遠に焼きつけられた白い影の数々。黒い彫像のように立ちつくす人。カリカリになるまで焼かれ、しかし、みたところは最後の活力にみちた行為を姿勢にとどめたままの人。足だけが直立したまま、体のない人。髪の毛が逆だったままの生存者や遺体。生きる者の傷口にたかる蛆《うじ》。

広島と長崎を目撃した人々が、おそまきながら自らの体験を語りはじめたとき、こうしたことすべて、いやそれ以上にもっと多くのことが、ほとんどの日本人には、なじみのことになった。

広島と長崎でおきたこうした人間の悲劇に、日本人が深くむきあう最初の機会がおくれたことは、予期しない結果をもたらした。たとえば、検閲は一九四八年一二月、東京裁判がおわるのとほぼ同時に解除がはじまった。日本人に戦時の罪の非道さを印象づけるために、連合国が長々とつづけた裁判による宣伝の極点が、こうして、アメリカが引きおこした核の惨状について、多くの日本人がはじめてそのくわしい個人の描写に出会う時期とかさなった。日本の元指導者が戦争犯罪で有罪となり、死刑判決をうけ、絞首刑になる一方で、日本の大衆は同時に、はじめて広島と長崎の詳細を学びはじめた。多くの日本人にとって、同じくらい道徳に反するものが、そこにはあるようにみえた。

より大きな政治的な結果は、アメリカ人や他の非占領地の人々よりも三年かそれ以上おくれて、日本人が、真に核戦争の恐怖に直面したことだった。中国では共産党が勝利し、ソ連は最初の核実験をおこない、アメリカでのヒステリーは、予防戦争や先制攻撃という論法を呼びおこすまで高まった。そして占領下の日本と沖縄の滑走路はいたるところで、米軍の最大の爆撃機が飛びたてるように延長され、まもなく、朝鮮で戦争がはじまった。事実上、日本は原爆と、冷戦のもっとも熾烈で険悪な時期に、同時に直面したのだった。そのうえ、核兵器が人にどんな結果をもたらすかについて、日本人の心底からの懸念の度合いは、大きなキノコ雲や、破壊された都市の景観、抽象的な「死傷者」のあいまいな数字といった、ふつうのアメリカ人の皮相な印象よりも、ずっと深いものだった。

ジョン・ハーシーの古典的な作品『ヒロシマ』[*6]がアメリカと日本にあたえた衝撃は、この常軌を逸した「時の崩壊」から派生したささやかな一例として、取りあげることができるだろう。広島原爆の六人の犠牲者を簡潔にえがいた彼の文章は、一九四六年にはじめて出版されたとき、アメリカ人をうちのめした。彼の作品はもともと、洗練された『ニューヨーカー』誌のために書かれ、アメリカ人大衆のうち、どちらかといえば上層の一部にだけ読まれた。さらに一九四九年までに、反共主義のヒステリーが米メディアを占領すると、その本のはじめの衝撃は失われた。このときまでには、彼の名作はアメリカ人の心には目だった影響力をもたなくなった。他方、『ヒロシマ』の日本語への翻訳は、占領当局による検閲がおわる一九四九年まで許可されなかった。その翻訳は、ハーシーの記事がアメリカで最初に掲載されてから四年後の一九五〇年にベストセラーとなり、冷戦における米軍事政策に積極的に反対する日本の大衆の感情を強めることになった。

一九四九年から五〇年代なかばにかけ、日本の「平和運動」がかたちづくられたのは、こうした文脈においてだった。古い戦争を思いおこし、再現しはじめた時期に、一九五〇年七月以降の日本の再軍備や、五二年四月にはじまった主権国家日本における期限を定めない米軍基地の維持など、新しい冷戦の現実に向きあう時期がかさなった。より中立的な日本の立場に大衆の支持を集めようとして、自由主義者と左派の知識人はかの有名な「平和問題談話会」を発足させ、ほんの前にすぎたばかりの戦争で日本人が個人的に体験したこと、本質的には日本人の犠牲者意識に訴えることによって、平和主義を推しすすめる方針を打ちだした。

この自由主義者と左翼の議論によれば、国際主義者の平和意識は、ちょうど同心円のつらなりの一番外側にある円と似ていた。そうした意識を高めるには、人はまず中心で、さきの戦争の心からの受苦の体験をかみしめることからはじめ、この厭戦《えんせん》を、外側にむけてはじめは全国、最後には国際的な眺望にまでひろげるように励まねばならない、とされた。原爆文学はこれに寄与した。これをおぎなうように、戦争で苦しんだ他の日本人の経験を呼びおこす出版の流行も、この動きに貢献した。ここで際だったのは、戦死した学徒たちの戦時の書簡集だった。一口でいえば、左派においてすら被害者意識は、平和主義者、最終的には国際主義者の意識にいたる本質的な核心だとみられていた㉙。

一九五〇年代はじめまでに、日本では核による第三次世界大戦へのおそれがほとんど明瞭なまでになった。一九五〇年一一月、トルーマン大統領が朝鮮戦争で核兵器をつかうと脅したことが、こうした恐怖をたきつけ、隣国の戦場で停戦が決められたあとですら、大多数の日本人は、超大国の米ソが引きつづきおこなった核、さらには水爆にまでひろがった実験に不安を感じつづけた。一九五四年三月一日、「第五福竜丸」という縁起のいい名前とは裏腹に、一隻の日本の漁船の乗組員が、アメリカによるビキニ環礁での核融合爆弾(水爆)の実験で生じた放射性降下物に被曝したとき、大衆は現実のものになった第二波の核による犠牲の予感に、激しい感情をぶつけることになった(ついには一人の漁民が、「死の灰」に被曝したことで亡くなった)。

たとえば一九五四年五月に、日本人主婦たちによってはじめられた原水爆禁止の運動は、すぐに三〇〇〇万人という驚くべき賛同の署名を集めた[30]。一九五四年一一月、この騒々しい時期にはまた、核爆発からうまれた突然変異のＳＦ怪獣で、日本が世界の映画界に不朽の貢献をすることになる『ゴジラ』が誕生した。シリアスな映画の分野では、黒澤明監督が、一九五四年に製作して大成功をおさめた『七人の侍』につづき、一九五五年に、核による絶滅への恐怖が、ひとりの老いた男を狂気に駆りたてるという、ほとんど不条理な映画作品『生きものの記録』を製作した。

これが一九五五年、広島平和記念資料館と平和記念公園が設けられ、原水爆に反対する最初の国民連合（原水爆禁止日本協議会）が設立された背景だった。原水協の進展は一時、反核運動を結集させたが、同時に運動を、気むずかしい政治のプロやイデオローグの手にゆだねることになった[31]。その結果、これにつづく数十年間、広島と長崎にかんする大衆の記憶は、何度も再生のサイクルをくりかえすという特徴をもつようになった。あるいは、別のいいかたをすれば、個人や草の根の運動が、原爆の記憶の儀式化や、はなはだしい原爆の政治化に抗《あらが》って、ふたたび被爆に人間味をあたえるというサイクルを何度も経験することになった。プロの平和活動家が、社会主義国の核兵器にたいし、資本主義国の核と同様に反対すべきかどうかをめぐって争い、公式の反核式典で主催者が、演壇の発言者の順番をめぐって交渉している一方で、ある種の作家や芸術家、プロジェクトは原爆の人間的な損失に新たな展望をあたえることに成功した。

たとえば一九六三年から、天分に恵まれた若い作家大江健三郎は、年一回の広島の平和式典の報告をつかって、平和公園に漂う「激しい政治の匂い」を批判し、原爆の遺産とともに生き、後遺症で亡くなったふつうの市民のなかに、「真の広島」を再発見するよう説いた[32]。ヒロシマ原爆生存者の日記と、およそ五〇人のインタビューを下敷きに、放射線病による死を見事に小説に再構築した井伏鱒二の『黒い雨』は、一九六五年から一九六六年にかけて連載され、それ以後、単行本化されロングセラーとなった。井伏自身も一八九八年に広島県に生まれ、ごくふつうの生活にひそむリズムや行事を呼びおこすその語りくちは、核破壊の恐怖における人間的な次元を、そのはかりしれない尊厳とともに復元した。(33)

一九七〇年代はじめ、広島の原爆投下時に七歳だった子どもむけ出版の漫画家、中沢啓治は、家族を失い、自らも原爆を生きのびた経験をもとにした漫画連載で、考えられないような成功をおさめた。『はだしのゲン』は二〇〇万部以上の発行部数をもつ少年雑誌に連載され、連載が打ち切られるまでおよそ一〇〇〇ページの分量にたっし、その後もアニメーション映画と、数巻の単行本になって読みつがれた。(34)これとはまったくちがった大衆の描写として、一九七〇年代に日本の公共放送は、被爆者による画像表現を募集し、生存者の記憶にいまだに熾《おき》火《び》となって燃える場面の数千の素描や絵画が集まった。こうしたきわめて個人的なイメージはテレビ番組の素材となり、巡回展や単行本にもなった。(35)

時がたつにつれ、広島と長崎にかんする人々の認識は、予測可能でも、予測不可能でもありうるようなしかたで変わっていった。骨身をおしまない人口統計の復元作業をとおして(全家族、全界隈、そしてそのすべての記録が影もかたちもなく抹消されてしまったので、とてつもない作業になった)、核による死者の、より高い見つもりが、一般にも受けいれられるようになった。そして移ろう歳月とともに、生存者のあいだにみられる白血病、甲状腺ガン、乳ガン、肺ガン、胃ガン、悪性リンパ腫、唾液腺腫瘍、血液学的疾患、白内障の高い発症例から、原爆の医学的な「晩発効果」があきらかになった。

永続する原爆の社会的、心理的な遺産に、周囲の感受性がすぐに追いつかず、時機を失してしまったことから、核の犠牲にかんする辞書には、新しい婉曲語法がつけくわえられることになった。人は永井隆があとに残した子どもたちを「原爆孤児」とよぶだけでなく、ふつうであれば老齢の身をささえてくれたはずの子どもを奪われたお年寄りを指して「原爆孤老」とよぶようにもなった。被曝で白血病になった生存者が心に「精神の白血病」という割り印をもったのとちょうど同じく、ケロイドという、外観を損ねるつらい傷あとは、「心のケロイド」という精神的な割り印をもつといわれた。地元の残酷な日常会話では、子宮内で被曝したために精神遅滞で生まれた子どもたちは、原爆の眼のくらむ閃光をさす言葉を意味して「ピカッ子ちゃん」とよばれた。[36]

こうした新たな情報や認識は、広島と長崎にかんする大衆の記憶にいつもつきしたがう被害者意識に、よりはっきりと具体性をあたえた。しかし同時に、日本が核の犠牲にこだわることは、意外なほどに危ういことがわかった。というのも、日本人が広島と長崎についてくわしく調べるにつれ、日本人だけでなく、もっと多くの国籍の人々が殺されたことがあきらかになったからである。広島県は、アメリカに移民を送りだした主要な地域のひとつだった。真珠湾攻撃後、一時的に日本にむかった多くの日系アメリカ人二世が、そこで行き場をうしなった。そして原爆投下時に、およそ三二〇〇人が広島にいただろうと見つもられている。もしそれがほんとうなら、全体の死傷率から推定して、すくなくとも一〇〇〇人のアメリカ市民が、広島原爆で死んだ蓋然性が高い。[37]

こうした広島でのアメリカ人の死は、日本においては少しも関心事ではなかった(ほとんどのアメリカ人にとっても、人種上の日本人の犠牲は無視してよいことだった)が、一九七〇年代はじめまでに、日本人は犠牲者の問題にかんして、もっとやっかいな問題に向きあうことになった。そのときまでに、広島と長崎で数千人の韓国・朝鮮人が死んだことがあきらかになったのだった。戦時中、日本の植民地だった朝鮮半島は、広く徴募され、手ひどく虐待された労働者を日本に送りだす供給源だった。おそまきながらの推定では、広島で五〇〇〇から八〇〇〇人、長崎では一五〇〇人から二〇〇〇人が殺されたとみられる。[38] そうした労働者は、実際、日本人に搾取され、アメリカ人によって焼き殺されたという意味で、二重の犠牲者であった。それはすなわち、日本人は犠牲者であると同時に迫害者でもあったことが暴露されたということだ。話が解きほぐされるにつれ、核のホロコーストの直後にも、韓国・朝鮮人の生存者は、医療をうけたり、火葬や土葬をしたりすることですら、まさに差別をされていたことがあきらかになった。

この迫害と責任の複雑さについて、ごく少数の日本人が大きな教訓を汲みとった。たとえば、原爆による日本人の被害をはじめて共作にえがいてから二〇年以上たった一九七二年に、丸木夫妻は、韓国・朝鮮人の死体の山に腐肉をあさる黒い鳥の群れが舞いおりて、眼球をついばむ場面をえがいた「からす」という題の荒涼とした壁画を展示した。しかし広島平和記念公園自体においても、記憶の守護者たちはいまのところ、韓国人原爆犠牲者慰霊碑が、公園内の中心的な、神聖な土地を侵犯しないようにすることに成功している。[*7] 平和公園においてすら、日本人は無意識のうちに、彼ら自身が犠牲者であり、また迫害者であることをあらわにしている。

こうした緊張(人種や民族の偏見や、犠牲者であり迫害者でもあるという二重のアイデンティティの緊張)は、日本ではけっして完全には解決されることがないだろう。しかし一九七〇年代以降、こうしたことは、より透明化され、大っぴらに議論されるようになった。たとえば七〇年代はじめの原爆による韓国・朝鮮人の犠牲の認知は、中華人民共和国との日本の関係回復と同時におきた。これによって、南京大虐殺(the Rape of Nanking)をはじめとする中国における日本人の残虐行為にたいし、日本の自由主義や左派の作家たちが関心を新たにした。占領期には連合国の勝者による戦犯裁判に関連して、熱心な教化がなされたものの、そのときまで、ほとんどの日本人は、つぎのように考えていたといってもかまわないだろう。ちょうど一九四五年八月、広島と長崎の上にそびえたったキノコ雲のように、日本人は広島と長崎の原爆を、他のすべての戦争行為のうえに抜きん出てそびえたつ、アジアにおける第二次世界大戦の決定的な残虐行為とみなしていた、と。

おそまきながら中国とふたたび遭遇したことが、これを変えた。ここでもまた、敗戦につづいて冷戦政治が日本を中国から孤立させ、中国での侵略や残酷な戦争行為について、日本の記憶を覆いかくすという異常な沈黙の幕間のあとに、記憶は再構築された[39]。それ以来、戦争の記憶をふたたびどう形づくるかという争いは、より激しいものになった。それは、満州において七三一部隊がおこなった殺人的な医学実験や、天皇の忠誠な軍隊に売春婦として奉仕させる目的で、アジアの女性を無理強《むりじ》いに徴募したこと(慰安婦)など、日本人の他の残虐行為が暴露されるにつれ、ますます激しくなった。迫害と残虐行為にかんする大衆意識という点で、今日の日本は変わったし、それは必然的に、他のアジア人にたいする日本人自身の戦争犯罪について、より大きな一般認識をともなうことになった[40]。

だがもちろん、これにすらまだ議論の余地があるということは、一九九四年五月、新たに任命されたばかりの法務大臣、永野茂門の辞任が証明するところだ。永野は南京大虐殺を「でっちあげ」と呼び、慰安婦を「公娼」と性格づけ、アジアにおける戦争を、愛国的な古い呼称「大東亜戦争[41]」と言及して、辞任を強《し》いられた。これらすべてにおいて彼は、アジアにたいする戦争は侵略戦争だったと公式に認めた政権から縁を切られた。しかしその月、国内のかなりの圧力にさらされて、その同じ保守連合政権は、裕仁天皇の息子である現天皇が、国賓としてハワイを訪問する際に、真珠湾をたずねる計画を取りけした。そこで議論されたのは、結局のところ、どのアメリカの元首も広島や長崎を訪れず、こうした恐るべき死について遺憾の意すら表明していないのに、これではあまりに譲歩しすぎだ、というものだった[42]。

ほとんどの日本人にとって、他のアジア人にたいする戦争は、アメリカ人にたいする戦争とはちがっており、道徳観においてもっと遺憾なものだった。そして広島と長崎が、このちがいについて、多くを説明するのである[43]。

〈著者による補足〉

† 私はこの論文集の編集をしているあいだに、もっとも妥当と思われる原爆死者の見つもりについて、ここにある文章を改訂した。巻末注にあるように、この論文が書かれた一九九四年に、日本政府は、被爆者援護法の特別葬祭給付金にかんする審議で、一九六九年以前の総死者数を三〇万人に上方修正した。

〈訳注〉

＊1 厚生省が国立予防衛生研究所に設置した原爆症調査研究協議会(原調協)を指す。

＊2 ホロコースト(holocaust)はもともとユダヤ教の祭事で羊などを丸焼きにして神前にそなえる生けにえ、燔祭《はんさい》を指す。そこから大虐殺を指すことになった。ユダヤ人は通例、ナチスによる大虐殺のみにかぎってこの言葉をつかう。

＊3 日本の小説家、詩人(一九〇五―五一)。

＊4 『劫火を見た――市民の手で原爆の絵を』(日本放送協会編、日本放送出版協会、一九七五年)。巻末注にあるように、この本は英訳され、*Unforgettable Fire* という書名になった。

＊5 食屍鬼の原語は ghoul で、イスラム教の伝説において、墓をあばいて屍を食べるとされる。

＊6 ジョン・ハーシー『ヒロシマ』石川欣一、谷本清訳、法政大学出版局、一九四九年／増補版、二〇〇三年。

＊7 一九七〇年に韓国人原爆犠牲者慰霊碑が、当初は平和公園の外に建立されたことを指す。慰霊碑はこの論文が書かれたあとの一九九九年七月、平和公園内に移設され、八月五日に慰霊祭がおこなわれた。

第六章

広島の医師の日記、五〇年後

解題

第二次世界大戦から数十年間、アメリカの学界では一般に、「適切な」歴史研究とは、公的文書や声明、正式決定やその進展、「確実な」数量データ、著名人の回想記や書簡、日記などの著作をあつかうものと理解されてきた。日本の学者が敬愛したE・H・ノーマンの先駆的な学識の側面でもあった「無名のもの」への気づかいが、価値あるものとみなされることは、まれだった。歴史に何の名も残さないおびただしい人々は、無視され、目に見えないままだった。「無名の人々の歴史」はまだ、りっぱな専門家が夢中になる対象とはなっていなかった。

もちろん、こうした学問的なエリート主義を修正し、埋めあわせる道はあった。そして、原爆の身にしみる人間の体験にかんするかぎり、無名の人々、それまで目に見えなかった人々にもっとも近づける入り口は、ジャーナリズムや大衆むけの出版物だった。そうしたもののうち、英語で書かれた描写で断然影響力があったのは、六人の原爆生存者へのインタビューをもとに、一九四六年八月号の米誌『ニューヨーカー』に初出掲載されたジョン・ハーシーの「ヒロシマ」だった(米占領当局はその邦訳出版を数年間にわたって禁止した)。一九五五年になって、あるひとりの生存者の心を奪う著作が、『ヒロシマ日記』という書名で英語や十数カ国の欧州の言語に訳され、出版された。著者の蜂谷道彦は医師で、その勤務する病院は原爆で粉々になり、彼自身も重傷を負った。八月八日から九月末までのあいだ、廃墟になった病院で生き残った病院職員と患者に焦点をあわせた彼の日記は、一九五〇年から一九五二年にかけ、日本の医学雑誌に連載された。

ここに掲げる論文は、原爆投下から五〇年を記念して一九九五年に復刊された『ヒロシマ日記』への序文として書かれた。

蜂谷道彦博士が、広島の廃墟で日記を書いてから、半世紀が過ぎた。アメリカの医師ウォーナー・ウェルス[*1]の献身的な編訳で、その観察記録が英語圏の読者にも読めるようになってから、四〇年が過ぎさった。一九五五年にアメリカで最初に出版されたとき、その翻訳は並はずれた文学的事件として歓迎され、いまもなお、人の心を揺さぶる力を保ちつづけている。

それは、驚くべき業績である。というのも、そこでわれわれが出会うのは、日本人の身にしみる経験であると同時に、国家や文化、人種の境界をこえた残忍な戦争のおわりにかんする記録であるからだ。日記は人の心、人間の条件に語りかけているが、出版を想定していなかったために、けれん味はない。蜂谷博士自身も、原爆の爆風によって重傷を負った。ちなみにある時点で彼は、顔や体にまだ一五〇近い傷あとがあると書いている。しかし広島が廃墟になって二日後の一九四五年八月八日に、彼はもう、自身が院長をつとめる病院での療養について記録をつけはじめていた。それがここに収録する日記であり、これに比肩するものはない。

概して西洋人、とりわけアメリカ人は、蜂谷博士が生きた八月六日から日記がおわる九月末までの世界を、仔細には見たがらないものだ。戦争にかんするアメリカ人の英雄的な語りくちによれば、通例キノコ雲におわる広島の破壊は、九日後には日本の降伏をもたらす映像の迅速な早送りだった。その語りにおいて、八月八日のソ連の対日宣戦布告は、ほとんどふれられることがない。八月九日の長崎への二発めの原爆投下も、同じように無視されている。広島原爆の威力は、惜しみのない、愛のこもったとさえいえる注目を集めている。これとは対照的に、その住民の多くが民間人だった広島と長崎に、原爆がもたらした人的な結果についての論評は、英雄的な語りくちを傷つけ、「良き戦争」に面倒な質問を突きつけるために、一般的には避けられている。

キノコ雲の下で何がおきたのかについて、アメリカの大衆が、エピソードとしては、ほとんど周期的に、関心と感受性をしめしてきたのは事実である。原爆犠牲者の群像を簡潔な文章でえがいたジョン・ハーシーの「ヒロシマ」は、一九四六年、多くのアメリカ人読者に感動をあたえた。一九五〇年代なかばには、蜂谷博士の『ヒロシマ日記』が重くうけとめられ、その一〇年以上あとには、放射線病による死をえがいた日本でもっとも偉大な作品、井伏鱒二の『黒い雨』の翻訳が、米英で古典として歓迎された。一九八〇年代はじめには、ジョナサン・シェルが『地球の運命(*The Fate of the Earth*)』という未来派風の作品で、広島と長崎で目撃された原爆による死と荒廃の黙示録的な光景を、グローバルな規模にまで転調してえがき、並はずれた成功をおさめた。

だが、アメリカの大衆にとっては、広島と長崎から視線をそらすほうが、もっと安易で、より持続する反応だった。アメリカの主流において、アジアにおける第二次世界大戦終結五〇周年記念は、この傾向をさらに強めることになった。理解できることだが、アメリカ人が、侵略的で狂信的で残虐な敵を打ちまかしたことを祝いたい、という理由からだ。ほとんどのアメリカ人は原爆を、数えきれない命を救ったと考えたいのだ。この英雄的な表現によれば、広島と長崎はたんに、おそるべき地球の大火のおわりを早めただけなのだ。

こうした感情は一九九四年の最後と一九九五年はじめの数カ月に、強く表にあらわれた。そのころ首都ワシントンにあるスミソニアン協会は、写真や爆心地からの遺品をふくむはずだった原爆展の主要案について、撤回をしいられた。展示を批判する人々は、その案が「感情論」にすぎると宣言して、こう論じた。日本の民間人犠牲者(アメリカ人の英雄的な語法では、たんに「死傷者」という)を詳細にえがくことは、日本人が何度も何度も、他の人々を残虐に迫害した戦争の真実をねじ曲げることになるのだ、と。米空軍の主任歴史家はおおやけに、

「道徳的に明白」な問題について、スミソニアンはどうしてこれほどの失敗をしでかすことができたのか、と質問した。米上院は、戦争に「慈悲ぶかい」終結をもたらした原爆について、協会は記念するやりかたを誤ったと非難する決議を、満場一致で採択した。

感情とイデオロギーが高まったこの雰囲気のなかで、蜂谷博士の日記を復刊することは有益なことだ。彼の飾らない筆は、実際に原爆を経験した日本人だけが、核兵器が人にもたらす結果を語ることができることを、私たちに教えている。それは、英雄主義と道徳的なあいまいさが共存し、同じ行為が慈悲ぶかさと同時に無慈悲にも思える第二次世界大戦の、もっと大きく、悲劇的な語りを思いおこさせる。

日本人の目からみると、広島と長崎はおわりであるだけではなく、はじまりでもあった。それはもちろん、グロテスクなまでに長びく死、一生にわたってつづく死別、放射線による前例のない肉体的な痛み、そして絶えまのないトラウマのはじまりであった。だがそれはまた、生命のいとおしさにたいする新たな意識のはじまりでもあった。廃墟になった彼の病院に超満員の人が詰めかけ、汚物と瓦礫がごちゃまぜになるなかで、患者や知人が、しばしば不可解に死んでいくのを看取ることをとおして、病院の粉みじんになった窓から漂いくる遺体火葬のいやな臭いに悩まされながら、こうしたすべてをとおして、蜂谷博士は平静をたもち、哀れみをいだきつつ、いわゆるふつうの生活のもっともささやかな喜びに感謝しながら、行動したのだった。

核の恐怖の年代記を、こうした方法で生の確信へと変えることは、けっして小さな業績ではない。そして蜂谷博士の『ヒロシマ日記』の勝利は、説教なしに、いつも哲学風でなく、ただ彼自身でありつづけながら、日々の思いや行動を日記に書きとどめることによって、それをごく自然に達成した能力のうちに横たわっている。日本の日常文化に特有のことがらについて、無数のこまごまとした言及をしているにもかかわらず、彼の考えや感情が日本人以外にも完璧に受けいれられるということが、彼を勝利させた究極の手段なのである。一九四五年八月、戦争の憎悪や、人種の憎しみのレトリックが熱病の域にまでたっし、史上もっとも破壊的な兵器が彼の生活をまさに粉みじんにしたというのに、なぜかこの慎みぶかく、際だって愛国的な医師は、ほぼ完璧なまでに、ふつうの人間味あふれる言葉で自分を表現しようとしたのである。

アメリカ人の記憶の周期性が示唆するように、こうしたことがらは、日本人の忘れやすさを、ある程度は説明するだろう。もちろん最後には、蜂谷博士がえがく核の地獄のイメージが、多くの読者の脳裏にもっとも消しがたく刻みつけられるだろう。この点で彼の年代記は、核の破壊のイメージがつきまとう被爆者の手記の典型ともいえる。原爆の卒倒するような閃光(ピカ)と、それにつづいて数キロ先のビルまで粉みじんにする巨大な爆風(ドン)。爆風に衣服を吹きとばされ、裸か半裸になった人々。ぞっとするような沈黙。列をなして両腕を前に突きだし、皮膚がそこから垂れさがって、ロボットのように、夢遊病者のように、カカシのように、アリの列のように行進する人々。「全力で逃げようとしたまま、死に凍りついた」遺体。自転車に乗ったままで死んだ男。火傷を負い、目がみえなくなった馬。積みかさねられ、ともに死を待つ子どもたち。死児を抱いた母親。死んだ母にすがる嬰児。顔のない遺体。防火水槽や水泳プール、街中を流れる川、そのどこであれ、遺体でいっぱいになった水。地獄の業火のような火炎。手の中に自分の眼球をもった男。廃墟になったビルですし詰めになり、嘔吐物と小便と糞便の間に横たわる生存者たち。いたるところにあらわれるハエと蛆。

それが、原爆直後のありふれた図像である。もっとも、はじめの数日、蜂谷はほぼ外界から切り離され、たんに自分が見たことや他人が話したことを記録するだけだった。いくつかの彼の記述は、めったにないほどいきいきとしている。ある訪問客は、蒸し焼きになった遺体が、どんなに縮まるのかを語った。焼かれた人々は干しイカのようなにおいがし、茹でたタコのように見えた。火葬された遺体の悪臭は、イワシを焼くにおいにたとえられる。たぶん日記すべてのイメージのなかでもっとも忘れられないのは、蜂谷博士が毎日の回診をするときに、われわれがたびたび出会う美しい少女(彼女は日記ではいつも「麗人」としてしかしるされていない)——顔をのぞいて全身にひどい火傷を負った少女だろう。*2 はじめに登場するとき、彼女は古い血と膿《うみ》の溜まりに横たわり、糞尿に汚れている。時が移ろうにつれ、医師が訪ねると彼女はほほえむことができるようになる。日記のおわりには自分で立ちあがってトイレにも行けるようになる。彼女はその後、どうなったのか。われわれが知ることはけっしてないだろう。

蜂谷は医師だったので機敏に動き、彼とともに読者は、核のトラウマのつぎの段階にいたる。それは不可解な症状と、予期せぬ死の出現だ。快方にむかうかにみえた患者が突然悪化して、死亡する。まったく負傷を逃れたと思われる人が病気に襲われる。彼らには皮下出血斑が浮かび、頭髪が抜けおち、血性下痢、喀血《かっけつ》、生殖器や直腸からの血尿、血便に苦しむ。不規則だが、全臓器に悪影響をあたえたであろう量の体内出血が、検死によってあきらかになる。ようやくのことで入手した顕微鏡で、驚くほどの白血球数の減少と血小板の破壊が見つかる。これはいったい、爆弾が気圧を変えたことと関係するのだろうか。それとも、毒ガスなのだろうか。そうして数週のうちに蜂谷博士は、その不可解な災難が放射線病であると特定するようになり、そうやって亡くなった患者のすべてが、爆心地から一キロ以内にいたことを確かめる。

こうした死を理解するという知的満足は、蜂谷自身のよみがえりの一部であり、恐るべき死の謎の究明に役だてる悦びを、彼はかくそうともしない。早くも八月九日に彼は、科学的な好奇心がもどりつつあることを感じて、その悦びをしるしている。彼は日記をとおして、科学の理解は恐怖を消しさらないが、無知の恐怖をやわらげ、不合理な恐怖をくじくものだと示唆している。それはたとえば、広島は七五年にわたって住めなくなる、という噂を追い散らすといったことなどだ。彼は一生懸命に、放射線病で死にいく人々は、「ピカ」にさらされたということを、おおやけに説明しようとした(日記が、あまりに早くおわったために、あきらかにしていない事実がある。それは、一九四五年のおわりから一九五二年まで、日本の医療研究者が、米占領当局によって、原爆の効果にかんする科学記事の出版を禁止されるという、ぞっとするような事実である)。

原爆投下後まもないこれらのおそろしい日々においてすら、蜂谷は驚くべき率直さをもって登場する。原爆から二日もたたないうちに彼は、自分や同僚がいかに早々と大量死を受けいれ、畏怖に敬意をはらわなくなったかを、遺憾ながらに観察する。やがて、窓の外の火葬の臭いは、人々の食欲さえをも妨げなくなる。もっとも驚かされる記述のひとつのなかで、彼は八月一一日に、惨めに込みあった彼の病院内でひろがった噂について、素っ気なく書いている。その噂とは、広島や長崎を荒廃させたのと同じ兵器を日本も持っており、アメリカ西海岸を報復攻撃した、というものだ。病棟の雰囲気は一変し、もっともひどく負傷した患者たちが、もっとも幸せだった。人々は凱歌をあげた。彼らは戦争の潮の流れが変わったと確信したのだった。原爆をめぐるすべての文学のなかで、これ以上にチャールズ・ディケンズ風の場面はほとんどない。

これらの日々や数週間のうちで、歴史家にとってかなり興味ぶかいのは、八月一五日の天皇による降伏宣言にたいする蜂谷博士の反応である。ほかの多くの同胞と同じく、彼もまた、最後まで戦うよう勧められると予期し、日本が降伏したと聞いて啞然とした。降伏の衝撃は、原爆でうけた衝撃さえをも上まわった、と彼は書いている。彼は絶望に圧倒された。のちにしばしば日記に書くことになるが、ここで彼は、日本人を戦争にみちびくことになった天皇崇拝をしのばせる言葉で、玉座への尊敬と、天皇個人の健康状態への深い憂慮をくりかえしのべている。もし彼の日記に二つめのディケンズ風挿話があるとするなら、それはまちがいなく、彼の知人がいかにして、死傷者のあいだをよろめき歩き、病院から安全な場所に天皇の御真影を捧持《ほうじ》したのかについて、蜂谷が感嘆しながら書きとめた場面だろう。

降伏にたいするそうした反応は、ありふれてはいたが、当時の日本のいたるところでそうだったわけではない。ほかの多くの日本人は安堵の涙とともに降伏を歓迎し、なかには祝う人すらいた。しかし、蜂谷博士の天皇崇拝の裏面にあたる感情が、まさにひろがっていた。つまり、日本の軍部指導者への軽蔑である。蜂谷博士は独特の率直さで、それまでは軍にたいして共感を抱いていたことをみとめている。いまや彼は、天皇を裏切り、人々を欺いたがゆえに、彼らを嫌悪しているのである。

これは敗戦後の数カ月、数年間にわたって、日本人にひろがった感情だった。裕仁天皇がだいたいにおいて戦争と敗戦の責任を免れた一方、将軍や提督たちは、冷酷で嘘つきで愚かだったとして、ひろく非難をあびた。ただひとつの例外をのぞいて、蜂谷博士は彼の日記で、けっして大っぴらに憎しみを表明しなかった。その例外とは、大方が予想するような、原爆を落としたアメリカ人にたいしてではなく、むしろ、その傲慢と際限のない愚かさで、国に恥辱と災厄をもたらした、東条英機大将と帝国陸軍にたいする憎しみだった。

彼の日記は、遠まわしなやりかたでも、こうした同じ感情をつたえている。蜂谷博士が、原爆で破壊された瓦礫の山を掘っていて、木でできた弾や折れた竹槍を見つけたことを書くとき、彼はどんなに不合理な対置法を記録しているのかを、十分に意識している。そして九月はじめ、彼が新聞のために原爆の効果にかんする報告を準備して、日本人は「科学戦に惨敗した」と宣言するとき、彼はここでも、当時ひろがっていた見かたを提示し、日本の戦時のばかげた指導者たちを暗に批判しているのである。

こうした態度は、日本の広範囲にまで派生していった。蜂谷博士と彼の小さなコミュニティは、新聞やラジオから何週間も遮断されていたが、彼らの観察は、敗戦国じゅうをとおして日本人がいっていたことと強く共鳴していた。たとえば、東条はその罪において死に値するという絶叫は、その後数年の東京裁判で、日本の指導者の運命にたいし、人々の無関心がひろがったことに具体化された。[*3] より一般的に、日本を悲惨な敗戦へと導いた軍指導者の愚劣さにたいしてすぐに生じた侮蔑は、戦後の政治文化のなかで、ふかい反軍、さらには平和主義の感情のかたちすらとって、生き延びたのである。他方、これは蜂谷博士には知られずにいたが、彼の日記にあらわれる科学へのふかい尊敬もまた、まったく同じ日々に、平和日本の再建にあたって今後発展すべき力として、全国にひろく喧伝《けんでん》されていた。

『ヒロシマ日記』にこれほど強くにじむ軍への侮蔑は、勝者アメリカにまでは拡大されなかった。日記に登場する人々がすべて、広島原爆で体験した直接の苦しみを思えば、これは驚くべきことのように思える。実際、これもまた、敗れた日本じゅうを通して、まったくありふれた反応だった。はじめは、征服者が占領国でどう振るまうかについて懸念がひろがった。しかし、これはまもなく、ぎこちないが、いちじるしく友好的な関係に道を譲った。惨敗という一大異変の瞬間に、ほとんどの日本人にとって、「邪悪な」敵は日本自身の軍隊になったのである。日本じゅうを通してごくふつうの復員兵でさえもしばしば、軽蔑か、たんなる嘲《あざけ》りをもって遇された。

占領軍の広島進駐が差しせまっているという報せが蜂谷博士の病院に届いたとき、はじめの反応は典型的なものだった。患者をもふくむ多くの地元の女性は、強姦されるかもしれないとおそれて逃げだした。しかし蜂谷博士個人の反応は驚くほど沈着だった。「われわれは何も心配することはないと感じた」と、彼は九月一三日に記録した。「西洋人は文化人だから、ものをくすねたり、略奪にふけったりはするまい」。[*4] このコメントを書いてからまもなく、彼の最初の米軍将校との出会いは張りつめたものだったが、そのすぐ後に病院にやってきた若い米兵たちには、きわめて前むきな評価をするようになった。彼の評価では、アメリカ人はあたたかく、友好的で、やさしく、おもしろかった。彼はアメリカ人が、「大国の民」であるという印象をもった。

残虐な日米戦争をたたかったこの敵対者双方が、はげしい敵愾《てきがい》心から誠心誠意の関係へと、これほど唐突に変わる能力は、しばしば論評されてきたし、当惑をさそうものだった。蜂谷博士の日記は、この敵意から友好への変化について、いわく言いがたい展望をあたえてくれる。日本人の振るまいは、ここでも、勝者の英米人の行為にたいし、不都合なかたちで対比されているのだ。

たとえばある同僚が、急いで病院に駆けつけ、米軍がくるから女性たちを避難させるようにと勧めたとき、蜂谷博士は印象的な脇ゼリフを書きとどめている。彼がみるところ、その同僚は、日本の兵隊たちが中国でどんなことをやったのかを知っているために、そんなに動揺しているのだった。多くの日本人、とりわけ男たちがはじめ、アメリカ人に抱いた略奪のおそれは、かなりの部分、日本人が外国や占領地でいかにひどいことをしたのかという自分たちの苦痛にみちた知識を、相手に投影した結果だった。この時期の日本人の記録で、当時の日本人の水面下にあった考えかたを、これほど単刀直入に暴露した例はまれである。そして実際に到着した連合国の征服者たちが、地元の住民に、一般に慎みぶかく、ときには寛容にすらみえる態度をもって接したとき、訪問者の好ましい印象はいや増したのだった。

敗戦国日本のこの当時の光景にかんして、日記は、広島や長崎に特有なだけでなく、むしろ日本じゅうにつづいた降伏後の二つの衰弱する側面について、いきいきとした証言をあたえてくれる。ひとつは、「虚脱」の名でひろく知られる全面的な士気喪失と、心理的な疲労の状態である。蜂谷博士が、病院の外にちょっと出かけて目撃した絶望と混乱は、まさに核の破壊による唖然とするほどのトラウマを反映したものだったろう。だがそうした情景は、多少の程度の差はあれ、どこでもくりひろげられていた。こうして九月一五日、天皇の玉音放送からきっかり一カ月後、蜂谷博士が広島駅周辺で見たこととして記述した「パノラマ」は、数えきれない他の日本の都市や町でも再現できたはずのものだった。それは、「疲れきった戦災者、復員軍人、焼け残りの柱にもたれて居眠りする老人、その中を傍若無人にのさばり歩く男、彼がなげすてた煙草の吸殻に走り寄る乞食、すべてがパノラマのように展開する」という場面だ。[*5] 彼は、「教養のない者の天下だ」と慨嘆する。[*6] 同じ日に彼が見た「嫁入衣裳をきて芋を詰めこんだリュックサックを背負って歩いている中年の婦人」という驚くべきイメージは、これらの日々に日本全国をおおった虚脱状態を、寓意的に象徴する場面であろう。

こうした疲弊と絶望の環境にあって、無節操と腐敗が、生いしげる雑草のようにはびこった。この点についても、日記は直接に体験したことをしるす価値ある証言になっており、破局的な敗北につづく日本人の振るまいについて、蜂谷博士は日がたつにつれ再三再四、募りゆく失望を記録している。酔っぱらった元兵士たちが市街電車に乗りこむ。インフレは金銭をほとんど無価値にしてしまう。「顔つきも、言葉つきも悪い連中」が突然舞台に登場し、きる。略奪や夜盗がひろがる。地元の役人はたいてい無能か腐敗しており、大量の軍需物資の略奪がお人の惨めさを食いものにする。いかがわしい男が野暮ったい娘を愛撫する。貪欲が日々を支配する。「悪影響」はいたるところにある。日本はまるで「下等で教養のない者の天下」になったようにみえる。病院から配給品さえもが盗まれるとき、医師は広島が「あさましい町になった」としるしている。[*7]

これもまた、降伏直後の日本、とりわけ降伏から連合国の占領当局者が実際に到着し、おくれて権威の地固めをするまでの数週間のあいだに、ひろがった現象だった。『ヒロシマ日記』が書かれた八週間というもの、日本ではすべて国でも地方でも、軍部の当局者、政治家、実業家たちが、記録を破棄したり、戦争の長期化に備え、死力をつくして本土防衛をするためにたくわえた大量の軍需物資を倉庫から略奪したりすることに、時間の大半を費やした。疲弊と絶望の「虚脱」状態を物語る印象的な挿話と同じように、腐敗と無節操にかんする蜂谷博士の簡潔な描写は、原爆投下後の広島という一地方の場面を映すだけでなく、彼はまったく知らなかったが、当時の日本全体を見はらす窓となっているのである。

勝者アメリカが、思いがけなくプラスのイメージであらわれたのは、惨敗と結びついた内面的な退嬰という、このひろい状況のもとであった。日記のあちこちに登場する人物で、力づよく、慰めをあたえる年老いた静かな佐伯さん(義理の娘と三人の息子はみな殺された)でさえ、友好的なアメリカ人の若い将校たちが病院を訪ねてきたあとに、こう結論づけるのだ。「アメリカさん、やさしいね。よいですね」。これは驚くべき言葉だが、蜂谷がえがく異常な環境下においては、それほどわれわれを驚かせはしない。

＊　　＊　　＊

さまざまなありかたにおいて、広島原爆とその直後にかんする蜂谷博士の一見単純にみえるこの著作は、このように多くの複雑な層からなる世界をあらわにしている。彼の日記は、たんにじかに体験した核による死と破壊の稀有な記録というにとどまらない。振りかえっていまやもっと明らかなのは、その日記が、敗戦の心理的・社会的な病理を見わたす広大な窓となっているということだ。だがこうしたすべてをこえて、究極的に『ヒロシマ日記』に不朽の質をあたえているのは、それが、もっときびしい死を味わったあとによみがえるもの、生へのいとおしみについての年代記であるということだ。

蜂谷博士は何度か、自分がだれにも劣らず熱情的な愛国主義者で、もし天皇が望み、そう命じれば、国のために命を投げだして死ぬ覚悟があることをあきらかにしている。あるところで彼は、若い息子を原爆で殺された彼の親しい友人の日記を引用し、「最後まで戦う」という熱狂的な表現に理解をしめし、それをみとめてすらいる。だが広島の破壊や、彼が一切合財のものを失い、自分の命までも失いそうになったこと、毎日、戦争がうみだす悲惨と死の光景が病院でくりひろげられたことなど、そうしたすべてが、蜂谷博士と周りにいた多くの人々を、超国家主義や戦争を拒絶し、個人的な人間関係のありがたみや、自分たちの幸運の恵みにとどまることへとみちびいたのである。

時々、つかのまに思いついたことのように、この日記にしまいこまれているのは、多かれ少なかれ、そのことを直接に物語る文章だ。「人が死ぬのはなんと難しいことか」と蜂谷博士は原爆から八日後、寝台に横たわりながら熟考した。「その命は一度、奇跡的に助けられた。ピカの日は命が惜しいとは思わなかった。今日は恐くて命が惜しくて死にたくなかった」[*8]。三週間後、彼はふたたび、小さなものが「いかに貴重か」に思いをめぐらした。このときには、中国の古典からの引用を書でしたためた額が壊され、彼の思いを刺激した。「私がまだ必勝不敗の信念に燃え、天皇陛下のためにと思って働いていた時には一物も惜しい物はなかった」と、彼は、ここでは秘密を打ちあける。ピカからわれわれすべては自棄になった。どこまでも戦い続けなくてはいけないとしても、この戦いは負け戦だ。わが家も家族の大切な持ち物ももはや無意味になったが、それもいまやない……私は淋しく、独りぼっちだ。もう家さえないのだから」[*9]。

寡婦になり、老いて原爆で子どもをすべて奪われた佐伯さんも、原爆が落ちたときにいたところを詳しく物語ると、同じ感情を吐露する。彼女は目の前が真っ暗になり、自分が死んだと思ったという。まだ生きていることを知ったときの喜びはいかばかりだったか。これが、蜂谷博士と病院の小さな仲間たちを活かしつづけた感情だった[*10]。そしてそれこそが、井伏の『黒い雨』のような原爆体験にかんする偉大な作品を気高いものにした感情だった。人の手によって生じた死の圧倒的な恐怖にたいして、人々はそれを遠近法に正しく位置づけ、最後には、素朴で人間味のある交際や平穏な日常生活によって、打ち勝ったのだった(時間的に、より長期にわたる井伏の作品では、自然の周期的なリズムを大切にすることによって、といってもよい)。

この癒しの過程、この見かけはもっとも単純な行為をとおしてあらわれる超絶性は、再三、日記にしるされている。蜂谷博士はけっして死者や死にゆく者から立ち去らないが、同時に、他の環境では当たり前のこととみなしていただろう驚きを見いだすことで、それにかわって生命を肯定する世界をつくりだした。果物や野菜は宝となり、ある者は桃を持参し、別の日にはトマトや葡萄《ぶどう》が持ちこまれる。ある日は、廃墟となった病院のぼろぼろの人々の集まりで、川魚の鮎が食される。砂糖を入手すれば、お祝いの種になる。煙草はほとんど陶酔をもたらす。入浴や、清潔で壊れていないトイレの嬉しい発見が特筆される。電気の復旧は、最初の郵便、最初の新聞の到着と同じく、注目すべきできごとだ。便通がいいことは、深い満足をあたえる。他の人々が、放射線病の不吉な兆候である血を排泄しているときに、これは、ささいなことではないのだ。さらに病院の小さな集まりで、人々はトイレをめぐって、見たところはてしない当意即妙の冗談をいいあって、志気を支えようとした。

これらの日々に書かれた、日本のより広い社会的、文化的な読みもの全般も、同じように、ささやかで、かけがえのないものへの熱中ぶりをしめしている。それは日本語でいう「虚脱の超越」と結びついており、敗戦直後のトラウマを乗りこえようとする動きなのである。心に語りかけることや希望を取りもどすこと、暮らしの好みを回復することなど、それらすべてが、心理的に元の全体を取りもどすありふれた行為なのだった。それが最後に意味するものは、戦争がほとんど跡形もなく抹消してしまった個人的な絆や仕事、趣味を取りもどすことだった。『ヒロシマ日記』がこうした考えかたの代表例といえるが、この見かたからすれば、原爆は戦争の恐怖それ自体の窮極の象徴だった。日本人の文脈においてそれは同時に、超愛国主義の愚行と、国家の名のもとに人々を聖戦へと動員することをもとめた者たちのまぬけさの象徴であることを意味した。

その意味で蜂谷博士の年代記は、本質的には私的な世界、とても人間味があり、個人的なつきあいにみちた世界への帰還の物語として読むこともできよう。友情がいつくしまれた。家族の絆もそうだ。すべての個人の暮らしはたっとい。仕事(この場合は科学的、医学的な仕事)は、あがないを意味する。人は傷つけるためではなく、癒し、建設するために働く。人はかつての敵を、過ぎさった恐怖の観点で考えるのではなく、個人的な知己として、そしてのちには本格的な協力の観点で考えるようになる。

ここには、慎みぶかさと、尊厳のいずれもがある。そして、半世紀後のいま、蜂谷博士が予想できなかったことを知っているわれわれは、そこにもちろん、情念《パトス》があることを知っている。この人目をあざむくほど一見単純にみえる日記はあまりに豊穣なので、読者はたしかにそれぞれ異なる余情、ちがったひとときやイメージを心に抱いて立ち去るだろう。

私自身にも、この日記に、そうした忘れられないひとときがある。八月末日、放射線病が患者にもたらした奇妙で恐ろしい症状を解明しようとして、蜂谷博士があまりに長く顕微鏡にむかっているのを、老いた佐伯さんがしかる場面だ。彼女は、彼が昼食をとるのを忘れたことを思いださせ、煙草を吸いすぎて体を痛めると小言をいった。これがその文章だ。

婆さん、今日はね《ノ》
月末だろうが《ジャローガ》
八月一ぱいの仕事を纏《まと》めたのだ《ジャ》
お陰で診断がつかずに苦労したことが漸く《ヤット》わかった
というと、婆さんは眼を丸くして
そうですか
それで病気がよくなりますかね《ヨウナリマスノー》
よくなればよろしいがね《ヨウナリャーエーデスガノ》
といって昼食を出してくれた。*11

もちろんわれわれは、その答えが否であることを知っている。原爆がやったことは、けっして元にもどせない。われわれのただひとつの望みは、それに正面から向きあい、ヒロシマから学ぶことだ。

〈訳注〉

＊1　ウェルス(Warner L. Wells)は、一九五〇年に、日本の原爆傷害調査委員会(Atomic Bomb Casualty Commission 略称ABC C)の顧問として来日し、蜂谷と出会う。ノース・カロライナ大学医学部の外科教授。蜂谷の『ヒロシマ日記』を英語に編訳し、一九九一年五月に七七歳で死去(米紙『ニューヨーク・タイムズ』一九九一年五月三一日付け訃報記事による)。『ヒロシマ日記』あとがきには、ウェルス博士が来広中に全編を翻訳し、帰国後さらに三年をかけて推敲を重ねたことへの謝辞がしるされている。

＊2　蜂谷道彦『ヒロシマ日記』(日本ブックエース〈平和文庫〉、二〇一〇年)で蜂谷はその少女を、「すごい美人で顔だけ焼けずに体中大火傷で、血膿の中にいる娘さん」(五八頁)、「血膿の中の美人」(八一頁)、「膿の中の麗人」(一二一頁、一七一頁、二三六頁)などと記述している。この女性の火傷は原爆光線の直射ではなく、避難の途中で火に包まれ、炎のなかを走り抜けたために生じた。

＊3　『ヒロシマ日記』の八月一五日の項には、次の記述がある。「「東条大将の馬鹿野郎、貴様らは皆腹を切って死ね」と怒鳴りちらしている者もあった」(九一頁)。

＊4　『ヒロシマ日記』の日本語原文は以下のようになっている。「入院患者の動揺はおおうべくもない。食堂に戻って静かに考えた。困ったことが起きたと思うだけで別によい知恵もでなかった。／敵は文化人だから病院には親切であるに違いない。上陸しても病院は荒されまい」(二四三頁)。

＊5　『ヒロシマ日記』二五九頁。

＊6　『ヒロシマ日記』の該当箇所は次の通り。「独りぼっちでつくづく考えさせられたのは広島駅前の情景だ。誰も彼も勝手気ままに行動し、非人情の社会が実現している。貧しく路頭に迷う者があると思えば、我が世の春を謳歌せんばかりに傲慢不遜な振舞いをする者がいる。顔つき、素振り、言葉つきの下等な者ほどよい服装をして、航空服をきた奴などはギャングか、ボスか、全く眼にあまる行動をする。駅前の掘っ立て小屋にはいり人前もはばからず野卑な女とふざけまわる、大騒ぎをする、教養のない者の天下だ。奴らが憎くて奴らの天下になったことをくやしく思った。老将校の身の上を思いながら感慨無量の一夜を過した」(二五九―二六〇頁)。

＊7　『ヒロシマ日記』二五九―二六〇頁。本章訳注＊6の引用と同じ箇所を指すと思われる。

＊8　八月一四日、蜂谷博士は警戒警報でいったん地下室に避難するが、病院職員が逃げてこないので、また病室に戻った。日本語原文でこの箇所は、以下のようになっている。「私は思った。人間は死ぬ時期を逸したらなかなか死ねるものではない。ピカの日は命が惜しいとは思わなかった。今日は恐くて命が惜しくて死にたくなかった」(七九頁)。文章が一部異なるのは、ウォーナー・ウェルスが英訳した際、英語圏読者向けに表現を改めたり、原著にはない蜂谷博士からの聞き取りを補足したりしたためと思われる(『ヒロシマ日記』日本語原文の「あとがき」にその経過が記されている)。

＊9　九月一一日、蜂谷博士は、博士の自宅を見舞った知人から惨状を知らされ、因縁の深い父祖相伝の貫名海屋の額が焼かれてしまったことを知る。書には「節倹ニ安ンジ素樸ヲ尚ビ仲子ノ克己ヲ思ヒ老子ノ常足ヲ履ム」と書かれてあった(一三四頁)。蜂谷博士はその記述につづき、心境の変化をつづった。日本語原文の該当箇所は次の通り。「ピカを受けてからは破れかぶれだ。徹底抗戦、石にかじりついても敗けられない。絶対不敗。逃げたら負けと決めて頑張りつづけた。塩田君の話でくずれかかった家でも家は我が家だときき、帰る家のない自分を見出し、自分の身の上のことを思い俄に淋しくなった。今まで思いもそめなかったことまで想い出された」(一三五—一三六頁)。

＊10　日本語原文の該当箇所はつぎの通り。「眼の前が真暗になって病院の下敷になったと思っての。小もうなっとったんや。それからの、顔を押えていた手の指の間をあけての、外をみるとの、見えるが。嬉しや嬉しや、私ゃあ死んだと思いましたよ。ほんとうに死んだと思いましたよ。ほんとうに、と婆さんは生存の喜びを嬉しそうに語った」(八七頁)。

＊11　『ヒロシマ日記』一九一頁。

第七章

真の民主主義は過去をどう祝うべきか

解題

過去を祝うということは、よくとれば、近代大衆文化における数秘学によって引きおこされるものだ。というのも、ある種の魔法のような記念日の数字は、発作のように激しい関心を誘発するからだ。もちろん、毎年恒例の発作もある。第二次世界大戦でいうと、アメリカでは一二月七日が、そうした鍵になる日付だ。日本では八月一五日(日本時間)の戦争終結が毎年、戦争やその遺産についてメディアを刺激し、より内省的で批判的な配慮へと駆りたてる。どのケースでも、大きな記念周年の数字は五、一〇、二五、五〇、そして一〇〇である。五〇周年ではまだ、人はインタビュー相手の生存者をつきとめることができる。一〇〇周年では、だれも残っていない。

一九九四年と一九九五年には、差しせまった太平洋戦争の終結五〇周年記念が、その里程標をどうあつかうかをめぐって、アメリカの言論界に、めったにないほど厳しい論争を呼びおこした。論争の中心になったのは、広島に原爆を投下したB-29爆撃機エノラ・ゲイを呼びものとするスミソニアン協会の航空宇宙博物館における主要展示案だった。そうした展示は、はじめは空軍ファンや宇宙産業ロビイストから支持された。博物館の学芸員と顧問がつくった初期の素案は、コメントを部外にもとめるためにひろく配布された。それにつづいて、そうした素案は、おそるべき戦争をおわらせた英雄的な使命の記憶に泥をぬるものだと、書き手を非難する騒ぎがもちあがった。

振りかえってみれば、アメリカの公共空間において、最初の原爆投下を真面目に取りあつかう展示ができると考えたのは、ナイーブにすぎたろう。はじめに展示を熱心に支持した人々が考えたのは、その記念が、祝いの祭典になるだろうということだった。科学や技術の専門知識のとほうもない動員(原爆と同じく、大型爆撃機を建造することも)や、英雄的な戦略上の使命(原爆を戦争終結のためにつかうこと)について、ふたたび物語ることによって、である。彼らの目には、博物館側の初期の素案は、多くの面で、そうした英雄的な記憶をくつがえすもののように映った。問題になったのは、たとえば原爆投下が必要であったのかどうかという論争を紹介することだ。また、エノラ・ゲイと原爆のキノコ雲の映像という予想される取りあつかいをこえて、第一に爆心地の日本人死傷者の状況を展示したり、第二に歴史の分水嶺となったこの原爆投下の瞬間のひとつの遺産として、その後につづく核軍拡競争を展示したりするやりかただった。素案を批判する人々は、そうした複雑な、あいまいで悲劇的な展示によって、原爆投下の英雄的な語りくちが台なしにされ、そうすることが原爆投下の決定について、訪れる観衆に疑問を抱かせるか、少なくとも拍手喝采を手控えさせることにつながる、と思ったのである。

こうした議論が展開されるにつれ、ふだんわれわれアメリカ人が、日本のようなほかの国々にたいして、そうあるべきだと論じるような、バランスのとれた自己批判的な方法で「公共の歴史」を語ることが、自国アメリカにおいても、とりわけむずかしいということを私は感じた。つまり私は、スミソニアンのような博物館が、そのもとでの運営を余儀なくされている政治的、制度的な規制に驚かされたのだった。この規制は、一九九四年九月に米上院に提出された決議二五七号のぶっきらぼうな文言によってつたえられた。その決議は、航空宇宙博物館の素案を、「修正主義であり、第二次世界大戦の多くの退役軍人を侮辱する」ものだとして非難し、さらにつづけて、合衆国連邦法が「米軍の男女による勇気ある献身的な軍務は、アメリカの現在と将来の世代を「鼓吹」するように描かれなければならない」と明記していることをつけくわえている。決議のはじめには

「エノラ・ゲイの役割」を、「第二次大戦に慈悲ぶかい結末をもたらすのを助けた点で重要であり、結果としてアメリカ人と日本人の生命を救うことになった」と書かれていた。

どうにかようやく実現したエノラ・ゲイ展は、爆心地の破壊について、わずかの数の展示をすることになった。だが、もともと計画されていた展示にくらべると、この骨抜きにされた提示のしかたは、そこから教訓をえようと博物館を訪れ、申し分なく複雑さを理解できる思慮深い人々にたいする侮辱行為だった。だがもちろん、こうしたことすべてには、逆の側面がある。原案にたいする愛国的な攻撃は、しばしば事実に裏づけられた活発な議論を引きおこした。そのことが、公衆教育に予期しない貢献をすることになったのである。そして、エノラ・ゲイをめぐるこの論争から、反省をうながす教訓がもうひとつある。それは、スミソニアン協会のような公的支援をうける大きな公共施設が、朝鮮やベトナム、イラクやアフガニスタンといった議論の多い戦争について、将来関心を振りむけることは期待できない、ということだ。そうした戦争に人は、どんな種類の「鼓吹」を期待できるというのだろうか。[†] ここに掲げる短い文章は、一九九五年六月の『ザ・クロニクル・オブ・ハイヤー・エデュケーション(*The Chronicle of Higher Education*)』の論評欄に掲載された。[*1]

〈著者による補足〉

† 必要最小限になったエノラ・ゲイ展は、二〇〇三年に、ダラス国際空港近くにある国立航空宇宙博物館別館の常設展示に移された。エノラ・ゲイ論争にかんする多彩な批判的論文については、Edward T. Linenthal, Tom Engelhardt, *History Wars: The Enola Gay and Other Battles for the American Past*, New York: Metropolitan Books, 1996〔エドワード・T・リネンソール、トム・エンゲルハート編『戦争と正義――エノラ・ゲイ展論争から』島田三蔵訳、朝日選書、一九九八年〕を参照されたい。私もこの論集に「三つの歴史叙述」と題する論文を寄稿した。

〈訳注〉

スミソニアン協会が一月おそく、批判勢力にたいして無条件降伏をし、第二次世界大戦終結のための原爆使用にかんする航空宇宙博物館での主要展示の計画を放棄してからまもなく、私は、ふつうではない経験をすることになった。大ざっぱにいえば「原爆を考える」というテーマで予定していた二つの学園外の公開講演から、造語でいうと「非招待とされてしまった(disinvited)」のである。[*1]

講演の取りけしは、もちろん、上品ぶったやりかたで伝えられた。他意はないのです、とかつてのスポンサーは説明した。私はちょうど、日米関係の異なる面について、焦点をあわせる準備をしなくてはいけないところだった。アメリカが日本に投下した原爆は、ただ、「あまりに物議をかもす」話題になっていたのだった。

こうして、マスメディアにはほとんど報じられないやりかたで、スミソニアンの展示をめぐる論争は、多くの次元で、表面上は民主的な社会でも検閲が幅をきかせる事例研究のひとつとしてあらわれた。その次元は、公然たる政治的抑圧(その縮図は、連邦議会が、スミソニアンの展示を変えさせ、財団の予算割当を削減するという脅しで圧力をかけたことだ)から、自己検閲という微妙なかたちにまでおよんでいる。

「良き戦争」への「修正主義的」解釈に反対する連邦政府内外の保守勢力による辛辣なキャンペーンに狼狽して、アメリカの公共の歴史を展示する筆頭であるスミソニアン協会は、原爆の使用とその結果を考察する本格的な回顧の計画を放棄したというにとどまらない。スミソニアンは近年のアメリカ史において、もっと議論を呼び

*1　同紙はワシントンに本拠をおき、大学や単科大学の学部生や事務むけに、高等教育にかんするニュースや情報、求人などを提供する週刊紙。七〇人以上の記者、編集者、特派員を抱えている。学界に六万四〇〇〇部、全体で三一万五〇〇〇部を発行している。オンライン版もある。

おこしさえする問題、ベトナム戦争についての展示計画を、無期限に延期することさえしたのだった。これにくわえ、国立アメリカ歴史博物館でいまひらかれている「アメリカ人の生活における科学」展も、変更することが発表された。まだやりかたは特定されていないが、二〇世紀科学の負の副産物と結果について、批判的な言及をやわらげようというのである。後者の事例においてスミソニアンは、専門家の科学団体の力を借りて外部からの批判に対応している。[*2]

こうした勝利に満足せず、スミソニアンにたいする批判勢力は、首切りをもとめた。学芸員たちはきびしい政治的精査にさらされた。連邦議会は、エノラ・ゲイ展示計画の原案について敵対的な公聴会を開いた。最近、国立航空宇宙博物館の館長は、政治圧力のもとで辞任し、いまやスミソニアンの専門スタッフのあいだで士気が阻喪していることは公然の秘密になっている。この新たなマッカーシズムにおいて、包括的な起訴状はもはや「共産主義」ではなく、むしろ「政治的正当性(political correctness)」か、たんに「修正主義」ですらある。[*3]メディアや一般市民のあいだで、この国家の歴史への清らかな祝賀の強制が、憂慮すべきものであることに気づいた人は、ほとんどいない。

われわれアメリカ人は、過去を批判的に再評価しているという理由で、他の国々、とりわけ元共産陣営の国家を称賛する。われわれは、日本人が戦時の汚点を拭いさり、「歴史的記憶喪失」におちいるときには、それを酷評する。それなのに、われわれはいま、七月四日の独立記念日風な歴史の語りかたから逸脱しているという理由で、みずからの公共の歴史家を串刺しにするのだ。われわれはあまりに多くの論争や、テレビでくりかえされる短いコメントに囲まれている。そのために、おそらくは主義主張や言論の自由を守るためにたたかわれたであろう第二次世界大戦にたいし、スミソニアンに汚れない英雄的な公式見解が要求されるという皮肉について、ほとんどだれも思案する暇がないのだ。

自己検閲の恐怖があらわれたのは、こうした状況においてなのである。私の「非招待」の一件は、ひとり私だけのものではないようだ。スミソニアンが屈服させられたあと、私の同僚のある歴史家もまた、主要な公文書館の機関紙から、ハリー・S・トルーマン大統領による原爆使用の決定を批判する論文の収録を取りけされた。米軍による一九四五年三月九、一〇日の破壊的な東京大空襲(それが日本の民間人を標的にする米政策の始まりになった)を記念するテレビ番組は、系列ネットワークによってキャンセルされた。

米軍の学校のひとつでひらかれる予定だった原爆使用にかんする学術シンポジウムは、最後の最後になって、急に私立大のキャンパスに会場をうつされた(参加した軍の将官たちは私服であらわれた)。第二次世界大戦を専門とする公文書館の職員たちは、一九九六年の年次総会で、旧敵国の日独にたいし、戦後に連合国がおこなった戦犯裁判の論点について、報告することを検討していると報じられたが、すぐにその考えは「あまりに物議をかもす」として、しりぞけられた。思うにそうした調査は、日本の軍人にたいする連合国の裁判で時々おこった裁判のあやまりについて、議論をよぶことになるかもしれなかったからだろう。

こうした政治的圧力と自己検閲の雰囲気のもとで、研究者は最低でも四つのことを試みねばならない。第一にわれわれは、歴史学にどう取りくむのか、その姿勢を一般の人々につたえねばならない。第二に、特別な研究から学んだこととその結論を、よりひろく知らしめねばならない。第三に、理想的にアメリカの経験を祝うとは何を意味すべきかについて、定義するようつとめねばならない。最後に、公式の歴史的正統派の御用達にたいするスミソニアンの悲しむべき降伏に照らして、研究者、とりわけ社会科学者、人文学者は、「公共の歴史」のあるべき使命について、真剣な顧慮をはらうべきである。

＊　　　＊　　　＊

要するに、こうした仕事は何を必要とするのか。

スミソニアンをめぐる議論や、より大きな「文化戦争」があきらかにしたように、保守派によれば「修正主義」が、政治的な不当性(political incorrectness)のしるしとなった。この論争のいたるところに不幸な行きすぎがあった。毒舌と暴論にみちた今日のような時代にあっては、「重要な調査研究と責任ある修正が、すべての真剣な知的営為の源泉である」という考えを一般の人々につたえようとすることは、困難な仕事になってしまっている。

まじめな歴史家なら、他のほんとうの知識人一般と同じように、自分が継承した学問を再慮再考するために、新たな見かたやデータを利用するだろう。この仕事のやりがいについて、動かしがたく不可侵となった歴史的真実を信仰している人々に伝えるのはむずかしい。そこに「愛国の血糊(patriotic gore)」[*4]や「良き戦争」がかかわると、そのむずかしさは倍増する。

だが「不可侵の真実」を口にする人はまた、一般的に、「時代の展望」や「歴史の審判」を呼びさますような言葉を、よく受けいれもする。世間智はこうして、歴史家がなかに入って賢明に、労を惜しまずに説明しようとする部屋の扉をあけたままにしている。そこで歴史家が説明するのは、時の移ろいや新しい情報の発見、新たな疑問の提起といったすべてが、理解を修正し、過去のできごとを再構築することにつながるかもしれないということだ(論争の旋風にとらわれたスミソニアンの広報官は、彼らの原案が依拠する本格的な歴史の考察について、おおやけにはけっして精力的に説明せず、その立場をまもろうともしなかった)。

第二次世界大戦の終結五〇周年の例でいえば、われわれ学者が特別の専門分野で知っていることは、まさに、航空宇宙博物館の最小限に削られた展示で観客が出会うものとは、いちじるしく異なっている。その展示はせいぜい、広島に原爆を投下した「超空の要塞」B-29エノラ・ゲイの胴体と、テープ録音した爆撃機乗組員の追想があるだけだ。

たとえばわれわれは今、アメリカ人の命を救うのにくわえて、他の多くの要請が、一九四五年八月の広島・長崎への原爆投下の決定を駆りたてたことを知っている。また米軍が、原爆投下から数カ月間は、日本に侵略しない作戦でいたことを知っている。さらに、原爆が投下される前に、日本が崩壊の淵にあったことや、原爆の代替案が考慮され、それが却下されたことも知っている。

また、広島と長崎の死者が日本人だけではなかったことも知っている。死者のなかには、日本の君主によって重労働のために徴募された数千人の韓国・朝鮮人や、真珠湾攻撃のあとに広島に帰還して行き場をうしなった一〇〇〇人以上の日系二世、その大半がのちに広島原爆の日本人生存者に殴り殺された少数のアメリカの白人戦争捕虜、さらに数はすくないが中国人、東南アジア人、欧州人がいたのである。さらに、広島と長崎で殺された人のほとんどが民間人だったが、その死者の総計がはじめの見つもりよりかなり大きく、いまの日本の公式の計算では、三〇万人以上にのぼることも知っている(その数は、太平洋戦争全体で殺された米軍兵士の総数の三倍以上にあたる)[†]。

映画や写真、個人の手記をとおして、われわれはしだいに、放射線による死に特有のグロテスクな性質を、よりいきいきと、とらえることができるようになった。原爆が人におよぼした結果にかんする事実の記録の多くは、はじめは米国当局者によって検閲された(たとえば占領下の日本で、原爆生存者は一九四八年おそくまで、彼らの体験記を刊行することが許されず、広島と長崎の撮影フィルムは、二〇年間機密あつかいにされたままだった)。

そのうえ、多くの生存者が、彼らにトラウマをもたらした体験を、言葉や絵で精確に表現することが心理的に可能となるまでに、長い歳月が流れた。そうした記録がアメリカ人にも入手できるようになったのは、ほんのここ一〇年か二〇年のことにすぎない。放射線汚染による早期の死の恐怖は、はじめは世界からかくされていた。それはまだ、日本以外ではほとんど知られていない。同じように、放射線被曝が長期にわたっておよぼす医学的な影響については、おもに専門家にしか知られないままだ。こうした負の遺産は、当時子宮にいた子どもの精神発達遅滞から、生存者におけるさまざまなガン、とりわけ白血病の平常値よりも高い発症率にまでおよんでいる。

「文脈のなさ」ということが、これまでのところスミソニアンへの批判勢力によって独占されてきた議論である。彼らは協会の原爆展の原案は一九四五年以前の戦争の性質と、日本の軍事力の侵略的で残虐、かつ狂信的な振るまいを十分につたえていない、と告発した。そうした批判には理があった。ところが、もっと豊かな展示にみちびくどころか、結果として生じたのは、できごとを「言祝《ことほ》ぐ」展示であり、そこでは原爆自体の使用とその結果について、基本的な知識が完全に削られてしまったのである。こうして、政府など公式の集まりにおいては愛国的ではなく不適切とみなされる知識や見解、議論を、おおやけに伝えることが、学者やふつうの市民の責務となったのである。

たしかにここ数カ月、多くの大学教員や大学が、戦争と原爆にかんする講義やシンポジウムをとおして、この挑戦に立ちむかってきた。そうした理念上の責務をはたす、もっとも政治的に目だった勇気ある例は、首都ワシントンにあるアメリカン大学が、スミソニアンの展示にふくまれるはずだった広島の品々を中心に、核攻撃が人間にもたらした結果をしめす展示を後援していることだ。

そうしたさまざまな活動は、自己検閲の寒気に立ちむかううえで、決定的に重要だ。同時にそうした活動は、アメリカが理想的に支持するものへの真の祝福を推しすすめる試みとして理解されねばならない。アメリカが支持するものとは、すなわち、異議の声にたいする寛容と、過去の悪に向きあってそれを乗りこえる能力なのである。これは夢かもしれないが、戦うに値する夢である。そうでなければ、いまの祝賀の公式の定義を受けいれることになる。それは、オウム返しに民族主義的な神話をくりかえし、愛国的な警笛を打ち鳴らすことだ。[*5]

だがもし、この祝賀にかんする、より急進的な考えがうけいれられるなら、われわれが「公共の歴史」という言葉で意味するものに、真剣な注意を振りむけねばならないだろう。一時的に勝利をえた議論は明確で、露骨だ。スミソニアンのように税金の補助をうけている組織が(あるいは全米人文基金や全米芸術基金の援助でも同じだ)、国家の経験を批判するのは大きなお世話だ、ということである。彼らの役割は、アメリカのかつてのありかたや、やったことを賛美し、ほめそやし、美しくすることなのだ、と。

これはまさに、他の国々や文化によって信奉されるときには、われわれが批判し、笑いものにすることであり、われわれは、他国に説教するくらいなら自分たちで実践するほうが、ずっといい。アメリカには誇るべきものも多く、批判的に考えるべきものも多大にある。最後の「良き戦争」のような場合、それにともなって、ほとんど無頓着に数十万人の敵の民間人を生きたまま火葬にしたような場合に、時にはわれわれの真の英雄的行為と、恐ろしい行為とを区別することは、耐えがたいほどに困難だ。いつかはわれわれも、こうした恐るべきあいまいさに、正面切って向きあわねばならない。しかもそれを、民間と同じように、公的な機関でやらねばならない。さもなければ、正直で開かれた社会であるというふりをするのを、やめるべきだろう。

それこそが、真の民主主義において戦うに値する「公共の歴史」なのである。

〈著者による補足〉

† この公式数字の出典については第五章の原注(16)を参照されたい。もっとも妥当と思われる原爆死者数の見つもりでも、いまや二〇万人以上とみられ、これでも太平洋戦争での米軍死者の二倍にあたる。

〈訳注〉

＊1　ふつうinvitedの否定形はuninvited(招かれていない、押しかけの)をつかう。稀にdisinviteは招待をキャンセルするときにつかわれる。

＊2　ワシントンDCにある国立アメリカ歴史博物館も、スミソニアン協会が運営している。

＊3　政治的正当性(political correctness)は、一九九〇年代からアメリカでよくつかわれるようになった言葉。人種、性などによる差別をただす立場を指す。だがこの言葉はむしろ、保守的な陣営が、差別にたいする過剰な是正を求める人や考えを批判する文脈で、「政治的な潔癖さ」を否定的に評する意味でつかうことが多い。

＊4　『愛国の血糊(*Patriotic Gore*)』は、アメリカの文芸批評家エドマンド・ウィルソン(Edmund Wilson)が一九六二年に出版した南北戦争にかんする歴史文芸書。書名はメリーランド州歌の一節からとられたが、もとは、同州ボルチモアで一八六一年に起きた南北戦争初の流血事件に由来する。ここでは一般に、強い愛国心にかかわる問題を比喩的に指している。

＊5　原文は韻を踏む文章で、以下のようになっている。The parroting of nationalistic myths and honking of patriotic horns.

第八章

二つのシステムにおける平和と民主主義

——対外政策と国内対立

解題

学生から教師の側に移るにあたって、なじみの深い記憶のひとつに、博士論文執筆中の卒業生として、一九七〇年のアメリカ歴史学会年次総会に出席した思い出がある。私の目的はただひとつ、初歩レベルのカレッジか大学に教職をえるための面接だった。総会初日の朝早く、私は会議がひらかれるホテルのレストランに朝食をとりに行き、片隅に席をとった。すると隣席に座っていた愛想のよい紳士が、研究の関心はどこにあるのかとたずねてきた。私が、関心は戦後の日本占領にまでおよんでいますと答えると、彼は「そいつは歴史になるには早すぎる」と宣言して立ちあがり、数席も離れた腰掛に座りなおした。職探しとしてはちっとも楽観的なものではなかったが、これは私が選んだ職業について、大学に特有の性格と、進取の精神について、啓蒙的な教訓をあたえてくれた。

その中年の教授がだれであったのか、少しも見当はつかない。たぶん彼自身もいまや、歴史となっただろう。ともかく、歴史家として日本の戦後を取りあげるのは早すぎるという彼の議論はまちがっていた。最近のできごとについて、あえて草稿をつくろうとすれば、豊かな史料はいたるところにあった。回想録やインタビュー、保管された日米の口述歴史《オーラル・ヒストリー》資料は大量に積みかさなっていたし、政府の公文書は機密解除になっていた。そしてインターネット普及以前の日々でさえ、図書館や古本屋をちょっとうろつく気になりさえすれば、新聞や雑誌、年報や公式の社史、官庁史など、問題を解明するために、あらゆる様式の大衆文化の史料を入手することができた(戦後日本においては、公私のあらゆるレベルで、「現在」や近年の歴史を出版することが、ほとんど強迫観念に近い慣行になった。同時にそれはしばしば、日本文化はいかに根本的に寡黙で、論理的ではないのかについて、きまじめにあつかう論考の出版をもともなっていた）。

Ｅ・Ｈ・ノーマンが一九四〇年に、明治の政治や経済にかんする最初の先駆的な研究を出版したとき、一九一二年の明治末から数えて、まだ二八年という歳月しかたっていなかった。一九八九年に裕仁天皇が死去し、一九二六年の即位ではじまる長い昭和時代におわりをもたらしたときには、日本の降伏からすでに四四年の歳月を隔てていた。そのころには、「歴史としての戦後日本」などという言葉を聞いて、だれもあの教授のように、数席も離れた腰掛に行こうとはしなかった。それこそが、以下の長い論文が掲載された編著の書名だった。*1その本は一九九三年に出版されたが、私の「二つのシステム」という寄稿論文は、われわれがしばしば抽象的に語るダイナミズム、つまり国内的・国際的な構造や政策、そしてその対立関係を、弁証法的に具体的に描写する試みだった。寄稿者のなかには、私の認識体系《パラダイム》があまりに割りきりすぎだと感じた人がいる。彼らは正しい。日本においては、いやどこにおいても、ものごとはけっして整然とはしていないものだ。

それでも、私の分析をキャッチフレーズ風にいえばこうなる。当時の日本人の学問的、大衆的な議論においては、一方に「平和と民主主義」、他方に国内の「五五年体制」があり、国際的な「サンフランシスコ体制」が中央に位置づけられていたのだ、と。多くの変化があったにもかかわらず、こうした理念や権力の形態はいまもつづいているので、日本の歴史家、政治学者、ジャーナリストたちは、いまだに日常的にこうした言葉をつかっている。過度に単純化してはいるものの、国内・国際構造がどう結びついているのかを強調するこうした簡潔な手法は、より陰翳《いんえい》に富んだ研究に道をひらくだろう。

もちろん、日本の戦後政治史について、一九九〇年代はじめに書かれたこの本から、あきらかに漏れおちたものがある。われわれは、たとえば一九五〇年代後半にＣＩＡが岸信介首相にあたえた助成金のように、日本政治における保守のヘゲモニー統合をけしかけたアメリカの役割について、いまでは、より多くを知っている。さらに何年にもわたって、日米政府のあいだの秘密合意や密約文書が外にもれだした。世論むけにどんなことをいおうと、その大部分は、自民党の保守政権が、沖縄や核兵器の開発や配備などの議論をよぶ重要問題について、アメリカの政策を支持する保証をあたえていたことをあきらかにしている。

この論文に欠けていた顕著な点は、日本が一九九〇年代と、二一世紀のはじめの一〇年間になっていっそう財政停滞におちいる一方で、中国が、アジアにおける強大で人目をひく新興勢力として台頭したことへの予測が、まったくなかったことだろう。だがそれはまた別の物語だ。そしてもし、ここで語らなかった長所があるとするなら、それは一世代そこそこで、一九四五年の廃墟から、アメリカの庇護のもとに守られ、超大国になった日本を特徴づけている、しばしば忘れられがちな不穏と緊張に、焦点をあわせていることだろう。

〈訳注〉

＊1　アンドルー・ゴードン編『歴史としての戦後日本』上・下、中村政則監訳、みすず書房、二〇〇一年。

一八五三年に西洋諸国によって日本の鎖国がやぶられてこのかた、国内政策と対外政策は日本人によってひとつに織りまぜられ、不可分なものとされてきた。あとにつづく世代を動員する標語が、この相互の結びつきの強さをつたえている。こうして、ついに一八六八年に封建体制をくつがえした勢力は、「尊皇攘夷」のスローガンのもとに結集した。明治政府（一八六八―一九一二）は、西洋化にむけて人々を社会化し、工業化し、「富国強兵」の標語のもとで帝国を建設した。一九三〇年代、四〇年代はじめの戦闘的な拡張主義者たちは、同じように国内

での刷新、海外での経済的な自給自足体制に関心をよせ、国内の「新体制」と海外での「新秩序」を対のものとしてつくりあげた。彼らはアジアに広大な皇土をつくることで国内の苦難を解決しようと考え、「共存共栄」というレトリックで、その理念にうわべの輝きをあたえた。

日本は第二次世界大戦後、外交的には、うわべはずっと低姿勢をとってきたが、やはり国際政治と国内政治の緊密な関係が、中心的な課題でありつづけた。ここでもまた、キャッチフレーズが、状況をよくとらえている。終戦直後、疲弊した日本人は、「非軍事化と民主主義化」という理想主義的な政治課題によってふるいたち、しばしば、これに鼓舞された。はじめからこれらの二つの理念は、分かちがたいものと理解されていた。軍国化した国家を壊すことは、日本を民主化するうえで欠かせなかったし、真に民主主義的な国家をつくることによってのみ、将来の日本の軍国主義の危険性を防ぐことができるはずだった。ひとたび公式に非軍事化がなしとげられると、永続する目標は「平和と民主主義」をつくり、それを維持することになった。降伏後に人気のあった「文化国家の建設」といった標語による奨励さえもが、「平和と民主主義」という対となる理念と同意語だと解された。たとえば一九四七年に戦後の新憲法のもとではじめてひらかれた国会の会期で、片山哲首相は、「民主的な平和国家、文化国家の建設」にむけて前進するよう訴えて、彼の演説を締めくくった。(1)

「民主主義」、「平和」、「文化」というこれらの鍵となる言葉は、その後に再解釈をくわえられ、「文化」はだいたいにおいて、ほかの二つの言葉から切りはなされた。しかし戦後の全般をとおして、政治的な政策と論争のかなりの部分は、「平和」と「民主主義」を論争の二つの電極とする放電管の内部に閉じこめられ、電流のようにパチパチと音を立ててはぜた。「平和」と「民主主義」は、日本に固有のレトリック上の理念ではないが、日本においては、際だった活力をおびていた。「平和」は対外政策を合法化したり、あるいは反対にそれを批判したりするうえで、その議論を左右する磁極になった。「民主主義」も、きわめてはげしく議論された国内問題において、同じ機能をはたした。そして防衛政策と国際政策をめぐる戦後の議論は、ほとんどいつも、権力、参加、国家の優先課題、さらには公正さや幸福、社会正義をめぐってビジョンが競いあう国内闘争と絡むことになった。

戦後権力の実際の構造にかんしては、さらに二つのきわめて日本的な表現が、ここでは注目されよう。ひとつめは「サンフランシスコ体制」である。これは一九五一年九月、四八カ国を相手にしたサンフランシスコ講和条約で、日本が署名した際に公式にとった国際政治上の立場と、その日のうちに、日米二国間の安全保障条約をとおして、アメリカの冷戦政策の盟友になったことを、同時にさしている。一九七〇年代に経済大国としてあらわれて以降、世界における日本の役割や影響力はいちじるしく変わったものの、一九五一年から、「戦後」のおわりを象徴することになった昭和期の終焉にいたるまで、日本はこのサンフランシスコ体制という戦略的制限《パラメーター》の枠内で活動しつづけた。二つめは、国内の政治関係の性格をはっきりするためにつくられた語句で、「五五年体制」とよばれる。これは、その後数十年間、途切れることなく日本を統治することになった自由民主党の確立をはじめ、一九五五年におきた政治的、社会経済的な一連の展開をさす言葉である。より一般的に「五五年体制」は、内部での競争にもかかわらず、ヘゲモニーを牛耳る保守体制と、軽んじられてはいるが、ときには影響力のある自由主義派・マルクス主義の野党という構図で特徴づけられる、日本の国内政治の構造を意味している。

ほかのすべての流行《はや》りの政治用語と同じく、「サンフランシスコ体制」と「五五年体制」は、一方でものごとをあきらかにするのと同じように、他方では、あいまいにもする。アメリカの冷戦政策への日本の編入と、保守エリートの勝利という事実は、一九四〇年代のおわりからすでに明白だった。このころにはアメリカの対日占領政策が、いわゆる「逆コース」を経験し、それまで強調していた「非軍事と民主化」から、「経済再建と再軍備」や、アメリカの「対共産主義封じこめ戦略」への統合に、軸足をうつしたのだった。このように二つのシステムの真の起源は、ひろく行きわたったそれらの言葉が文字どおりに示唆するよりも、ずっと早かったのである。そのうえ、戦後をとおして日本を取りまく国内、国際環境はたえず変わり、一九七〇年のはじめ以降は、劇的に変化した。この見かたからすると、「サンフランシスコ体制」と「五五年体制」はともに、一九七〇年代なかば以降の歳月にあてはめると、時代錯誤の響きがあると論じられている。たしかに、そうなのだ[2]。

それでもなお、二つの語句は、戦後日本を歴史として再創出しようとする人にとっては、おおいに示唆に富む。その二つのシステムは内外を見わたす世界観を反映し、日本人自身によって定義され、記述され（さらには、批判もされ）てきたからだ。そして時のうつろいをこえて生き残るほかの人気のある語句と同じように、二つの語句は、とりわけ日本人の分析者にとって、複雑で、ときには矛盾することすらあるさまざまな連想の宝庫だ。二つの語句は、戦後日本が、そのもとで発展した国内外における特有の資本主義の文脈をあらわす隠語でもある。二つのシステムは、一九五〇年代から八〇年代のあいだに日本が達成した目ざましい国際的・国内的な繁栄と、緊密に関連している。同時に二つのシステムは、日本が富と権力を手にするまで、内部に分裂や緊張、そして暴力さえをもともなったことを思いおこさせる。豊かな消費社会、強力な資本主義国家としてあらわれた日本を特徴づけるものは、「平和と民主主義」の問題をめぐるはげしい政治闘争だったが、日本人にとって「サンフランシスコ体制」と「五五年体制」は、その闘争を、いまなお、なまなましく象徴するものなのだ。

本質的に、こうした闘争は、支配的な保守エリートと、これに批判的な自由主義・左翼の対立だった。批判派は、その影響力の頂点だった一九五〇年代と六〇年代に、実効力のある少数派を形成し、人々の想像力をとらえ、国家の政治課題に影響をあたえた。だが一九七〇年代なかばまでに左派は、知的に人を動かさずにはおれないような政治力をつかいはたしてしまったようにみえる。その理由のひとつは、反対勢力がたんに、そのもっとも根本における議論で説得力を失ってしまったからだろう。日本国内における繁栄は、資本主義にたいする批判の土台を掘りくずし、日本が海外で経済大国の地位を獲得したことで、アメリカ経済への従属という議論の信用はうたがわしいものになった。しかし、もうひとつの理由は、既成体制にたいする批判が、議論のうえでは勝ったこと、もっとふつうにいえば、社会的、地政学的なことがらについての反体制的な論点が、保守によって巧みに取りこまれてしまった結果だった。最も辛辣な激論を経たにもかかわらず、戦後の日本は、まったく妥協の余地もないほどそれぞれのイデオロギーの陣営に分裂するということは、けっしてなかった。たとえば親米の保守もアメリカにたいしては多くのいらだちを覚えていたし、「国際主義者」を標榜する自由主義や左派も、民族主義的な訴えには影響されやすかった。こうして、両陣営内における分裂と、陣営間でたがいに便宜をはかることが、「平和と民主主義」をめぐる議論の背後に一貫して持続する隠れた主題《サブテキスト》になったのである。このいわばイデオロギー的な柔軟さが、なぜ一九七〇年代、八〇年代に、論争が弱まる時代へと移りかわっていったのか、その理由を説明するのに役だつだろう。「平和と民主主義」をめぐる議論が退潮するにつれ、日本の独自性と優越性を強調する新民族主義《ネオ・ナショナリズム》的な思想の上げ潮が、その位置を占めるようになった。日本だけを例外とする昭和後期に流行《はや》ったこの主張は、日本人自身による批判はあったものの、保守派と同じく、堅固な左派の考えにも、琴線にふれるものがあった。

グローバルな政策と国内政策をめぐる論争は、昭和の最後の一〇年間にも消えることはなかった。それは、むしろちがったかたちをとったといえる。経済的な超大国になった結果、日本には予想だにしなかった影響力がもたらされたが、それはまた、アメリカや欧州共同体ばかりでなく、日本国内においても、予期せぬ緊張を生じさせた。エリートのレベルでは、新しい資本主義は、保守支配層のなかに、権力と影響力をもとめる新たな競争者を大量にうみだした。支配層は工業の生産性や経済的なナショナリズムに病的なまでに執着したが、大衆レベルではこのことが、市民を鼓舞し、空理空論のイデオロギーを避け、生活の質や環境保護、コミュニティ・サービスといった特定の問題に焦点をしぼる抗議運動を引きおこした。ビジョンとしては、初期の「平和と民主主義」

闘争ほどのひろがりはなかったが、そうした議会によらない活動は、新たな種類の草の根民主主義のはじまりをしめしていた。

こうしたさまざまな点で、日本は一九七〇年代はじめに、新たな段階に入ったといえるだろう。しかし、サンフランシスコ体制に象徴される、アメリカとのかつての軍事的・経済的な利害得失の重なりあいは、日本の外交政策の核心でありつづけた。五五年体制の基盤である保守のヘゲモニーは、以前よりももっと多くの問題をやりくりしながら支配を継続し、仲間うちで口げんかをしたり悪口をいったりしながらも、表舞台から退場させられる危険はどこにもなかった。「平和と民主主義」の重要な論点は、繁栄と国家の誇りによって弱められながらも、まさに表面下にとどまっていた。新しい超大国日本は、ほんとうに民主主義的で、平和をめざす建設的な勢力なのだろうか。一九七〇年代、八〇年代に古い議論が姿を消すにつれ、新しい見地から、こうした疑問が、世界じゅうからだされるようになった。

「サンフランシスコ体制」と「五五年体制」それぞれにおける内部の確執と、相互のあいだの結びつき、さらには一九七〇年代はじめ以降、経済的、財政的、技術的な超大国として日本がよろめきながら入っていった不確かな世界にかんする広範な懸念については、以下に論ずることにしたい。

サンフランシスコ体制

戦後日本の「平和」と「民主主義」の交差は、一九四五―五二年の連合国による占領と、その進展としてのサンフランシスコ体制にはじまる。アメリカが主導する占領のもとで、敗北した日本は当初、非軍事化された。帝国陸軍省、海軍省は廃止された。旧軍将校たちは、表面上は「永久に」公職から追放《パージ》された。一九四七年新憲法の有名な第九条で、日本は「国権の発動たる戦争と、武力による威嚇又は武力の行使は、国際紛争を解決する手段としては、永久にこれを放棄する」ことを誓った。これが意味するところは、まさに文言がいわんとするとおりだと、憲法制定当時には国民に説明された。吉田茂首相が、武士の時代から古色蒼然たる比喩を借りて表現したように、平和新憲法のもとで、日本人は自衛の名において両刀を手にすることすら禁じられたのだった。(3)*1

この初期の段階で、吉田や彼の同僚たちは、見とおせる将来において日本は、中国やソ連をふくむ他の世界と平和的な関係を修復することに専念する非武装国家になるのが最善だと予想した。このもっとも早い時期のシナリオは、たぶん国際連合か、列強間の合意か、もし必要ならアメリカと二国間合意を結び、そのもとで日本本土(たぶん沖縄をふくむ)のいたるところに駐留する米軍に防衛してもらうことで、日本の安全が保障されるというものだった。(4) だがこのシナリオは、実現しなかった。一九五一年にサンフランシスコで署名された講和条約は実際に寛大で、懲罰的なものではなく、日本を将来にわたって国際的な監視下におくという条項もなかった。しかし同時に結ばれたアメリカとの安全保障条約のもとで、日本は主権回復後も、日本のいたるところにある基地をアメリカが維持することに合意し、日米安保条約は、日本が再軍備を約束するものと受けとめられた。日本には「潜在主権」*2が認められたものの、アメリカは、そのころまでにアジアの主要な核基地になっていた沖縄本島をふくむ琉球諸島*3の事実上の(de facto)統治を維持することになった。

主権を回復するという目的のために、日本はアメリカと軍事的に提携した。そのことから予想されたように、ソ連は講和条約に署名することを拒んだ。中華人民共和国も、台湾の国民党政府も、サンフランシスコ講和会議には招かれなかったが、吉田政権はアメリカの強い圧力をうけ、その後みずからの希望と期待とは反するかたちで、国民党政権と国交を樹立し、中国封じこめに参加した。サンフランシスコ講和条約はこうして、当時の言葉でいうと、「単独講和」におわった。一九五二年四月、日本が正式に主権を回復してからのちの歳月に、こうした冷戦の取りきめの数々は、国内では一貫して野党が政府を批判する的となり、日米パートナーシップそのものの摩擦の源でありつづけた[5]。

安保条約が交渉され発効するまでのあいだ、将来の日本の軍事力にかんするアメリカの計画は、陸軍に焦点をあわせたきわめて野心的なものだった。日本は、アメリカから、一九五四年までに三二万五〇〇〇人から三五万人の陸軍をつくるべきだといわれた。その数字は、一九三一年の満州事変前夜よりも大きく、陸上自衛隊が戦後、実際にたっした要員よりもなお多かった。はじめから米政権内では、日本の再軍備は憲法改正をともなうべきであり、事実、そうなるだろうとみなされた。この想定は実際にアメリカが日本の再軍備をはじめる前の一九四〇年代おそくに秘密計画として登場し、一九五三年一一月に、リチャード・ニクソン副大統領によって、はじめておおやけに力説された。日本の経済的な混乱や社会不安へのおそればかりでなく、ワシントンの熱狂的な強硬派が日本にたいし、構想している日本の陸軍を朝鮮戦争に送ることさえもとめるおそれもあったため、吉田は多くの理由からアメリカの圧力に抵抗し、日本の再軍備をゆっくりすすめるという、より控えめな様式を確立した。吉田や側近たちは、迅速で大規模な軍隊創設には憲法改正が必要だというアメリカ側の考えに、個人的には同意していたが、当時はそうした改正は政治的に不可能であると主張した。結局のところ、たった五年かそこら前に、日本は戦争と核兵器のおそろしさを強く思い知らされたばかりなのだ。これは実際、日本にとって最大の切り札だったし、その後もそうだった。リベラルな一九四七年新憲法への民衆の支持ゆえに、戦後日本での憲法改正は政治的に不可能でありつづけた[6]。

一九五〇年代はじめに日米政府のあいだでは、日本側の主張に沿うようなかたちで、再軍備の合意にたっした。こうして対抗軸としての憲法九条は、サンフランシスコ体制のなかで、あいまいだが重要な要素として生き残ったのである。憲法九条は、日本の再軍備をすこしずつ容認するため、政府によって荒っぽく再解釈されたが、同時に、再軍事化の速度と範囲を抑えるよう効果的につかわれもしたのだった。昭和時代の歴代内閣は、兵力増大だけでなく、集団安全保障の取りきめへの参加や海外派兵をもとめるアメリカ側からの圧力にたいし、くりかえし憲法を楯に抵抗した。一九七〇年に佐藤栄作首相が述べたように、「憲法の条章は海外出動を不可能としている」のだった。(7) 憲法九条が改正されれば、憲法のほかの条文、とりわけ個人の諸権利の保障と、おそらくは「象徴」にとどまる天皇の地位にかんして保守的な改正にも道をひらく可能性があったため、憲法改正議論は、「平和と民主主義」をめぐって戦後の関心が交差する、もっとも劇的な、最大の争点になった。

講和条約の文言は一九五一年九月に署名されるまでおおやけにされず、日米の軍事的関係の詳細は、それから一九五二年四月の占領終結までのわずか数カ月のうちに、両国間で交渉されたのだった。にもかかわらず、アメリカの冷戦政策に日本を編入するという一般方針は、一九五〇年六月の朝鮮戦争勃発よりずいぶん前にあきらかとなり、それに応じて日本国内の反対運動も盛りあがった。政治的左派は、こうした展開をめぐる解釈でいくつかの党派に分裂したが、その後数年にわたってサンフランシスコ体制への批判の底流をなす多くの基本原則は、一九四九年から一九五一年にかけ、左翼政党、自由主義者、革新知識人によってひろめられた。一九四九年一二月、社会党は、元敵国すべてとの全面講和、二国間軍事条約もしくは日本における外国の軍事基地への反対、冷戦における中立性堅持という「平和三原則」を採択した。党内の左右両派によるはげしい論争を経た一九五一年に、社会党は日本再軍備反対という四つめの平和原則を付けくわえた。

こうした原則を支持する知識人のうちでもっとも影響力があったのは、「平和問題談話会」だった。[*4] これは一九四八年一一月、五五人の自然・社会科学者たちが署名した「戦争と平和に関する日本の科学者の声明」で協力をしたことからはじまった動きで、おおいに尊敬を集めた学者のゆるやかな集まりだった。三五人の知識人の署名を集め、一九五〇年一月に発表された「講和問題についての声明」で談話会は、入念に「平和三原則」を推敲し、「単独講和」は戦争の一因になりうると警告し、アメリカへの依存を避ける重要性を強調した。平和問題談話会の第三の声明は、おもに丸山真男と鵜飼信成によって起草され、朝鮮戦争勃発と日本の大っぴらな再軍備開始後に、いつものように雑誌『世界』に掲載された。その一九五〇年一二月号への反響があまりに大きかったため、『世界』は刷り部数を倍にしたといわれる。*5

東京分会で三一人、京都分会で二一人の知識人が署名した平和問題談話会の第三の長文の声明は、「二つの世界」という世界観に頑固にしがみつき、「自由民主主義」と「共産主義」の避けがたい戦いを予想する、自称〈現実主義者《リアリスト》〉の欠陥あるビジョンについてくわしく論じた。声明においては、米ソいずれもが批判にさらされた。日米軍事関係があらわれる根拠となった、ソ連は軍事手段によって世界共産主義を助長することに専心している、という議論は、根拠に欠けるとして拒まれた。声明は、日本が国際連合のもとで、きびしく非武装中立の針路をとることによって、平和共存に最良の貢献ができると論じた。声明の最終章は、「平和と国内体制との関係」を正面からあつかった。そこでは、ソ連のイデオロギーやアメリカ流の冷戦目標のいずれにも拠らない社会民主主義的な国内改革をすすめることこそが、日本が戦争のない世界に貢献し、経済的独立をなしとげる最良の機会を、もっとも効果的に活かせる道だ、と主張した。ここでの言葉づかいは慎重であり、富の分配と所得における公平さや、成熟した民主主義の創出について、一般的、かつきわめて理想主義的な言葉をもちい、「自由経済の原理」を「計画原理」で補完することなどについてのべている(8)。

これらの声明は、おそらくは日本の平和運動のもっともよく知られた宣言として歳月をながらえた。だが、真に国際主義的、普遍主義的な見解とは背反するかに思える彼ら自身にひそむ底流には、当時もその後も、あまり関心がはらわれなかった。たとえば有名な第三の声明は、インドのネルー首相が信奉する「アジアの人々の歴史的な立場と使命の真髄」としての中立性を賞揚することによって、ほのかに、第二次世界大戦中の日本の汎アジア的なレトリックをしのばせる。同時に声明は、中立が「日本が独立独行、独立の道を行く唯一の立場」を意味すると論じた点で、かすかにナショナリズムの感情に訴えてもいる。だがもっとも印象的なのは、平和問題談話会の知識人たちが、つい最近ようやくおわったばかりの戦争で、日本人が経験した受苦にじかに訴えることで、反戦感情をかもそうとしたことだろう。第三の声明はいう。「戦時中に祖国が経験した哀れな経験に照らし、われわれにとって平和を犠牲にすることの意味はあまりに明白だ」[9]。もちろん日本によるアジアの犠牲者の見地からすれば、こうした訴えは、国際主義的どころか、驚くほど偏狭にみえるだろう。だが、それは日本の環境においては、あらゆる政治的な党派のちがいをこえてひろがる、ほとんど本能的な「被害者意識(victim consciousness)」という心の琴線にふれるものだった。

一九五一年から一九五四年にかけて展開したサンフランシスコ体制の性質からいって、野党と同じく保守派にとっても、日本が主権のためにかなりの代償をはらったことがあきらかになった。日本はいまや、法的に疑義のある軍隊と、うたがいの余地のないほど不平等な二国間安保条約をもっていた。一九五八年ごろから、藤山愛一郎外相ら日本の当局者は、ワシントンの交渉相手にたいし、現行の日米安保条約のもとでは「日本国民」が、「独立性と主導権の欠如」を感じている、と警告をしはじめた。「そうした考えがあるかぎり、日米関係にとっては害になるだろう」と藤山は警告した。条約改正が政治議題になった一九六〇年にはアメリカの政府当局者も、一九五一年に日本と結んだ安保条約は、戦後アメリカが締結した二国間条約のなかでもっとも不平等であることをみとめた。さらに日本人にとって、平和が国家分裂という代償をともなうものであったこと、領土的にも精神的にも分断されたという意味で、二重の国家分断をともなうものであったことは、悲痛なほどにあきらかだった。沖縄の本土からの分離は、沖縄の社会と経済を、アジアにおけるアメリカの核戦略のグロテスクな付属物にしてしまった。一九六〇年代はじめに駐日米大使だったエドウィン・ライシャワーは、のちに沖縄を、「戦争以来、アジアでつくられた唯一の「半植民地的」な領土」と特徴づけたが、この領土分断が誘発した憤りは一九七二年の沖縄復帰まで鬱積し、その後もつづくことになった。国家の精神的な分断は、かなりの部分はサンフランシスコ体制それ自体によって引きおこされた国内政治的、イデオロギー的なはげしい対立にはっきりあらわれた。吉田茂は、べつの鮮やかな軍事的な比喩をつかって、第二次世界大戦終結時の朝鮮半島の連合国による分断に日本をなぞらえ、占領と冷戦によるその処理は、日本人の心の奥ふかくに「三八度線」を引いてしまった、といった。(10) これは戦後の朝鮮半島、中国、ドイツ、ベトナムにもたらされた分断のトラウマや悲劇とは、ほとんど比べるべくもない。にもかかわらず、このことは日本がアメリカの冷戦政策に組みいれられたあとの歳月に、日本に蔓延した情緒や政治的な空気がどのようなものであったかを示唆している。

もっとも基本的なことは、サンフランシスコ体制が、心理的にも構造的にも日本をアメリカに従属させ、年々、遅効性の酸性物質のように、日本人のプライドを腐蝕させていったことにある。日本との軍事関係が、一方では日本を反共主義陣営に組みこみ、同時に日本をアメリカの支配下におく永続的な構造をつくりだすための諸刃の剣であることは、内々ではあるが、アメリカの政権内でも率直にみとめられていた。吉田茂のように熱心な反共主義の政治家でさえ、ソ連を日本にたいする直接の脅威とはみなしておらず、ひきつづき米軍と基地の存在をみとめることが、アメリカの庇護をたしかなものとし、国家主権を回復するためには避けることのできない代償だとして、しぶしぶ受けいれただけだった。沖縄をふくむ在日米軍と基地の一義的な任務は、けっして日本を直接守ることではなく、むしろアジアにおいて軍事力を投入し、ある米高官がのちに証言したところでは、「それ以外の地域でのアメリカのコミットメントを支える」ためだった。(11) 多くの観察者にとって、米軍の存在が、日本への外からの脅威にたいする抑止力にもなっているという議論は、それにたいする反論よりも説得力に欠けていた。その反論とは、外からの脅威は、在日米軍基地がなければ無視してよいほどだが、基地があることによってすぐなからず脅威が生じることになり、もし米ソ戦争がおきたら、日本はかならずそれに引きこまれていたろう、というものだ。同時に日本列島全土にひろがる米軍のプレゼンスは、日本がアメリカに敵対して再軍備化をすることを、現地において抑止する力を確立した。日本の軍事計画をアメリカの重要戦略に従属させることは、日本にたいするアメリカの長期的支配をたしかなものとするうえで、より巧妙なもうひとつの方法だった。軍事力における日米の技術的な統合もまた同じである。日本を制度的にアメリカに依存させるその過程は、優先順位が地上軍から、技術的に洗練された日本の海軍、空軍の創設へと移る一九五〇年代なかば以降に、事実上ふかまっていった。

サンフランシスコ体制への初期の批判は、こうした体制内における日本の立場を、経済的、外交的、軍事的依存をふくむ一種の「従属的独立」であると特徴づけた。この言葉は政治的な左派から提起されたのだが、日本社会全体に響きわたり、日米政府の首脳部にもつかわれるようになった。たとえば一九四七年、米陸海軍と米国務省の政策立案者がはじめて、日本をアメリカの冷戦戦略に組みこむことを真剣に考えたとき、彼らは日本が中立になるどころか、いずれ「独立したアイデンティティ」を回復するという前提をも拒んだ。この激しい米ソ二極の対立という世界観においては、日本は現実的にいって「ただ、米ソいずれかの衛星国としてはたらく」ことしか期待されなかった。サンフランシスコ講和会議から二カ月後の一九五一年一一月、米対日経済政策の重要な顧問だったジョゼフ・ドッジは、通商産業省の幹部たちに、ぶっきらぼうに「日本は政治的には独立できるが、経済的にはアメリカに依存したままだ」と言いはなった。日本が中国にたいする経済封じこめへの参加を強《し》いられ、代わってほかの地域、とりわけ東南アジアに市場をもとめたとき、日本は将来、経済的にきわめて不安定になるよう運命づけられているというおそれが、国じゅうにひろがった。この段階では、ほとんどだれも、日本が将来、西側の先進的な市場を相手にするだろうなどとは本気にしなかった。こうしてわれわれは、一九五四年九月の国家安全保障会議(ＮＳＣ)の「機密(Top Secret)」記録文書から、ジョン・フォスター・ダレス米国務長官が吉田茂にむかって、率直につぎのように語ったことを知るようになる。「日本人は、われわれがもとめる製品をつくれないのだから、米国には大きな市場をあてにすべきではない。日本は米国以外に、商品を輸出できる市場をみつけるべきだ[12]」。

いま振りかえれば面白いかもしれないこうした論評は、われわれに、日本がこののちに突然、グローバルな経済大国としてあらわれ、関係者ほとんどを仰天させたことを思いださせる。日本の経済大国化が、技量や勤勉にかなりの部分を負っていることはたしかだが、大きな幸運に恵まれたこともまた、たしかである。長い目でみればアメリカの冷戦政策は、日本の国内外における経済成長を、予期しないかたちで、もりたてることになった。たとえば日本は、封じこめ政策に黙ってしたがう見返りに、アメリカの特許や免許、技術ノウハウにアクセスする特別優遇をうけたし、国際経済機関においてもアメリカの庇護をうけた。同時に、自由通商やひらかれた国際経済秩序というアメリカのレトリックにもかかわらず、こうしたことはすぐに実行に移されるというよりはむしろ、窮極の理想にとどまったままだった。戦後数十年、実際にアメリカの政策は、戦争の痛手からの回復をうながすため、日本と同じく欧州の同盟国にも輸入制限を容認したし、輸入のための関税障壁は日本のほうが、欧州よりも長く大目にみられた。さらに一九七〇年代はじめまでは、日本円・ドルの為替レートにおいても円が過小評価され、米ドルを実際の価値よりも過大評価したことは、日本の輸出産業を活気づけた。さらに日本は、外国為替と資本投資について、占領期に「一時的」な措置としてみとめられたきびしい制限を、欧州よりも長く維持することを許された。閉ざされた日本の国内市場は一九五〇年代、一九六〇年代にあまりに速やかに成長し、六〇年代のおわりまでには、米欧と日本との大きな摩擦の源になった。だがそれはもともと、将来日本が西側を本気で市場にできるとは信じられてはいなかった無邪気な日々、そしてアメリカの要求によって日本が中国と緊密な経済関係を樹立することを禁じられていた日々に、アメリカによって容認された保護主義的な政策を反映しているのである。アメリカの「核の傘」が、ほんとうに日本を外部の脅威から守ったかどうかはうたがわしいが、アメリカの「経済の傘」が、日本の資本主義にはかりしれない恩恵となったことは議論の余地もないほど明白だ。[13]日本経済は、これにくわえ、二つの予期しないしかたで、サンフランシスコ体制のもとで興隆した。朝鮮戦争とベトナム戦争が、日本に大きな利益と市場拡大の突破口をもたらしたのである。朝鮮戦争に刺激されたアメリカの海外軍需物資調達は、その後も「新特需」として慣例化し、一九五〇年代の重要な数年間をとおして、日本の国際収支を支えた。同じようにベトナム戦争特需は、一九六六年から一九七一年にかけ、年間推定で一〇億ドルを日本の企業にもたらし、その期間はいまや、日本経済の「成熟期」の開幕と、グローバル資本主義システムにおけるアメリカの覇権のおわりのはじまりを画したものとみなされている。[14]

さらに、非軍事化と民主化という初期の占領政策と、憲法に体現されたことによって生じた日本再軍備への制約条件は、たんにゆるやかに再軍備をするという基本政策を支える以上の効果をもたらした。再軍備にたいする制約は、アメリカに匹敵するような強力な防衛産業ロビーの出現をさまたげた。真の防衛省がなかったために、戦後の軍事予算の編成にあたっては、大蔵省が主要な役割をになった。アメリカ国防総省にあたるような機関は日本にはなかった。そして三菱重工のような兵器生産を請け負う大企業が少数はあったものの、およそアメリカの軍産複合体に匹敵するような民間の防衛部門は生じなかった。こうして、アメリカの状況とは反対に、戦後日本における最も優秀な科学者や技術者は、彼らの才能を、戦争の兵器ではなくむしろ民間市場の商品の生産に振りむけた。こうした要因のすべてが、一九五〇年代おわりから日本が経験するようになった経済的な「離陸」と、その後数十年にわたる日本の驚くべき競争力を維持するうえで、決定的な意味をもった。これらの要因すべては、サンフランシスコ体制に欠かせない部分だったとみなされるべきだろう。

五五年体制

のちに五五年体制として知られるようになった保守のヘゲモニーにかんしても、サンフランシスコ体制と同じように、アメリカの政策立案者がより急進的で民主的な理念と変革の多くを放棄した、占領期の「逆コース」に起源があった。一九四七年二月一日に予定されていたゼネストは、ダグラス・マッカーサー元帥によって禁止された。労働者寄りの立法は、一九四八年から骨抜きにされるようになった。一五年の「総力戦」によって増した日本の官僚制の巨大な権力は、戦前の内務省が占領改革者に解体されたという以上には力をそがれなかったし、金融機構も、それを民主化するという初期の提案にもかかわらず、おおかたは手をつけられないままだった。産業の集中を排除することによって経済的な民主化をはかるというかなり野心的な計画は、一九四九年までには放棄された。戦時の行為や軍と連携したために、公的な生活から「永久に」パージされたはずの人々は、一九五〇年に追放を解除されはじめ、占領終結の時点までに、当初の追放指示のままにとどまっていたのは、わずか数百人にすぎなかった。さらに一九四九年後半から一九五〇年末まで、アメリカ当局者と日本政府は協力して、まず公職から、つぎには民間で「レッド・パージ」をおこない、その結果、約二万二〇〇〇人が解雇されたが、その大半は左翼の組合活動家だった。一九五〇年七月、この際だった右旋回のさなかに、日本の再軍備ははじまったのである。[15]

こうしてサンフランシスコ講和条約は、占領初期の「非軍事化」と「民主化」という二つの理想がともに、保守エリートと新たなアメリカ側のパートナーから攻撃をうけ、国内の混乱がひろがるなかで結ばれた。再軍備や「レッド・パージ」、軍事基地や労働法の骨抜き、単独講和、昔の経済・政治のエリートたちの復活といったすべてのことは、批判者にしてみれば、国際・国内に大きな効果をもたらした「逆コース」という、より大きな流れの一部でしかなかった。冷戦に日本が加担するためには、かつての文民の守旧派の復活を必要としたし、守旧派のほうでも、国内の反対勢力にたいしてアメリカの支持をとりつけるために、冷戦を必要としていた。

一九四七年五月から一九四八年三月にかけての片山内閣の短い幕間を除けば、「逆コース」がはじまる以前もふくめ、戦後をつうじてすべての内閣を率いたのは一貫して保守派のリーダーだった。[†]だが、一九四九年一月、第三次吉田内閣が組閣されるまで、保守派が国会で安定的多数派を占めることはなかった。しかも吉田個人にとって、この権力と安定の絶頂も、はかないものだった。一九五二年一〇月の総選挙では、パージされていた数百人の政治家が国内政治に返り咲き、一九五四年までには保守勢力の派閥抗争がはげしくなった。同年一二月、吉田と自由党の協力者たちが邪慳に権力の座を追われたとき、その首謀者は反保守派ではなく、鳩山一郎率いるライバルの保守連合、日本民主党だった。吉田を継いで首相になった鳩山は、先の大戦での日本の侵略ばかりでなく、一九二〇年代、三〇年代に反体制派への抑圧を支持したという履歴から、公職追放をうけていた。当時、反吉田陣営には、やはり後年首相になる岸信介がいたが、彼は三〇年代の傀儡国家・満州国の経済政策を主導した才気あるテクノクラートであり、一九四三年から一九四四年にかけては東条英機首相のもとで軍需次官をつとめ、一九四五年後半から一九四八年にかけては「A級戦犯」のうたがいで巣鴨プリズンに収監されたが、一度も訴追はされなかった。保守派が権力を掌握していたことはうたがいもなかったが、彼らの内部闘争はあまりにはげしく、たがいに対立派を権力の座から駆逐する力があるようにみえるほどだった。

この騒擾が、一年後の保守政党の合同をお膳だてすることになった。一九五五年一一月に、鳩山の日本民主党と吉田の自由党は合体して自由民主党を形成したが、それは前身の党と同じく、自由でも民主的でもなく、痛ましいほど名前負けしていた。以後数十年以上にわたって、自由民主党は途切れることなく政権を維持し、この驚くべき安定性が、当然のことながら、いわゆる五五年体制の基軸となった。戦後の政治経済を特徴づけることになった長期計画の策定は、かなりの部分、この一党支配の継続性によって可能になった。しかし一九五五年は、ほかの点でも注目すべき年だった。戦後の権力と影響力を組織化し、明確にしたのは、日本の降伏からわずか一〇年後のこの年に、政治的、経済的な進展が集中しておきたことによる、と思われる。こうしたできごとにかんする展開は、反保守、保守、それぞれの陣営内部で生じたのである。

実際、はじめに動いたのは、社会党と左翼の労働組合だった。一九五五年一月、社会党左派と緊密に連携する日本労働組合総評議会(総評)は、その後「春闘」として制度化されることになる最初のデモで、約八〇万人の労働者を動員した。その年から、「春闘」は、ほとんど儀式といっていいほど定期的に、産業単位の賃金カーブの底上げ(ベース・アップ)を要求するにあたって、企業別組合を組織化する基本的な手段となった。同じ月、一九五一年にサンフランシスコ講和条約への支持をめぐって公式に分裂した社会党の左派と右派は、再統合することに合意した。再統合はこの年一〇月におわったが、それにかなり先だつ一九五五年二月の総選挙の結果、二院制で重要な鍵となる衆議院で、左右両派はあわせて三分の一をわずかに上まわる議席(定数四六七のうち一五六)を獲得した。意義ぶかいことにこの議席配分は、彼ら両派が手をくめば、国会の三分の二以上の議員による承認を必要とする憲法改正を、合同で阻止できる力をあたえたのだった。

その年一一月の自民党の合同は、かなりの部分、この改憲阻止というはっきりとした目的をもった左翼野党の再統合の幻影にたいする懸念のあらわれだった。同時に保守合同は、大企業と日本の中道右派の政治家が晴れて結ばれる披露宴にもなった。「財界」は、五五年の保守合同をすすめるうえで決定的な役割をはたしたばかりでなく、それ以降、産業界を動員して自民党を支援する主要な資金源にもなった。政治的な財政支援をきびしく管理する手だても、この一九五五年はじめのあわただしいときに準備され、主要な四経済団体(日経連、経団連、経済同友会、日本商工会議所)すべてから支持をえて、一月に「経済再建懇談会」が設立された。大企業の資金の一部は社会主義者にも提供されたが、献金のほとんど(一九六〇年には九六%)は、経済再建懇談会をとおして自民党にわたった。一九六一年に国民協会として改組されたこの財界借款団《コンソーシウム》は、一九六〇年代、七〇年代をとおして、自民党財政の九〇%以上を提供した。[16]こうして財界と保守政治家の関係を地固めし、合理化したことにより、保守権力がその後数十年にわたって、そのうえに安定した地位を築くことになるご自慢の「三脚」の二脚ができることになった。のこる三脚めは官僚制であり、それは国会に出される大半の立法の草案を準備し、影響力のある元官僚たちを着実に自民党に送りこんだのだった。

よりひろい社会経済的な見地からいえば、一九五五年は、分水嶺とまでいかずとも、少なくとも将来の発展がはっきりするという意味で、象徴的な一線を画する年だったということもできる。経済的にいうと、その前年の一九五四年は、朝鮮戦争がようやくおわったことをうけて、「昭和二九年不況」というキャッチフレーズがつかわれたように、日本にとって陰鬱な年だった。吉田政権の勢いが衰えた時期にワシントンを訪れた派遣団は、非公式に、日本の「皮相な経済」の将来の見こみについて、正真正銘の深い悲観論を表明した。だが、こうした憂鬱な予測とは裏腹に、一九五五年は、その年の方向転換を「戦後最高」とか、「戦後経済最良の年」という流行《はや》りの言葉であらわすような、戦後経済の転換点になった。その年に国民総生産(GNP)が戦前のピークをはじめてこえたことで、一九五五年は敗戦後の復興がおわったことを象徴した。実際、翌年に刊行された政府の『経済白書』は、この達成を「もはや「戦後」ではない」という言葉で知らしめた。この上むき傾向は、さらに、日本の長期の産業計画をあつかうもっとも重要な組織のひとつである「日本生産性本部」の設立の時期と一致した。日米合意にもとづき、当初の資金を日本の実業・金融界、日米政府からあおいだこの団体は、経営者だけでなく、労働界からも支持をとりつけ、生産性をあげる最新の手法を勉強するために海外に派遣された技術使節団の戦後の主要なスポンサーになった。こうした最前線の技術で製造された産品の輸出に必要な公式の資金を得たのも、日本が「関税及び貿易に関する一般協定(GATT)」への加入をみとめられた一九五五年のことだった。経済企画庁(七月)の創設と、「経済自立五カ年計画」(一二月)の発表をとおして、中央集権的な計画が大幅に前進したのも、やはり一九五五年である。[17]

さまざまな統計などをとおして、大衆消費文化の到来も、本質的には一九五〇年代なかばのこの時期にさかのぼることができる。たとえば通産省が、それまでトラック(とりわけ朝鮮戦争での米軍使用分)や、バス・タクシー(東南アジア輸出用も多くふくむ)の生産に集中していた自動車産業にたいし、「国民乗用車計画」を打ちだしたのも、一九五五年だった。この通産省の計画が大きな跳躍板になって、四年後には、日産・ブルーバードが登場し、「国民車の時代」がはじまった。また「家庭電化の時代」は、主婦が一九五五年、「三種の神器」とよぶ電気洗濯機、冷蔵庫、テレビをもつことを夢みたときに具体化したといわれる。さらに当時の雑誌は、家庭電化の上昇行程を七段階にわけてみせた。それは下から順に電灯(七位)、ラジオとアイロン(六位)、トースターと電熱器(五位)、ミキサー、扇風機、電話(四位)、洗濯機(三位)、冷蔵庫(二位)、テレビと電気掃除機(一位)、という行程をたどって頂点にいたる、というものだ。人によって解釈はわかれるかもしれないが、「ゴジラ」が映画でデビューしたのは一九五四年一一月で、五五年には、ゴジラは人々の意識に入りこむか、それを踏みつけるようになっていた。そして書籍出版界も、この時期に、あきらかに大衆の嗜好にこたえるようになっていった。大衆文化の新時代の到来にふさわしく、一九五五年には、もうひとつのスローガンが流行った。それは、その年なかばに広く報じられた自殺問題に触発されてつくられた「ノイローゼ時代」というものだった。ある大衆週刊誌は、「自分はノイローゼだ」と公言することが現代人の「アクセサリー」になった、と外来語をつかって表現した。[18]

保守権力の合同が、敗戦からの完全な復興や、商業化された大衆文化のはじまりに重なったことは、新たな保守のヘゲモニーが、どのようにして長くつづいたのかを説明する助けになるかもしれない。だがその耐久性は、当時ただちにあきらかになったわけではなく、その後一五年は「平和と民主主義」の基本的な論点をめぐって、深刻ではげしい一連の対立がつづいた。従来、五五年体制における政治対立の根本的な性格は、保守派が憲法改正にコミットし、日米安全保障条約を堅持することであり、「革新」野党は、それとはまったく逆のこと、つまりは憲法を守り、日米安保条約に反対することだ、と要約されてきた。(19) この要約は、簡潔でしかも賢明なものだが、保守革新のどちらにおいても性格を過度に単純化するものといえる。自民党の初期の綱領は憲法改正をもとめたし、新たに合同した政党がとった最初のステップのひとつは、改正の根拠を準備するために、「憲法調査会」を設けることだった。同時に鳩山と後継内閣のもとで自民党は一貫して、選挙制度の改革や公選教育委員会の廃止、教師による政治行動への制限の実施、「道徳的」かつ愛国的な教育の推進、警察力の強化などをすすめ、降伏後に憲法の範囲外でおこなわれた初期の民主的な改革の「行き過ぎ」を、元にもどそうとした。

再軍備について鳩山は、彼の前任者の吉田よりも熱心に、日米安全保障条約のもとでの再軍備を支持したが、そうしたのは、けっして彼が親米一辺倒の立場だったからではない。むしろ鳩山と彼の支持者は、長期的には日本がアメリカのくびきから自由になるのを早めるよう、より「自主的な」再軍備の加速を望んだのである。アメリカ側の見かたからすれば、日米安保条約が、日本を冷戦同盟に組みこむのと同時に、アメリカの対日支配を確立する諸刃の剣であったのと同じように、加速する再軍備の提唱は、日本内部の熱烈な民族主義者にとっての諸刃の剣だった。うわべでは、この政策は迅速な日本の再軍備にたいするアメリカ側の要求に沿ったものだったし、保守はたしかに反共の使命というイデオロギー的な立場からいっても、アメリカとの提携をよく受けいれてきた。しかし同時に鳩山や岸につらなる民族主義者たちは、できるだけ早く、太平洋のパートナーであるアメリカへの軍事的な従属を軽くするために、再軍備を加速することを支持したのである。いずれにせよ、こうした政策にたいする民意の支持がえられなかったため、その熱望はくじかれた。一般国民は、吉田が樹立したゆるやかな再軍備の方式を喜んで受けいれ、再軍備に必要な政府の法律専門家による憲法再解釈の詭弁には、ほとんど関心がなかった。鳩山が学び、彼以降の保守指導者も悟ったように、まさに昭和時代のおわりまで、一般大衆は迅速な再軍備も、憲法への正面からの攻撃も、受けいれようとしなかったのである。

保守を攻撃するとき、野党勢力は「平和と民主主義」のスローガンを、実質的にみずからの専有物にしたが、この言葉がまさに何を意味するのかをめぐって、しばしば彼ら内部でも意見の食いちがいがおこった。影響力のある「平和問題談話会」につらなる知識人たちは、一九四〇年代後半から五〇年代前半にかけ、彼らの「平和論」を発展させた。そこでは平和への動員は、三つのレベルをつうじて進められるべきだとされた。平和運動は「人間」のレベルにはじまり、「制度」というレベルをつうじ、幅ひろい「国際的」な平和の諸問題に関与するという基準においてのみ、進められるべきものとされた。日本の文脈において、こうした強調は、第二次大戦期の「人々の」苦しみにどっぷりと浸かることを意味していた(そしてこうした実践として、海外の戦場や、祖国への空襲や原爆投下がもたらした「日本人」の苦しみに焦点をあわせた著作がおびただしく出版された)。他のすべてに優先して重要な日本の「制度」は、新憲法にすえられたがいに密接に結びつく基本的な価値観、すなわち人権、民主主義、平和主義に見いだされるべきだ、とされた。そして最後に、こうした人間的、制度的な価値の尊重に根ざして、日本の平和運動は、国際平和をつくり、それを維持するという基本目標の追求にむけて前進できるはずだと主張された。五五年体制ができるまで、これらの平和問題の目標はつねに、国連の支持による保証に裏打ちされた非武装中立として表現された。これにくわえ、一九五四年におきた二つの関連するできごとに触発されて、一九五五年までには、日本の平和運動はとりわけ熱心にグローバルな核廃絶に焦点をあわせるようになった。そのできごとのひとつは、太平洋でアメリカがおこなった水爆実験による放射性降下物で、日本の漁民が被曝したビキニ〔第五福竜丸〕事件だった。もうひとつは、日本の主婦がはじめた核実験反対のめざましい草の根の請願活動であり、これはたちまち三〇〇〇万人という驚くべき署名を集めたのだった。[20]

憲法護持は、もちろん、平和や平和主義的な理念を守ることと、民主主義を守ることとの架け橋になったが、後者の大義は、本来の憲法上の論点をこえて拡張された。おだやかにいうと、反対勢力は、社会が一致してすすめた急速な産業成長の探求の過程で、うたがいようもなく搾りとられた労働者階級の「生活擁護」にもコミットした。より教条的ないいかたをすると、反対勢力で公然とマルクス主義を唱える者は、独占資本主義を破壊し、日本に社会主義革命をもたらすことを望んだ。予想されるように、後者の政治議題は、反保守勢力のごく一部の支持しかえられなかった。そして、これも予想されたことだが、党派性がイデオロギーによるものでなく個人的なものであった右派にはおきなかったような、自己破壊的な分裂を左派にもたらした。こうして、五五年体制は社会主義者の合同ではじまり、やがては日本に二大政党体制が展開すると予測する人もいたが、実際には左翼は結束したり勢力を増したりすることができなかった。早くも一九五八年に、政治学者の岡義武は、すでに新しい政治構造を「一ケ二分の一大政党制」と特徴づけた。二年後には社会党の一部が永久に分派し、より教条的ではない民社党を結成した。一九六〇年代のおわりまでに、宗教色の濃い公明党が登場してから、日本の政治システムは「一強四弱」の政党で構成されていると表現することが一般的になった。[21]

しかし万年の少数派として固定されるまえに、野党勢力は初期の占領期の「逆コース」にたいする闘争と同じく、国際・国内政治の関連を劇的にしめす一連の大衆抗議運動に人々の支持を動員することに成功した。最初のもっとも壮観な例は、一九五七年の岸の首相就任と、一九六〇年に予定された日米安全保障条約の改正と更新への反対を結びつける抗議だった。東条内閣の軍需次官だった岸首相は、戦争終結からわずか一二年後に国家の最高の地位につくと同時に、日米軍事関係における日本側の象徴になろうとしていた。それは日本が、非軍事化と民主主義化という初期の理想から、いかに遠く、早くはなれていったのかを、鮮明にしめしていた。最終的に、反対勢力は数百万人のデモで街頭をうめたが、抗議の結果においては勝敗がなかばした。日米安全保障条約は維持され改正されたが、岸は辞任を余儀なくされた。その過程で、多くの憂慮する市民が、国会外における民主的な表現の理論と実践について、洗礼をうけた。

冷戦のもとでできた条約と、かつての戦争政治家にたいするこの騒々しい抗議運動は、さらに、三池炭鉱の労働者が、典型的な守旧派の雇用主である三池鉱山と戦うことになった日本近代史最後の大きな争議ともかさなった。三井三池争議は一九五九年春にはじまり、六〇年一月には、二八二日間にわたるロック・アウトとストライキに突入し、実際に何十万もの人を巻きこんだ。三池において、組織労働者の急進的な勢力は、大企業と政府による幅ひろい統一戦線に立ちむかったが、この統一戦線はその争議を、国家が主導する産業の将来の「合理化」における決定的な試金石であると正しく認識していた。そして労働者は敗れた。一九六〇年の後半に鉱山労働者が敗北したことは、七月の岸辞任後、池田勇人新内閣が先ぶれをした「所得倍増」政策の道のりを地ならしすることになった。

国内政治と国際政治の相互作用は、一九六〇年代おそく、ベトナム戦争への日本の加担にたいする大規模な抗議が、ひろい国内問題への不満と交差したときに、劇的に再浮上した。事実、この闘争では、「平和と民主主義」の関係がまったく新しい見かたでとらえなおされた。新左翼の影響のもとでベトナム反戦運動は、「平和と民主主義」の議論に、より急進的な反帝国主義の批判をもたらした。本質的には、六〇年代おわりの急進派は、冷戦の同盟関係のもとで日本は他のアジア人の苦しみを犠牲にして物質的に利益を享受しているだけでなく、日本以外の国で腐敗した独裁体制を支えることに貢献している、と論じた。日本の平和と繁栄はつまるところ、どこか他の場所でおきている戦争と民主主義への抑圧によって、あがなわれたものだ、と。ベトナムと韓国の問題は、六〇年代なかばから後期にかけて抗議をした人々にとって、この、他者を抑圧して不当な利得を得る行為の最たる実例だったし、とりわけ一九六五年、日本がアメリカの強い奨励のもとに、韓国独裁政権と国交を正常化し、韓国政府が在ベトナム米軍を支援するため派兵することにある程度貢献することになってからは、いっそう、そうだった。この批判の急進主義的な特徴は、平和や民主主義について、一国の偏狭な枠ぐみにとどまらない、真に国際的な考えをしようとつとめる一方、一九六〇年代に誇示された「所得倍増計画」を、日本のブルジョア資本主義とアメリカの帝国主義の利害がかさなりあう特別な文脈に位置づけたことだった。新左翼の批判において、旧左翼とリベラル、支配層がこぞって想定した「平和と民主主義」は、自己中心的で利己的なものであり、ブルジョアの典型だった。

同時にベトナム反戦運動は、経済成長が社会、環境にもたらす弊害や、国家の統制強化、大学における横暴な運営などにたいする、日本国内での緊迫した抗議と交差していた。大学について批判派は、官僚制や大企業へのサービス機関に成りさがりつつある、と非難した。一九六七年から七〇年代はじめまで、有機水銀に汚染された水俣のコミュニティや他の環境破壊の悲劇的な事例を中心に展開した反公害運動がピークにたっした。そうした運動とともに、印象的で多彩な「市民運動」や「住民運動」、「被害者運動」などにしめされる草の根民主主義再評価の動きがおきた。そうしたすべては、それぞれの軌跡において、一九五九年から一九六〇年にかけての日米安保改正と岸政権にたいする街頭デモやコミュニティによる抗議、三池労働者への支持などから受けついだ遺産でもあった。成田の新国際空港を建設するための農地の強制収用に反対する三里塚闘争は、一九六八年、農民自身の手ではじまった。一九六五―六六年の早稲田大学の五カ月間ストにはじまる大学紛争は一九六八―六九年に最高潮にたっした。学生の示威行為の頂点において、全国三七七大学の四〇%以上がストの影響をうけ、こうした学校の多くが学生に占拠された。抗議をした学生は不満の多くを大学問題にむけていたが、六〇年代後半の日欧米の市民がそうであったように、急進派学生は国内・国際問題のひろく全領域に没頭していた。たっぷり皮肉をきかせた表現で、彼らは巧みに国内と国外の情勢の緊密な結びつきを描きだした。たとえば東京大学の急進派学生のスローガンは「東京帝国主義大学解体」だったが、それは、エリートの東大が東京帝国大学とよばれていた戦前の独裁制が復活するという考えと、戦後の日本の高等教育がまたもや主として拡張主義国家の目的につかわれるという議論とを、巧みに掛けあわせた表現だった。[22]

一九六七年から七〇年までの期間だけで、一八〇〇万人の日本人が街頭に出てベトナム戦争に抗議し、沖縄の日本返還を要求したと推定されている。数えきれない他の人々が、大学闘争に参加し、成長至上主義の国家の荒廃に反対する市民運動に参加した。他の地域でも同じだったように、当時ブルジョア議会政治に対抗して、「ピープルズ・パワー」が、正統で本質的な代替手段《オルタナティブ》として、日本人の語彙にくわわった。そしてやはり他の地域と同じように、「ピープルズ・パワー」の理論と実践は、平和的な抗議から節度のない暴力まで、幅ひろくにわたった。一九七〇年代なかばまでに、全国規模の大衆運動は消えた。だがそれは、個別具体の運動によってふたたび呼びおこされる可能性のある、草の根動員の記憶と経験という遺産を、あとに残すことになった。

一九七〇年代はじめまでの対立と適応

なによりもはっきりしているのは、戦後日本の軍事や国際政策をめぐる主要な論争は、政府がサンフランシスコ体制に不本意に同意したことにたいする左翼からの批判を内包していたということである。後年議論がもちあがったほぼすべての論点は、単独講和、日米安保条約とそれにともなう在日米軍基地、日本再軍備へのコミット、沖縄の本土からの分離と半植民地化、米核戦略への日本の組みこみ、アジアにおける分断国家(中国、朝鮮半島、ベトナム)における右翼、対米追随政権へのアメリカの支持などによって、あらかじめ定められていた。政府のそうした政策に対する批判は、当然にも、アメリカそのものへの批判と分かつことができなかった。左翼のあいだで親ソ、親中それぞれへの忠誠が目だったとはいえ、平和問題談話会の初期のビジョンにいえるように、反対勢力の立場は一般的に、日本が国際的に、東西いずれにも属さない非同盟的な役割をはたすことを本質的に支持するものだった。戦後の論争において重要な時期におこなわれた世論調査では、多数の日本人が、中立の選択肢を支持した。たとえば一九五九年の世論調査で回答者の五〇%が中立を支持し、平和運動が絶頂にたっした一〇年後には、ある調査で聞かれた日本人の六六%までが中立に賛成だった[23]。

しかし、この問題をめぐって保守派と反対勢力の立場がまったく正反対だとみることは、人に誤解をあたえるだろう。双方にはいずれも内部に、分裂のきしみが入っている。同時に多くの重要な論点において、双方には共通の基盤があるとはいえないまでも、アメリカの政策が賢明なものであるかどうかという点について、似たような懐疑をわかちあってきた。反対勢力の統一の基盤は、左翼に特有のいつもの党派主義だけでなく、戦後の国際共産主義、社会主義運動によく知られた一連のできごとのトラウマによって、掘りくずされた。それは一九五六年のハンガリー動乱とスターリン批判、まもなくつづいた中ソ対立、中国の文化大革命とソ連によるチェコスロバキア侵攻、一九六〇年代の新左翼の興隆にともなう「トロツキー主義者」の逸脱にたいする共産主義者の懸念、「社会主義陣営による防衛的」な核兵器と、対立する「資本主義、帝国主義陣営」の核兵器をめぐる辛辣な論争(それは一九六三年、部分的核実験禁止条約を支持するかどうかをめぐって左派が社共に分裂したとき、ピークをむかえた)などであった。保守派もまた、反共主義という点においては比較的、結束力はあったが、それでもなお、いわゆるアジア主義派と親米派の二手にわかれた。この分裂は一九六四年一二月と一九六五年一月、自民党員が忠実なる親米の「アジア問題研究会」か、よりアジアにひらかれた「アジア・アフリカ問題研究会」のいずれかにつらなることで、おおやけにしめされた[24]。

しかし、たとえば一九六四年に池田の後を継ぎ、一九七二年まで首相をつとめた佐藤栄作のように、親米路線へのもっとも追従的な支持者でさえ、けっして完全には、アメリカ陣営に両脚を入れるほど深くかかわることはなかった。サンフランシスコ体制のもっとも早い時期から、日米政府のあいだには、不一致と不信の亀裂が走っていた。保守指導層は中国、韓国、ベトナム、核基地化された沖縄などにたいしてどのような政策をとるべきかなどといった、再軍備の適切なスピードと規模をめぐる論点以外にも、さまざまな重要問題で内部の意見が食いちがいをみせたが、吉田の数次にわたる内閣当時から、保守層には、「東西二極」というアメリカの世界観は融通がきかず、度をこえて軍事傾向が強い、という一般的な合意があった。その結果としてしばしば、根本的とはいえないまでも戦術的には、アメリカにたいする左右両派の政治的な立場が同じところに収束するということがおきた。この収束にかんする初期の興味ぶかい事例のひとつは、まさにサンフランシスコ体制がつくられようとする真最中、「赤狩り」の主導者で左翼ぎらいの吉田が、米側交渉役のジョン・フォスター・ダレスが東京に滞在中、ひそかに社会主義者たちに、再軍備反対のデモを組織するよううながしたときにおきた。吉田と彼の保守の後継者たちにとって、アメリカの政策にたいする民衆の反対という幻影は、効果的で、じつに望ましい交渉の切り札だったのである[25]。

概して日本人は、その政治的な信条のちがいをこえて、より大きな自治と真の国家主権を強く望んでいた。彼らが意見を異にしたのは、その目標をよりよく達成するには、日米安全保障条約の枠内にとどまるべきなのか、それとも枠外に出るべきなのか、という点だった。こうして、日米安保条約改正をめぐる一九五九―六〇年の危機のような大きな衝突において、政策にかんしては実際、左右両派に共通の基盤はなかった。左右いずれもが、旧日米安保条約の不平等な性質に屈辱を感じていた。しかし保守本流が、不平等を除くことに焦点をあわせたのにたいし、反対派は、より公正で双務的な条約に改訂することは、たんに日本がより大きな軍事的役割をになうことを意味するにすぎない、と論じた。にもかかわらず、この闘争の両派の参加者に共有されていた民族主義的な感情は、その後の数年にわたってなぜ反対勢力が崩壊していったのかを説明する助けになるだろう。ナショナリズムは、左派が遅かれ早かれ自民党に協力するために渡る架け橋、あるいは独立した日本の軍事能力を唱導する極右にさえもつらなることのできる橋なのだった。平和問題談話会と一九六〇年の抗議行動においては卓越した知識人のひとりでありながら、一〇年後には核武装をする自立国家としての日本を唱導するにいたった、有名な評論家の清水幾太郎は、急進派から保守陣営へと転身した数多くの事例のもっとも顕著な一例にすぎない。さらに一九五〇、六〇年代の反体制派は、保守陣営の側に移行しなかった場合でも、後年になるにつれ多くが運動の焦点をもっと内むきにし、本質的には国内の問題にのみ活動を集中するようになった[26]。

他のひろい論点において、保守指導者と批判派の観点からみた部分的な収束点は、もっとあきらかだった。たとえば反共主義の立場ではあったが、多くの保守は共産主義の二大巨頭である中ソとの、あるいはすくなくとも中国とは緊密な関係を望んだ。同じように、占領後や一九五三年の朝鮮戦争休戦後に日本にとどまった膨大な米軍と基地も、ほとんどすべての日本人にとって、怒りや悩みの種となった。これに関連する問題では、日本の再軍備について保守派と批判派は根本的に不一致だったが、保守の政治家、官僚、財界人は全体として(一部の活発な防衛産業ロビーを除いて)、一九八〇年代に入るまで、防衛予算には比較的低い優先順位しかあたえなかった。政府の一般会計に占める防衛費の割合がもっとも高かったのは一九五四年だった。防衛費の対国民総生産(GNP)比率でいうと、一九七六年に三木武夫首相が「GNPの一%」を上限とするガイドラインを堂々と宣言するまでは、まる一〇年間にわたって、通常の算出方法による防衛費の割合はすでに一%枠内に抑えられていた[27]。

保守派と反対派によるこうした部分的な収束点は、他でもたやすくみてとれる。たとえば、沖縄にたいする日本の全主権が回復することが望ましいという点においては、基本的な意見のちがいはまったくなかったし、沖縄は核ぬきで返還されるべきだという初期の根本的な論争も、やがては不一致がめだたなくなった。政府も野党も日本の領土におけるアメリカの核兵器を歓迎しなかったし、フランスのシャルル・ド・ゴール方式で独自の核保有を唱導するというわずかの保守政治家をのぞき、日本自体は非核のままでいるべきだという一般合意があった。一九六七年、佐藤首相は国会での質疑にこたえて、この立場を有名な「非核三原則」という言葉ではっきりさせ、日本が核兵器を「つくらず、もたず、もちこませず」という方針をとることをしめした。講和条約当時、アメリカの政策はひそかに日本が、反共主義陣営への武器関連物資の主要な供給国となることを想定したが、その後しばらく、日本は武器生産には力をいれなかった。一九六七年はじめ、ベトナムへ軍事関連物資を輸出することにたいして世論の批判が高まったとき、佐藤政権は「武器輸出三原則」を打ちだし、共産主義国、国連による武器禁輸措置の対象国、国際紛争の当事国またはそのおそれのある国への武器売却を禁じた。三木内閣（一九七四―七六）のもとで禁止は強化され、対象国はすべての国となり、輸出禁止対象は軍事装備の部品をもふくむようになった。[28]

日米安全保障条約について、一般に左右両派は根本的に不一致のままだったが、昭和時代のおわりにかけて、保守政権は数次にわたって注意ぶかく、憲法上、日本の自衛隊は海外での任務に参加したり、集団安全保障条約に加わったりすることは禁じられていると、くりかえし言明した。後者の立場は、日本を韓国や台湾とつないで組織する、東北アジアにおけるNATO型の東北アジア条約機構のような、いかなる見こみもくじく、という意図をあからさまにしめしていた。くわえて、自民党の政策は一貫して憲法改正をもとめてはいたものの、実際にはこの方面での保守の推進活動は、一九六〇年代なかば、党結成後につくられた憲法調査会が憲法について明快な改正の勧告を出すことに失敗してからは、衰えがちだった。調査会メンバーの過半数は改正に賛成だったが、会が報告書を出した一九六四年までには、世論が改正に反対であることがあきらかになっていたのである。[29]

多くの論点をめぐるこうした保革による戦術的な収束は、吉田以来の歴代保守政権がとった低姿勢の対外政策や、サンフランシスコ体制を管理する日米担当者の間にいつもつきまとった摩擦の原因の背景をあきらかにする助けになるだろう。同時に、一九五〇年代から六〇年代にかけ、支配層がどのようにして反対勢力からその輝きを奪い去ることに成功したのかを説明する助けにもなる。一九七〇年代はじめまでに、もっとも議論を呼んだ対外政策の多くは、保守派が政策を変更し、再軍備問題においては保守派の自制を演出するような象徴的なレトリックを巧みにつかいこなすことによって、その論争は沈静化していた。保守派と批判派によるたがいを補完するような妥協は、内政面でもおきた。たとえば一九六〇年代後半、成長至上主義の経済政策によって引きおこされた環境破壊にたいしておきた大規模な抗議は、その功を奏して多くの環境保護法をとおしたために、一九七〇年の国会は「公害国会」として知られるほどになった。より一般的な視点でいうと、こうした進展は、いよいよ日本が国内においては消費主義、海外においては大国の地位に夢中になるという、成熟したブルジョア社会としてあらわれた時期に一致しておきた。

それまで、興奮して燃えあがるようだった平和問題が、いつ、人々の討論の議題にあがらなくなったのか、その決定的な時機について特定するのは、たやすいことだ。核兵器に依拠すれば多くの海外基地は時代おくれになるという米戦略立案者が打ちだした、いわゆるニュールック戦略(ラドフォード・ドクトリン)によって、人々を憤らせた在日米軍と基地は、一九五五年から一九六〇年にかけて、劇的に縮小した。*6 一九五五年から一九五七年にかけ、在日米軍は二一万人から七万七〇〇〇人に減らされ、六〇年までにその数は四万八〇〇〇人まで縮小された。同時にアメリカは、すみやかに膨大な規模の日本陸軍をつくるようにという異例の要求を引っこめ、代わって、よりめだたないが技術的には洗練された日本の海空軍力の創出に軍事支援をむけるようになった。[30] 日米安保条約にかんしていえば、一九五九年から一九六〇年にかけての大衆の反対運動による安保更新阻止の失敗が、実質的に安保条約を重要な問題ではなくしてしまった。次の更新時期に、安保が自動延長になることになった一九七〇年にも、反対派は抗議運動を組織しようとしたが、効果がないままにおわった。一九六〇年以降も、日米安保条約は、反対派による批判の格好の的でありつづけたが、実際においては、もう既成事実となっていたのである。

日本の反核運動は一九四五年ではなく、一九五四年にはじまった。占領期間のおわり近くまで、広島・長崎の原爆にかんするルポや、おおやけの追悼は禁止された。戦後の反核兵器運動、そして左派にとって原子力の平和利用への反対運動を引きおこすきっかけとなったのは、米水爆実験によって日本人漁師が被曝し、うち乗組員一人が亡くなった一九五四年のビキニ事件だった。アメリカの核の傘のもとで心地よく安住している状態だったにもかかわらず、日本の保守政権は、反核政策に同調することをためらわなかった。こうして一九五五年に設立された「原水爆禁止日本協議会(原水協)」は、はじめは左翼の政党や組織と同じく、自民党からも支持された。原水協が日本共産党の統制下におかれたのは、ようやく一九六〇年代になってからのことだ。一九六一年に自民党は、新たにできた反核兵器の連合「核兵器禁止平和建設国民会議(核禁会議)」と共同歩調をとり、一九六七年一二月、佐藤首相による「非核三原則」が効果的に打ちだされ、政府が一般の反核運動の理念を共有することを示唆した。憲法九条、一九六七年にはじめて発表された武器輸出禁止、一九七六年に宣言された「GNP比一%」の防衛予算上限とともに、非核三原則は、日本の再軍事化を規定する四つの「象徴的な歯止め」のひとつとしてひろく認知されるようになった。批判勢力の反核運動を部分的に吸収するような政府の能力は、反核運動そのもののうちにあった狭量な性格によって、さらに強化されることになったといえよう。多くの日本人にとって、広島と長崎の被爆は第二次大戦を象徴するものとなり、戦争における日本人に固有の苦しみの象徴となった。それは日本人が他者にあたえた苦しみを忘れ、日本人の受苦だけを記憶する様式となったのである。もっとも早い時期の平和運動の声明にすでにうたわれたように、こうした「被害者意識」は、支配層におけるネオ・ナショナリズムの台頭とうまく調和するものだった。

日本の従属的独立の最も露骨な二つの象徴であった沖縄と中国の問題は、一九六九年から一九七二年にかけ、平和にかんする政治議題から切りはなされることになった。一九六〇年代おわりまでにアメリカは、琉球諸島を日本に返還することは実現可能だし、賢明でもあると確信するようになっていた。大陸間弾道ミサイルの開発によって、前方展開核基地としての沖縄の重要性は低下した。返還をもとめる沖縄内部と日本本土全体からの圧力は抑えられないものになっていた。おそらく最も興味ぶかいのは、日本本土と半植民地化された沖縄の生活水準の格差があまりに顕著になってきたために、そのまま沖縄を維持すれば、アメリカが面目を失う可能性があったということである。[31] こうして一九六九年一一月の佐藤ニクソン共同声明で、アメリカは一九七二年までに沖縄の全施政権を日本側に返還することに合意することで、この緊張をやわらげた。

中国にかんしては、一九七一年にアメリカ政府が中国と突然友好関係を樹立し、いやいやながら長く中国封じ込め政策を支持してきた日本政府を困惑させた。にもかかわらず、米中接近は、日本自身に中国との国交回復への道を切りひらかせることになり、それによって、サンフランシスコ体制の最もいらだたしい側面のひとつが取りのぞかれることにもなった。ソ連との緊張にとりつかれていた中国は、日米との国交正常化にあたって、日本の再軍備と日米同盟にたいしてそれまで表明していた懸念を取りさげた。この中国の豹変は、それまで、日米安保条約下での日本の再軍備はアジアの不安定要因になると論じてきた日本の平和運動にとっても、大きな打撃となった。さらに、その数年後に世界に知れわたった中国文化大革命の苦しみと狂気は、間接的に日本の左翼の信用をさらに失墜させた。

こうして一九七二年までに、日本の左翼は、それまでもっていた最も人々の共感をよぶ平和にかんする論点の多くを失った。それらは在日米軍基地であり、日米安全保障条約であり、核兵器、兵器製造、沖縄、中国問題であった。その一年後、ベトナム和平(パリ協定)が成立し、それまで反対勢力にわずかながら共通目的を提供してきた最後の大義が取りのぞかれた。ふつうの市民は内むきになって、経済大国としての新たな国際的影響力の恩恵に浴し、「マイホーム主義」や「マイカー主義」といったマスメディアのスローガンが例証するような物質的な豊かさへの追求に心を費やすようになった。事態を憂慮する市民たちは、彼らの「市民」運動や「住民」運動を、個別具体的な不満にむけて再転換していった。新左翼のうち過激派は、その怒りと武力衝突(いわゆるゲバ。ドイツ語の Gewalt の日本語表記ゲバルトからきている)の戦術を内側にむけ、理論的な論争への関与や自己破壊的な分派闘争への暴力(内ゲバ)にもちいるようになった。広い社会基盤をもち、カリスマ的な大衆組織だった「ベトナムに平和を!市民連合(ベ平連)」は、一九六五年から七三年まで、多くのマルクス主義者、非マルクス主義者の抗議グループをうまく和解させたが、一九七四年一月には解散することになった。折衷主義的で、民衆的で、人道的であると同時にラディカルで、非暴力で、真に国際主義的でありながら個人主義的な見地をもつようなベ平連にかわるような連合は、以来、生まれていない。

ふたしかな超大国

振りかえってみれば、一九七〇年代はじめが、国際政治経済における日本の地位の大きな転換点であったことはあきらかだ。この地点から、真のグローバル・パワーとしての日本が出現したし、その結果当然にも、アメリカのヘゲモニーの逆行することのない凋落《ちょうらく》がはじまったことも、いまとなってはあきらかだ。だが当時、この権力の変容はけっして明快ではなかった。反対に一九七〇年代は、危機が次々に押しよせ、日本のエリートたちにとっては精神的外傷をともなうような一〇年だった。

日本は二〇年間というもの、アメリカの中国封じこめ政策に奴隷のようにつくしたが、その忠実な歳月に報いたものは、一九七一年七月、米大統領が突然中国との友好関係樹立を発表した「ニクソン・ショック」だった。一カ月後、「ニクソン・ショック」に追いうちをかけるように「ドル・ショック」が日本を襲った。円ドルの為替相場を再評価するというアメリカの一方的な決定によって、二〇年にわたって日本がとってきた低姿勢の新重商主義的な政策は危険にさらされたように思われた。すでに六〇年代後半にアメリカは、日本国内においては保護主義、海外においては経済的な膨張を庇護する経済的な傘を、日本から撤去しはじめていた。一九七一年のドル・ショックはこの過程を加速させ、一九七三年に円は変動相場制に移ることになった。この変動相場制は一九七三年一〇月の「石油《オイル》ショック」と時期がかさなり、これによって日本の驚くべき高度成長率の時代がおわり、日本は戦後もっとも長びく不況へと落ちていった。生産量の水準は一九七八年にようやく一九七三年の水準にまで持ちなおしたが、まさにそのときに、一九七九年一月の「第二次石油ショック」が日本を見舞った。一九七九年の石油ショックの規模は、一九七八年の一六〇億ドル黒字から、一九七九年の八六億ドル赤字へと、日本の国際収支で二五〇億ドルもの減少となってあらわれた。一九五五年から一九七〇年まで、年平均成長率は驚くべき一〇―一一%をしめしていたのにたいし、一九七〇年代は五%をやや下まわった。すべてのこうしたトラウマと同時に、それまで静かにすすんでいた米欧の市場にたいする日本の浸透力は、突然大きな音を立てて貿易摩擦の議論を引きおこし、一九七〇年代から八〇年代までにかけ、つぎからつぎへと鳴り響く爆竹のようにはぜていった。繊維製品をめぐる摩擦は一九六九―七一年に争点となった。鉄鋼、テレビ、電子製品は一九七七年ごろから争点になった。七〇年代から八〇年代にかけては自動車が、半導体チップとコンピューターは一九八〇年代なかばから、アメリカの土地不動産購入をめぐっては一九八〇年代後半から議論がおきた。[32]

変動相場で円高になり、つまり日本製品が海外で割高になっても、日本の外国市場への浸透は容赦なくつづいていった。そして異常に高い成長率に終止符がうたれても、いまや大規模になった日本経済は、より平常になった成長率のもとでも毎年、大きく成長していった。「ジャパン・アズ・ナンバーワン」という誇張された語句が登場し日本人にもそうでない人にも、それぞれちがうかたちで衝撃をあたえたのは、ようやく一九七九年になってからだった。日本はナンバーワンではなかった。日本は総体的な経済能力という点では、依然として第一位のアメリカとはかなり距離のある第二位だった。しかし通常もちいられるすべての指標は、その差が急速に縮まりつつあることを示していた。一九八〇年代なかばまでに、アメリカは世界最大の債務国となり、日本は世界最大の債権国になった。日本はたんなる「経済」大国ではなく、金融大国になったのである。昭和時代のおわりに、先進的な民間技術の軍事分野への応用《スピン・オン》*7は、軍産複合体がなくても日本が、技術的な達成によって、潜在的には重要な世界の軍事アクターになったことを示した。[33]日本人であれ他のどの国の人であれ、ほとんどまったく予告なしにおきる、こうした迅速で根本的な変化にたいし、構造的、心理的に十分対処する準備はできていなかった。

こうした環境において、国際問題をめぐる対立は徹底的に変容した。一九六〇年代をとおして国際問題はおもに軍事と平和に焦点をあわせていたが、いまや経済競争が舞台の前面にせり出し、国内対決よりも国家間の緊張にはるかに心を奪われるようになったのである。しかし一九七〇年代、八〇年代になっても、日本の隆盛や欧州の経済成長、ソ連の権力崩壊、よろめきながらもまだ力あるアメリカの相対的な衰退などによって、新たな世界秩序をはっきり定義することはできなかった。反対に、世界はむしろ無秩序ともいえる状態で、もっともはげしい争いが、がたついたサンフランシスコ体制の内部でおきたのである。大きな論争は資本主義国家間、とりわけ日本とアメリカとのあいだでおきた。日本の内部においても、政策に関連する対立はますます公共の議論の場から姿を消し、保守派エリート内部で争われるようになっていった。それは国際的な関与を強めるにつれ、企業セクターと官僚セクター双方が、たがいに利益を競いあうようになっていったからである。(34) 国内対立がそうしたセクター同士の既得権の対立に移行し、拡大するにつれ、対立は目にみえにくくなった。国際貿易と国際金融の高度に技術的な性格、ほかにも軍事技術の多くの新開発などがあり、幅ひろくおおやけの場で政策を議論することがむずかしくなった。おおやけの議論はいまや進めかたまで専門家やインサイダーに牛耳られてしまったのである。

こうした時期において孤立しながらも、批判をつづける個人やグループは、抑えのきかない資本主義間の競争や、一九八〇年代の新しい用語である「技術国家主義《テクノナショナリズム》」といったものに代わるビジョンを提供しようと試みた。彼らは、富める国と貧しい国との増大する不均衡をあらわす南北問題や、多国籍企業によって引きおこされる低開発国での社会的な搾取やゆがみ、日本や他の先進工業国家など経済の原動力となる国々がおこす地球資源の枯渇や、引きつづき増大する核軍拡競争など、グローバルな問題を強調した。日本にかんして彼らは、経済問題ばかりが大きく取りあげられる背後で、再軍備が加速していると指摘したが、それはまったく正しかった。昭和時代の最後の数十年間に、しばしば言及された日本の軍事化における四つの「象徴的な歯止め」はひとつまたひとつとはずされていった。たとえば佐藤首相の有名な「非核三原則」は、そもそもからして誤解をまねくものだった。宣言に反して、核兵器はあきらかに米軍によって、おきまりのように日本に持ちこまれ、持ちだされていた。そのうえ自民党は、非核三原則を、アメリカの核の「傘」への依存や原子力の平和利用推進をふくむ、それほど知られていない非核四原則と一緒にしてしまっていた。[*8]

批判者たちはさらに、「GNPの一%」を上限にすると喧伝された防衛支出への歯止めについても、欺瞞《ぎまん》的だと指摘した。第一に、退役軍人の年金などもふくめるNATO方式で計算すれば、日本の防衛支出は一般にGN

Ｐの一％をこえる。はるかに重要なことは、膨大で絶えず拡大する日本経済の一％は、それ自体膨大で絶えず拡大しているということだった。こうして、戦後の大半において、日本の実質的な軍事支出の各年増加率は世界一だった。[35] さらに一九八七年にはシンボル操作において抜け目のない中曽根康弘首相が、意図的に一％のガイドラインを突破した。その四年前に中曽根は、米政府の要請をうけて、兵器と軍事関連物資の輸出禁止措置を放棄することで、それまで誇示してきた日本再軍備への象徴的な歯止めを取りはらってしまっていた。アメリカは「スター・ウォーズ」計画とよばれる戦略防衛構想（ＳＤＩ）を開発する夢のために、日本の先進技術を入手することを切望しており、中曽根がアメリカの要請を受けいれたことは、先端兵器システムの分野で日本がどう振るまうのかについて、まったく予想もつかない未来に道をひらいてしまった。だがまじめな反対派の残党によるこうした展開への批判が、一般の人々の意識に波紋をひろげることは、ほとんどなかった。[36]

こうした問題にたいする公的な場での熱心な議論が衰退したことは、日本が実際に、その新たな権力に釣りあった国家として目標と責任のビジョンを国際的にもとめられる時期に、国内では民主的な理念と実践が侵食されていたことを反映していた。実際のところ、グローバルな地位を駆けあがることと、政治的な理想主義が衰退することとのあいだには、あたかも相関関係があるかのようにみえた。日本は、生産性の向上と経済的な民族主義という目標のもとに、その国民と資源を思いきって動員することで繁栄する超大国になったし、その達成が、世界じゅうから称賛と羨望の的となったのも理解できる。しかし、「動員」と「統制」をわかつ一線というのは微妙なものであり、一九七〇年代、八〇年代の日本の状態は、多くの観察者、とりわけ海外からは、その線を一歩踏みこえてしまったようにもみえた。この見かたはいくぶん、保守のヘゲモニーが占領期の「逆コース」を永続化し、われわれが戦後初期の政治的理想主義の「行き過ぎ」とよぶものを、着実に土台から掘りくずすことに、ある程度成功したことを反映している。ひとたび「民主化」にかわって、経済発展が他のすべてに優先する目標として定められてしまうと、ほとんどの日本人は企業や国家の要求に社会的に順応していく以外に選択の道がなくなってしまった。時がたつにつれ、繁栄がもたらす物質的な報酬によって、統制にともなう痛みがやわらげられた。だがその一方で、そうした統制は、民族主義的な訴えによって強化されていった。大衆消費社会の出現は、「中間階級」の同質性の思潮をつくりだし、はてのない脱政治化(あるいは個人的なことや、自分が住む地域に没頭する風潮)に貢献することになった。グローバルな階段を駆けあがることが、今度は、日本人にとって国家の誇りというそれ自体は正統な感情をはぐくんだだけでなく、自分たちだけが人種的、文化的に優越しているという例外主義の、より不吉な態度をとらせるようにもなった。

理論的には、グローバル・パワーとしての出現や、消費社会、中間階級のイデオロギーの急速な拡大などに刺激され、日本は社会のすべてのレベルでますます世界主義的《コスモポリタン》になる可能性があったはずである。多くの面で、幅ひろい超国家的な姿勢があらわれていた。「国際化」はおそらく、一九八〇年代でもっとも頻繁につかわれたキャッチフレーズだった。だが、これとは逆の流れもまたあった。国際的な接触がはげしくなるにつれて、同時に、狭量で民族主義的なものに執着する傾向も強まったのである。このあきらかな矛盾を説明するのはむずかしいことではない。というのも、「ナンバーワン」とよばれて日本人が感じる誇りは、日本が突然、畏怖すべき競争力をもつ国になったときに、他国から否定的な反応をされることをおそれ、怒る気持ちとないまぜになっていたからだ。日本の経済的な膨張にたいして外国が批判し、日本人は「敵対的な貿易」をしているとか、「新重商主義」であるとか、「他国の犠牲のもとに自国の経済を回復する政策をとっている」とか、国内の「非関税障壁」や「構造的障害」が海外からの日本市場への参入をいちじるしく困難にさせているといった批判が高まるにつれ、いたるところで日本人は、強迫観念に隣りあうような自衛の意識を高めた。古いサンフランシスコ体制のもとに潜んでいた不信と緊張が、一挙に噴出したのである。政治的な信条のちがいをこえてつねに存在してきた「被害者意識」の気質も表面にあらわれた。あらゆる方面で、冷戦はおわったにもかかわらず、戦争のイメージをつかうのが流行《はや》りになった。資本主義国家同士、とりわけ日米のあいだで、「経済戦争」のイメージをつかって状況を表現することが流行ったのである。[37]

プライドをくすぐられると同時に、恐れをかきたてられるような、こうした環境のもとにあって、多くの日本人は内むきになり、日本とほかの国家や、人種、文化は、相違点のほうが類似点よりも大きく、いまの自分たちの成功はもっぱら、こうしたユニークな特徴のおかげである、と論ずるようになった。つまり、戦争特需のように予期しない歴史的な好機や、日本とは基本的にはかかわりのない理由によるアメリカの衰退といった国際環境、とりわけアメリカが経済的・軍事的に日本に差しのべた傘のような対外的庇護、国家をこえた市場メカニズム、文化的というよりは合理的な政策構造と政策決定、そして競いあいはするものの多様で、保守政治家、財界指導者、官僚制度の三者によってきわめて緊密に組織されたヘゲモニーに権力が集中していることなど、日本を規定する、より一般的な要因よりも、日本人のユニークさに成功の原因をもとめるのである。実際、いわゆる日本の伝統的な価値に夢中になるこうした偏狭で、通常は自己陶酔をともなう見かたは、マスメディアにおいて独自の生命を吹きこまれるようになった。こうした見かたはおもに日本人のユニークさに着眼する「日本人論」という放埒な著作や議論のジャンルをかたちづくっているが、そうした内むきの考えははじめから、明快なイデオロギーとして保守主導者が奨励してきたものだった。[38] たとえば一九六八年に自民党は、明治維新一〇〇周年祝賀を、占領初期の最もリベラルな理念を否定する機会に変えようと試みて、この問題をどうあつかうのか、手のうちをあかした。「われわれは……日本民族の本然の姿を喪失した」と自民党は重要文書のなかで嘆き悲しみ、この損失を修正するには、明治時代の偉大な価値を再確認し、「民族精神と道義の高揚」が望ましいと書いた。[39]

保守派はけっしてこの目標を見失うことなく、戦後期を閉じる数十年間、目標にむかって着実に前進した。彼らは自分たちがシンボル操作にたけた政治を熟知していることを証明したが、昭和後半の論争をよぶ新民族主義をめぐる展開の多くは、ゆきすぎた国際主義によって堕落した影響を相殺するため、その称するところ、伝統的な「民族精神」を再創造しようとするイデオロギー的な執着を反映しているのである。政府はさまざまなかたちをとって、戦前の帝国日本と、帝国主義の歴史における、愛国的で公共心のある性格を浪漫化しようと、ますます能動的な役割を引きうけるようになった。企業部門では、たんに個人にたいする集団の優位だけでなく、実際の核家族にたいする大文字の「家族」(すなわち会社や国家)の優位をふたたび主張する「家族」イデオロギーと、集団の圧力を、かなり巧みに利用した。集団や和をたっとぶ価値観が、個人主義的な民主主義や、原理原則にもとづく異議申したてを矯正する手段として、推奨されたのである。

日本の戦後期は、「国際化」というファンファーレが「民族精神」や「日本人論」への賛歌と入りまじる、この不協和音のどよめきのうちにおわった。対外関心と、国内への関心が同時に強まることはなじみ深いものだが、外にむかって門戸を開放することと、内側にむかってしまうことの矛盾や、世界主義《コスモポリタニズム》と自分たちだけはちがうとみなす例外主義の矛盾ははっきりと見えていた。この矛盾が将来のどのような前兆なのかを、予測するのは困難だった。だがすべての点において、「平和」と「民主主義」という大きな概念が、政治意識の特性を定義していた、戦後初期のもっと想像力にみちた時代とくらべて、はるかにちがうものになったように思われた。

〈著者による補足〉

† この論文執筆後、一九九三年八月から一九九六年一月にかけ、自民党は短期的に首相の座を明けわたし、一五年後の二〇〇九年には総選挙で大敗し、一九九八年創設の中道的な民主党による数次の内閣に道をひらいた。

〈訳注〉

＊1　一九五〇年一月二六日参院本会議での吉田茂発言はつぎのとおり。「自衛権について、又軍事基地の問題についてのお尋ねでありますが、自衛権についてはしばしば私の演説においても御説明いたしておりましたが、私は武力がなく戦争を放棄しても自衛権はある。恰かも武士が廃刀以前において、廃刀令によつて両刀を捨てるということが、自衛のできないような感じがして、当時士族が相当反対をしたということもありますが、それと同じように、武力がなくても、自衛権は(拍手)完全に、国家としては国家を護る力があると私は確信して疑わないのであります」(国会議事録より)。

＊2　「潜在主権」の英語は“residual sovereignty”だが、“residual”の本来の意味は「残余の」「剰余の」という意味であり、ここではアメリカ側が施政権を放棄したときに、はじめて日本側に主権が発生することを指してつかわれている。

＊3　琉球諸島は、北緯二七度以南の沖縄諸島、先島諸島の総称。

＊4　「戦争と平和に関する日本の科学者の声明」は一九四八年一〇月から一一月に部会別に討議がおこなわれ、一二月一二日の総会で決定された。声明は一九四九年の雑誌『世界』三月号に掲載された。

＊5　第三回の声明は「三たび平和について」。この文章は、「研究報告」というかたちで『世界』第六〇号(一九五〇年一二月)に発表され、前二回の声明とは形式がちがっている。

＊6　アイゼンハワー政権時代の一九五三年末、ラドフォード米統合参謀本部議長は、核を搭載した戦略爆撃機を配備してソ連に報復する軍事力をもてば、海外に常駐する通常兵器と要員を大幅に減らすことができると提唱。翌年一月、ダレス国務長官が、侵略をうければただちに核による大量報復をおこなうという戦略を発表し、これが「ニュールック(大量報復)」戦略とよばれるようになった。

＊7　軍事、宇宙開発など他の目的で開発した技術を民生品に転用することや、その派生として生産した民生品を「スピン・オフ」とよぶ。逆に民生用に開発した技術を軍事などに転用することを「スピン・オン」という。

＊8　たとえば佐藤首相は、一九六八年一月三〇日の第五八回通常国会で大平正芳の質問にこたえ、わが国の核にかんする基本政策として、①非核三原則、②核兵器の廃棄・絶滅、③アメリカの核抑止力への依存、④核エネルギーの平和利用は最重点国策として全力をあげて取りくむ、という四点をあげた。

第九章

惨《みじ》めさをわらう
——敗戦国日本の草の根の諷刺

解題

一九九九年に私は、『敗北を抱きしめて——第二次大戦後の日本人(*Embracing Defeat: Japan in the Wake of World War II*)』という本を出版した。[*1] これは一九四五年八月から一九五二年四月にかけ、日本が主権を失い、米主導による連合国軍占領当局の支配下におかれた時期に焦点をあわせた本だった。その書名でも副題でも、「アメリカによる日本占領」という言葉をつかうのは、意図的に避けた。というのも、この時期の大多数の研究は、戦勝者の視点から対象にせまり、おびただしい英語文献をとおしておこなうものだったが、それは、最も私の関心をひくものではなかったからだ。むしろ私は戦後の初期の歳月を、日本人の経験として、実地踏査してみたかった。私は、アメリカ人の過度の影響を否定するというかたちではなく、社会のあらゆる層における日本人を、自分たちの生活と社会を建てなおすにあたっての最高の行為主体であるととらえた。

執筆作業中、その草稿の仮の書名は、『敗北を抱きしめて』ではなく、『やり直す(*Starting Over*)』というものだった。だがその仮題は、出版社の広報部門から却下された。その題では、離婚女性のためのマニュアル本であるかのような誤解を、読者にあたえてしまうから、というのだ。[*2] あとで振りかえって、私はちょっと弱腰だったことを後悔し、もうすこし題を巧妙にするべきだった、と思った。その本が対象にしたものを、よりよく表現しようとすれば、書名は『粉みじんの地でやり直す(*Starting Over in a Shattered Land*)』とでもすべきだったろう。多くの章のほぼすべては、おもに、災厄と敗北にたいする日本人の反応と、その並はずれて多様で、潑剌として、創造力に富む(一方では冷笑的で、腐敗して、分裂をはらみ、退嬰的でもある)反応をえがいている。

出版された本は長大な分量になったが、それでも、降伏後の数年に日本に登場した漫画や諷刺について計画していた章をはじめ、かなりの文章をけずる必要があった。ここに掲載する文章は、そうやって放棄した章の事例研究から救いだし、それにさらに手をいれたものだ。取りあげているのは、日本の伝統的な室内ゲーム「いろはかるた」をもとにした区切り漫画である。「絵札」と、寸鉄人を刺す「読み札」を結びつける「いろはかるた」は、封建時代の後半以来ずっと、社会的な論評の手段としてつかわれてきた。私がここでおもな事例研究の対象とした蜉蝣《かげろう》のようにはかない作品は、降伏のわずか数カ月後、まだ日常生活がとても困難だった時期に、一九四六年新年号の小さな刊行物に掲載されたものだ。ひょうきんで辛辣、くだけた口調で駄洒落や内輪のほのめかしを満載したこの機知に富んだ「いろはかるた」は、民衆表現や気分発散の無数にあった様式のひとつであり、勝者の理解の範囲をこえて存在していた。

この論文は二〇〇五年に出版された記念論文集[*3]に掲載された。

〈訳注〉

＊1　ジョン・W・ダワー『敗北を抱きしめて──第二次大戦後の日本人』上・下、三浦陽一、高杉忠明、田代泰子訳、岩波書店、二〇〇一年／増補版、二〇〇四年。

＊2　start over はアメリカでおもにつかわれ、結婚などで「やり直す」などを意味する。

＊3　巻末の初出一覧にあるように、この本 *Public Spheres, Private Lives in Modern Japan, 1600–1950* (Harvard University Asia Center, 2005) は、アルバート・クレイグ教授 (Professor Albert M. Craig) の記念論文集として出版された。

日本の敗戦からまだ一年半もたっていない一九四七年一月一七日の『朝日新聞』に、東京での日常のひとコマをしのばせる「このごろ都にはやるもの」という題の才気ある一通の投書が掲載された。挿話はいきいきとして、物悲しくもあり、さまざまな意味で時代の雰囲気を映しだすみごとな鏡になっていた。

その都市に暮らす住民は、ほんの数年前まで、軍国主義者が世間を支配し、天皇の陸海兵があたらしい「大東亜」の皇土をつくりだすという狂気に満ちた作戦を展開していたときには、ひとつの鼓動を打つべきものとされた「一億人」とは、似ても似つかなかった。「一億一心」はまさに、戦時中に最も頻繁につかわれたスローガンだった。『朝日新聞』への投書の主は、それとは対照的に、無数の心臓がてんでばらばらに鼓動をうつ社会をえがきだしていた。日本が誇ってきた社会の調和など、いまやどこにもみられなかった。

このごろ日本にはやるもの、ピストル強盗、にせ刑事、集団どろに人殺し、列車荒しや、すりかたり、脱獄囚や人さらい、げに恐ろしの世なりけり。

中央、地方の区別なくしきりに起るストライキ、続々くり出す行列は、何でもかでも要求を、つらぬく示威のデモ行進、さながら長だの人の波、よその見る目も、ものすごし。

エビでタイつる宝くじ、当った人はえびす顔、はずれたものはえんまづら、好運不運は世の習い、世間に顔だし御無用と、公職追われる人多く、思想の是非の逆転で、返り咲きする人もあり。

遊女廃止に伴いて、時を得顔の浮かれめは、暑さ寒さも何のその、花咲く春の月夜にも、しぐるる秋のヤミ夜にも〝街の女〟でヤミかせぎ、とめて止まらぬ道なるか。

ヤミは夜とは限らない、白昼堂々ヤミ仕事、するは図太いブローカー、むやみなヤミ値と知りながら客足絶えぬヤミ市場、市場やめてもその味を、忘れぬものはヤミ行商、預金封鎖はしたれども、ヤミの封鎖はまだ出来ぬ。

郵税、汽車賃、煙草代、官営なるにかかわらず、うなぎのぼりのヤミ値上げ、なんと言訳郵便の、小包便はおくれがち、新規な葉書出るまでは、切手はりたす不便あり、切手は一々はさみにて切ってのりづけせにゃならぬ。

汽車は石炭不足とて、回数ますます減るばかり、遅着、延発ありどおし、事故や故障の連発で、即死重傷数知れず、汽車はういもの、つらいもの、可愛い子には旅さすな。

不正商品数多く、形ばかりのならづけや、砂糖けなしのまがえ菓子、水で薄めた酒しょうゆ、寿命みじかい電球に、削れば折れる鉛筆や、とげども切れぬ刃物類、まわせばまがるねじまわし、まがる心の締めくくり、ゆるむがままに捨てておけば日本文化は下り坂、下るばかりで末ついに、ならくの底に落ちゆかん、何と昭和のすべもなき、京わらべの口ずさみ、十分一をもらすなり。[(1)][*1]（愛知県豊橋市・北垣恭次郎）

この諷刺をとりわけひょうきんなものにしているのは、それが同じ名の著名な一四世紀のパロディ、国土に内戦が降りかかったいわゆる「建武の中興」のときに、京都の都がおちいった情けない状態を笑いものにした匿名の落書に範をとっていたからである。時代は変わったし、変わらなかったともいえる。そして過去をくまなく探しまわって現在につかえる言葉や前例を見つけることで、敗北の痛みは、より耐えうるものになった。過去と現在、未来は、敗戦国日本においては、解きほぐすことができないほど絡みあっていたのである。

「このごろ都にはやるもの」は、私がかつて別の場所で「言葉の架け橋」と名づけたもののささやかな例のひとつだ。その「言葉の架け橋」を渡ることによって、日本人は戦争から平和への過渡期を、ある種の継続性の感覚をもって、ときにはまさに冷笑的なユーモアの感覚さえをもこめて、通りぬけることができたのである。[(2)] 戦時下の日本では素朴な冗談は、敵への諷刺と並んで大目にみられたし、月刊誌『漫画』などの定期刊行物は、降伏までの（あるいは降伏前後をとおして）、かなりの数のお行儀のよいユーモア作家や漫画家を雇っていた。しかし圧倒的な信心ぶかさをもとめる聖戦にあって、大っぴらに国家や「国体」、支配層や、「大和魂」（全日本人を愛国主義や忠誠、孝心で勇みたたせ、柔順な臣民にさせるといわれた）といったものを嘲りの対象にすることは、タブー（そして人の健康を深刻な危険にさらす行為）だった。日本の封建時代後期に根ざし、二〇世紀はじめにまでもちこされた、大衆の諷刺と自嘲という、はかないが尊ぶべき伝統は、戦争のずっとささやかな犠牲者だった。そして、敗戦後に回復させるべき最初の「伝統」のひとつでもあったのである。

はじめのうち、この回復はせいぜい、ことわざやキャッチフレーズの独創的な再利用という程度だった。たとえば戦時中もっとも敬虔な表現のひとつだった「兵隊さんのおかげです」という言葉は、ほとんど一夜にして、どのようにして国がそうした惨めな環境におちいったかを指す、痛烈なたとえとなった。他のよく知られた言いまわしもまた、国家の災厄を説明する順応性をもちあわせていた。「井の中の蛙大海を知らず」という古めかしいことわざは、いまや、軍国主義者や国粋主義者たちと、「精神力」や「必勝」について彼らが戦時に語ったおろかな宣言をけなすために呼びおこされた。敗北の苦さを素早くのみこみ、米占領軍の要求にこたえはじめた商人や政治家、他の日和見主義者の振るまいは、「喉元過ぎれば熱さを忘れる」という古言を確認するに充分だった。

「論より証拠」[*2]という言葉も、瓦礫のいたるところに適用例があった。たとえばある雑誌はこの言葉を、燃えつきたビルの写真のキャプションにつかった。週刊写真誌『アサヒグラフ』の一九四六年新年号は、広島の上空に広がるキノコ雲の写真に、ぞっとするようなつかいかたで、慣れしたしんだ表現「嘘から出たまこと」を添えた。「得手に帆を揚げる」は、どんな文化にも相応するものがある語句だが、これも戦後は民主主義への献身から愚鈍な日和見主義にいたるまで、あらゆるものを特徴づける言葉としてつかわれた。[3]

降伏から一九四九年ごろまで、「実体」経済の多くを担っていた強欲な闇市ですら、敬虔な成句をユーモラスに転用することに貢献した。裕仁天皇が、皇統にかかわる宝器(お隠れの鏡、剣、勾玉)への神聖な義務とその保管に、常ならぬ時をついやして心を砕いていたときに、闇市の与太者たちは、彼ら自身の「三種の神器」、すなわちアロハシャツ、ナイロン製のベルト、ゴム底の靴を見せびらかしてカリスマになろうと試みた。これは皇室をきどる、機知に富んだ、まさに不敬にシンボルを流用するものだったが、その不敬は遠まわしに、玉座の神秘性の衰えについてなにごとかを物語っていた。[4]

闇市はまた、日本で最も親しまれた抒情的な童謡「夕焼け小焼け」の歌詞を、示唆に富む替え歌にして世にひろめた。この例ではさらに、戦時中にも、降伏後に花ひらいた皮肉癖の種が息づいていたことがわかる。というのも「夕焼け小焼け」はすくなくともひとつは、降伏前にも隠れたパロディをうんでいたからである。一九二三年にできた元の歌はつぎのようにはじまっている。

夕焼小焼で
日が暮れて
山のお寺の
鐘がなる
お手々つないで
皆かえろう
烏《からす》と一緒に

帰りましょう

戦時中、国の苦境がますます捨て鉢になったことがはっきりしても、日本の指導者は究極の勝利というレトリックに長広舌《ちょうこうぜつ》をふるっていたが、子どもたちですら、そうした迷妄から目をさます替え歌をうたっていた。あきらかに、多くの寺院の鐘が、軍備補充のために供出されて、もう鐘の音が聞かれなくなったという事実に触発されてのことだろう。「夕焼け小焼け」の替え歌の歌詞はつぎのようにからかっている。

夕焼小焼で
日が暮れない
山のお寺の
鐘鳴らない
戦争なかなか
終らない
烏《からす》もおうちへ
帰れない(5)

輪廻のように変わる第三の歌詞は、「このごろ都にはやるもの」が掲載された一週間前、一九四七年の『朝日新聞』に、「大ヤミ小ヤミ」と題する投書のかたちであらわれた。冷笑主義と理想主義が簡潔な言葉に混じりあい、完璧なほど時代に調子のあった新しい歌詞は、つぎのようになっている。[*3]

大ヤミ小ヤミで　日が暮れて
正直おじさん　馬鹿を見た
淋しい夕げに　薪もなく
あま漏る家に　ふるえてる

小さいヤミは　叱られて
豚のお部屋に　いる頃は
広い御殿で　酒たべて
大ヤミおじさん　笑ってる

わたしが大人に　なったなら
まるい大きな　お月さま
正直おじさん　馬鹿を見ぬ
明るいお国を　つくりましょう⑥

敗戦後の日本で、より人気があり、儀式化された「惨めさへわらい」は、毎年、新春に遊ぶ「いろはかるた」という室内遊戯に由来していた。その起源を一八〇〇年ごろまでさかのぼるこの子どもの遊びは、もともと、草書体の平仮名の音節文字表と、よく知られたことわざや古言の最初の一文字を結びつける遊びだった。これはすぐに、九六枚のカードを一セットとする遊びに発展し、その半分はことわざの読み札(それぞれに異なる平仮名の一文字からはじまる)にあて、残り半分の挿絵で彩られた絵札(片隅に最初の平仮名一文字が書かれている)は、床にばらまくようになった。読み札は、あてずっぽうにめくられて、大声で読まれ、ゲームの参加者は、読まれた平仮名にあたる絵札を見つけて取るのをたがいに競った。これは、読み書き能力を前提とした、しばしば騒々しい娯楽で、多くの変形版が奨励された。つかわれることわざや古言には決まったセットがなかったので、「いろはかるた」の製作者は、自由に好きなことわざや古言を組みあわせ、ときには独自のキャッチフレーズを作りもした。

その遊びはどうやら京都や大阪など関西地方ではじまり、すぐに大名たちが将軍に臣従の礼をとって集う江戸にひろまり、そこで定着していったらしい。「いろはかるた」は、武士というよりは町民の文化と発明の才を反映しており、なかんずく、長い士族支配のあいだに、読み書き能力がいかにひろく、ヽヽヽヽ垂直方向にひろがっていたのかをしめしていた。多くのことわざは漢籍に起源があり、そうした素養を子どもの遊びにもちこむことは、いうまでもなく、ある種の教訓や勧奨をもたらす教育的な目的にかなっていた。だが庶民の文化の産物として、初期の「いろはかるた」はしばしば、支配層のもっともらしいきまり文句や道徳的なお説教とは距離をおくことがあった。支配層が取りつかれたように繰りかえす忠孝の徳義から期待されるのとは裏腹に、江戸期のかるたで最も目だっているのは、そうした徳義の不在だった。(7)

一九世紀はじめに関西地方でつくられた「いろはかるた」は全般に、時間やエネルギーの浪費を戒める、短くて楽しい警句が特徴だった。典型的な例は、「糠に釘」、「豆腐にかすがい」、「闇夜の鉄砲」、「猫に小判」、「盲の垣のぞき」「二階から目薬」(まさに関西珠玉の表現だ)などである。江戸の「いろはかるた」は、これとは対照的に、抜けめなく慎重ぶかくなることをあきらかに強く奨励したものが多い。「油断大敵」がまさにそれであり、

「三遍回って煙草にしょ」もそうである。儒教でいう「孝心」、より正確にいうと儒者が説く「孝心」は、ときには断固として、ごまかしだと認識された。たとえば「論語」読みの「論語」知らず」は、封建時代後期のある「いろはかるた」で、平仮名「ろ」の札に選ばれた言いかただが、これはある種の「知識人バカ」や「上慢」を指す言葉だ。武士階級による支配が衰えた数十年間、そのかるた遊びで庶民の子は、「孝心」の教えからあきらかに免除される一方、「年寄りの冷や水」について学んだのである。

こうした若者たちは尊敬すべき武士について、「いろはかるた」から、いったい何を学んだのだろうか。よく知られた「武士は食わねど高楊枝《たかようじ》」という格言はあったが、さほど多くは学んでいなかったように思える。この言葉は、支配階層への畏怖の念を高めようともくろんだものではなさそうだ。同じように、かるた遊びが若者たちの宗教的な信心をおおいに強めた、というのもうたがわしい。反対に、元旦の日の遊びは彼らに、「鰯《いわし》の頭も信心から」という言葉や、仏僧が「下手の長談義」をしがちなことを思いださせた。だが同時に、平仮名「こ」の札では、「子は三界《さんがい》の首枷《くびかせ》」という仮借ない仏教の教えにも出会っただろう。他の警句は若者たちに、神聖さと不敬とが入りまじった、実に抜けめのない、実用本位の教訓をつたえていた。たとえば、かるた遊びの「ぢ」の平仮名の札には、彼らに、「地獄の沙汰も金次第」であることを思いおこさせただろう。

かるた遊びに特有のあいまいさが、時にこうした「教育的」ゲームに潜在する二重性を際だたせることがある。「犬も歩けば棒にあたる」という言葉が、これを示唆している。「いろはかるた」は「い」からはじまるので、この格言は、初期の多くのかるたの最初の札として有名である。だがこれは、正確には何を意味しているのだろうか。いうまでもなく、時代時代で意味は異なり、そのちがいは大きい。もともと、この言葉は、規則を守らない者は厄介なことになる(つまり棒でぶたれる)ことを警告しようとしたのだろう。だがそれをちょっと陽気に解釈すると、犬がうろつくことで、幸せにも棒をみつける、という意味にもなる。この場合は、境界の外に出ることが幸運をもたらすかもしれないという意味だろう(8)。それから一世紀後、敗戦国日本で、漫画家たちが「いろはかるた」を諷刺の手段として取りあげたとき、彼らはあきらかに、この遊びで確立された、著しくフレキシブルなこの「伝統」にのっとっていた。これからみるように、彼らは自分自身の「犬もあるけば」を導入しさえしたのである。

明治維新につづく近代の時代、「いろはかるた」は日本全国にひろがった。時には、その最もよく知られた最初の札の言葉から、世間では「犬棒かるた」とさえ呼ばれた。明治・大正期に「かるた」は、児童本の販売促進の「おまけ」につけられた。きびきびした警句は洗練され、より「健康」な表現になった。一九三〇年までに、「かるた」が愛国を奨励する手段になると、前の版では「へ」ではじまる札に「屁」をあてたほうがずっと楽しいと思っていたところに、「兵隊」がやってきた。たとえば一九四〇年の典型的な「かるた」では、「へ」の札は、「兵隊ごっこ、転んでも泣くな」になった(9)。

特定の平仮名を、挿絵入りの図柄と結びつける慣習は、あきらかに、大人の読者むけの漫画家たちの関心をひいた。多くの「かるた」がそのかたちを変えて、ひとつづきの図柄それぞれに、機知に富んだイロハの説明をつけて、まとめて定期刊行物に印刷するようになったのは、自然でかんたんななりゆきだった。

こうした「かるた」に、とりわけ皮肉で印象的なコメントを付けくわえることは、新年を迎える気のきいたならわしになった。その工夫は、古い語句を新奇な手法でつかうことから、頓知《とんち》をきかせて昔のことわざをひねったり、鋭くて新しい警句を思いついたり、トゲのある図柄を、簡潔な新しい流行の語句と組みあわせたりすることにまでおよんだ。敗北後の数年間、そうした「新版いろはかるた」のかたちをとった漫画によって、同時代の世相をとらえた諷刺雑誌が論評の場になった。

こうした図像によるささやかな冗談は、まさに想像しえる最も控えめで、はかない社会批評と文化表現の形式といえる。だが今から振りかえると、それは驚くほどの鋭さで時代の雰囲気をとらえていた。また同時に、そうした図像は、草の根の冷笑主義や因習打破の感覚をつたえており、それはさまざまな面で、戦後日本の「民主主義」への移行について、われわれに多くのことを教えてくれるのである。そこにはたぶん、一周して元にもどるような、ちょっとした感覚さえもがある。もっと以前の時代に日本にあった、とらわれのない、皮肉っぽく、罰当たりですらあるような調子が、世間の議論にもどってきつつあったのだ。この新たに作りなおされた伝統について、ささやかだが素晴らしい一例がある。それは敗戦後まもなくえがかれた最初の「いろはかるた」の漫画版のひとつで、古い「犬と棒」の格言のひねりからはじまっていた。その挿絵は、沸騰するシチューの鍋を、震えながらみつめる犬をえがいていた。これは、敗戦につづいて、日本のあらゆる階層の人々がむきあったきびしい食糧不足への論評であり、そこにはちょっとひねった次の説明文がついていた。「いぬも歩けば鍋にされる」[10]。

一九四九年まで、日本のメディアはアメリカ主導の占領当局による公式の検閲下におかれた。すべてのメディアの表現はこうして苦境のなかでおこなわれた。表現の許容範囲は降伏前の日本の体制下よりもずっと大きくなったが、ある種の諷刺は必然的に、公式のタブーとされた。戦争の勝者と、その初期の「非軍事化と民主化」にかかわる政治の全議題は、全般として、批判の立ち入り禁止区域とされた(そうしたことは、アメリカが掲げる民主主義の実践としては、まったく優雅でも立派でもなかった)。その結果、降伏後の諷刺漫画家たちは、他のメディアの人々と同じく、当然のこととして自己検閲をおこなうようになった。戦時下で彼らは自ら「鬼畜米英」を笑いものにし、敵を鬼のような姿でえがいた。いまや彼らは自らと、「聖戦」によってもたらされた哀れな窮状を、笑いものにするようになったのである[11]。

新版 いろはかるた
佐次たかし作
寺尾よしたか作
兵隊さんのおかげです
をんな乗り出す 選挙戦
そらは青空 地は廃キョ
いぬも歩けば 鍋にされる
としよりも 冷汗!
戦犯
われもわれも ヤミ商売
闇
つちから生れる 新生日本
ろんよりショーコ 白いメシ
闇
ちかって築く 新日本
かみ風 吹き損ね
ねるに家ナシ ふとんナシ
はなもはぢらう ヤミムスメ
陸軍大将 オリの中
戦争犯罪人
よくこそ やめて下さった
なきツラ蜂に 罰(ベチ)
戦犯
敗戦
悪まれッ子 世をはじかる
ぬれ手で粟の軍需成金
だいじんもヤミ
らくあるために 苦労も承知
賠償金
骨折り損の負けいくさ
るすをまもった 女房天晴れ
れきしを汚す 大東亜戦
むりを通して 道理に負けた
道理

図 9-1　1946 年新版いろはかるた(佐次たかし，寺尾よしたか「新版いろはかるた」『協力新聞』1946 年新年号)

そうした嘲りは、いくつかの標的に集中する傾向があった。真っ先にめだつようになったのは、先の戦争の愚かさと、当然ながら、国家のかつての指導者たちが、栄誉から屈辱的に転落したことだった。昨日の聖戦は、いまや不敬といってもたりないものとなった。それは冗談であり、重大な愚行であり、国家の名誉に刻まれた汚点であった。そして昨日の英雄は、文民であれ軍人であれ(しかしほとんどつねに天皇はのぞいて)、今日の贖罪《スケープ》の山羊《ゴート》になった。このあたらしい冷笑主義と嘲りの痛烈な一例(実際に、「いろはかるた」が戦後政治の論評の手段としてつかわれている)は、敗戦まもなく、労働組合寄りの定期刊行物『協力新聞』の一九四六年新年号に掲載された。それは、佐次たかしと寺尾よしたかによる天分豊かな四七コマの「新版いろはかるた」である(図9-1)。以下に掲げるのは、新しい日本にかんする佐次と寺尾の挿絵のいくつかを拡大したものである。[12]

〈に〉
「悪《にく》まれッ子　世をはじかる」
図版　軍服を着た士官を蹴る足

〈ほ〉
「骨折り損の負けいくさ」
図版　組んだ小銃にひるがえる降伏の白旗

〈へ〉
「兵隊さんのおかげです」
図版　両親と子の困窮した顔

〈と〉

「としよりも冷汗」

図版　震える三人の男。一人は軍帽をかぶり、一人は「戦犯」という言葉に思いをめぐらしている。[13]

〈ち〉

「ちかって築く新日本」

図版　ほほえむ女性の手を握る復員兵

〈り〉

「陸軍大将オリの中」

図版　収監された前大将・首相の東条英機

〈を〉

「をんな〔女〕乗り出す選挙戦」

図版　選挙運動をする、新たに参政権をあたえられた女性

〈わ〉

「われもわれものヤミ商売」

図版　闇市で商品を売る男

〈か〉

「かみ風も吹き損ね」

図版　爆弾を投下されて燃えあがる密集家屋[14]

〈よ〉

「よくこそやめて下さった」

図版　庶民七人の笑い顔

〈た〉

「だいじんもヤミ」

図版　闇市で買った魚をぶらさげた年輩の大臣

〈れ〉
「れきしを汚す大東亜戦」
図版　開いた本のページを踏みつける軍靴

〈そ〉
「そらは青空　地は廃キョ〔墟〕」
図版　空に映える爆撃で破壊された建物

〈ね〉
「ねるに家ナシ　ふとんナシ」
図版　寒さに震える夫婦と子

〈む〉
「むりを通して道理に負けた」
図版　竹槍を握る男が「道理」と書かれた大槌でヘルメットを打たれる

〈く〉
「くひ〔悔い〕ても追っつかぬ　軍バツ〔閥〕官リョウ〔僚〕」
図版　手錠をはめられた士官とシルクハットをかぶった官僚

〈さ〉
「さんさ〔ざ〕だました大本営」
図版　談話を放送する戦時の軍士官

たぶん一九四六年の新年特別号は、敗戦後すぐ、占領当局がまだ検閲を始めたばかりの時期に刊行されたため、『協力新聞』のこの漫画は、戦争の勝者についていくつか直接にふれており、ある事例ではその後に占領当局が設定した許容範囲を逸脱している。戦争の勝者は、「いろは」の伝統で次のようにえがかれた。

〈ま〉
「マ元帥はワカルヒト」
図版　おなじみの帽子とサングラス姿のマッカーサー元帥

〈け〉
「けふのユメはハイセンのユメ[15]」
図版　日本の建物にひるがえる星条旗と、英語で「JAPAN」と書かれた列島の小さな地図

〈や〉
「やけ土にジープ」
図版　廃墟のいたるところを駆けぬけるジープ

〈て〉
「てまねシガレット　ハウマッチ」
図版　米兵(ＧＩ)と話す日本人男性

〈ゑ〉
「ゑん〔縁〕はイナ〔異な〕もの味なもの」
図版　腕を組んで歩く黒人米兵(ＧＩ)と日本人女性[16]

『協力新聞』が敗戦期の最初の新年に、こうしたきわどい観察を先導する一方で、他の刊行物の読者はそれとはちがった、しかし補足するような「新版いろはかるた」のつづき漫画を目にすることになった。小川武による「民の声」である(図9-2)。たとえばこの版の「め」のカードでは、黒眼鏡をかけた東条風の男の図に、「めくら指導者」というかんたんな説明を添えている。聖戦は「せ」のカードで文字どおりゴミあつかいにされ、ゴミ箱に処分された軍刀の図に「せんそうはコリコリ〔戦争はこりごり〕」という説明文がそえられていた。民衆の感情を呼びおこす小さな素晴らしい表現は「も」のカードであらわされ、そこでは毅然とした風采の農民が畑に立

図 9-2　「民の声　新版いろはカルタ」(小川武『漫画と読物』1946 年新年号)

てかけた鍬《くわ》によりかかっている姿がえがかれ、説明文には「もう騙《だま》されぬ」と書かれていた。

〈め〉
「めくら指導者」
図版　目の不自由な東条首相が演説をする

〈せ〉
「せんそう〔戦争〕はコリコ〔ゴ〕リ」
図版　ゴミ箱に捨てられた軍刀

〈も〉
「もう騙《だま》されぬ」
図版　鍬によりかかる毅然とした農民

この最後の漫画が文化史家、政治史家にとって魅力があるのは、日本人がどのようにしてこれほど破滅的な戦争に巻きこまれたのかについて、最も日本人にポピュラーな説明を、まさに、さっとした筆づかいのうちにとらえているからだ。くりかえしいわれたのは、日本人が「騙された」ということだ。ここから、人々は二度と指導者には騙されぬように気をつけねばならない、という総括がつづく。こうした観察から、今度は、「無責任な指導者を一掃する最善の方法は、真にひらかれた、理性的で「民主的な」社会をつくりあげることだ」と論じるにいたるのは自然な足どりだった。この見かたからすると、しかめっつらをしている漫画の農民は、たしかに雄弁に物語っているのだ。自分でちゃんと意識しているかどうかは別として、彼は、徹底的に自由主義化された国家政体にたいする、可能性をひめた、堅固な「草の根」の支持基盤を代表しているのである。

「民の声」の漫画にはまた、占領軍にこびへつらう、ひねくれた追従の札も何枚かふくまれている。こうして、「れ」の札は、「れんごう〔連合〕軍さまさま」という説明をつけてマッカーサー元帥の司令部の玄関がえがかれた。「な」の札で読者は、幼い日本の少女と会話するアメリカ海兵の姿を目にした。説明文は文字どおり、「なかよし進駐軍」となっていたが、この「進駐軍」という言葉は占領軍の婉曲語で、それ自体、日本人の言葉を濁す強い傾向について、長い論考を書く出発点にもなりうるものだった。たとえば戦時中、大日本帝国の陸海軍はつねに進駐し、けっして後退しないということが軍事的な教義《ゴスペル》になっていた。こうして、衝突から実際に撤収するときに、それを単純に「退却」だといってみとめることはまれだった。むしろ皇軍の陸海兵は、文字どおり「方向を転換して前進する」ことを意味する「転進」をおこなっている、とされた。同じような方法で、日本の敗戦は、ほとんどの場合、おおやけの表明では(人々の議論のなかではずっとすくなかった)、はるかに温和な解釈をともなう「終戦」という表現で言及された。これとよく似た言葉の忌避《きひ》が、ここにもみてとれる。「進駐軍」とよぶことによって、「占領軍」の本性をかくそうとしたのである。

〈れ〉
「れんごう軍さまさま」
図版「マックアーサー〔マッカーサー〕司令部」入り口

〈な〉
「なかよし進駐軍」
図版　日本人の子どもとアメリカ海兵

いずれにせよ「かるた」の漫画は、こうした勝者や敗者をめぐる表現をはるかにこえていた。そこにはまた、「このごろ都にはやるもの」や「大ヤミ小ヤミ」といった言葉のパロディでつたえられた混沌や混乱に、文字どおり匹敵するような視覚表現もみられたのである。一九四六年から一九四九年まで、ほとんどすべての日本人が、毎日のように遭遇した敗北の側面、すなわち闇市に焦点をあわせたじつに多くの図版がそれだった。『協力新聞』の冷笑的な表現のいくつかですでにみたように、そこには自由奔放な利己主義がはびこっていた。小川の「民の声」の「ふ」の札からは、戦争がおわったときに海外にいた数百万人の軍人や文民が、日本に復員したあと、闇屋になってなんとかやっているようすがみてとれる。[17]

〈ふ〉
「ふく〔復〕員して闇屋さん」
図版　軍帽をかぶったままの元軍人

降伏から二年以上がすぎた一九四八年、あるユーモア雑誌が、世によく知られた漫画家たちをまねいて「かるた」様式の図版をえがくよう求めたとき、彼らの多くはまだ、日常生活で闇市を中心におくことにこだわっていた。たとえば加藤悦郎は「ち」の札で、莫大な包みを背負ったゲートル姿の頑健な男をえがくことで、違法な市場のダイナミズムと、政府の無能ぶりとの関係を指摘した。説明文には、「遅配で太ろう　闇商人」と書かれていた。[*4] 小川哲男は、農民が、生産物を公的な配給制度に回さず、闇市に流してもうけるようすを諷刺した。ちょっとした言葉遊びをふくむ平仮名の「わ」の札で彼は、自宅で食糧を背にし、床じゅうに散らばった紙幣を前に座ってほくそ笑む農民をえがいている。田中比左良《ひさら》は平仮名「や」の札を、「闇肥り　身の程知らず」とすることで、大物闇商人をけなすことにつかった。彼の絵は、紙幣を箸でつまむでっぷりと肥った背広姿の男をえがいている。加藤悦郎は「ふ」の札でこの協働作業にふたたび登場し、きわめて痛烈な反復楽節を奏でた。彼は演説をする着物姿の女性のうしろで、にやりとする黒眼鏡の肥った男が立っている絵をえがいた。その生活の一場面はいったい何を意味しているのか。単純である。説明文はこうだった。「婦人は代議士、亭主は闇屋」。[18]

こうした勝者／敗者という挿話や、闇市にまつわるブラック・ユーモアをこえて、「いろはかるた」による諷刺は、当時の他の大衆表現の様式と同じく、日常生活にひろがるまったくの混沌をとらえていた。佐次と寺尾はこれを、「ねるに家ナシ　ふとんナシ」の寒さに震える一家の図で、最高にいきいきと表現した。小川の「民の声」はさらに先をいっていた。たとえばぞっとするような「う」の札の表現で、彼は降伏から数年間、ホームレスが群がり住んだ鉄道駅や他の地下公共施設ではごくふつうにみられた光景、毛布の下からはみでた死体の両足をえがいた。しばしば数年ものあいだ、海外にでていった愛する人々の安否の報せを、今か今かと待ちわびる妻たち、両親、そして子どもたちの姿は、涙を拭いさる女性の姿をした「み」の札にえがかれた。平仮名の「を」の札に、小川は三八一〇万一八三四人という数字をそえた女性の顔、三三八九万四六四三人という数字をそえた男性の顔をえがき、若い男性の戦死によって生じた人口動態のアンバランスと、結婚適齢期の多くの女性が将来の配偶者を奪われたことをしめす統計を取りあげた。

〈う〉
「うへの〔上野〕で餓死」
図版　覆いからはみでた死体の両脚

〈み〉
「みなみからいつ帰る」
図版　愛する人が帰らずに泣きぬれる女性

〈を〉
「をんな〔女〕が多い新日本」
図版　戦死者が多かったために、いかに多く、日本人女性の数が男性を上まわっているのかをしめす数字

もっと軽い例でいえば、ケチなコソ泥が横行して、銭湯をでた男が下駄が片方盗まれたことに気づく、という漫画もある。身ぎれいな衣類が不足していたことから、戦時中に一般的になり、その後何年も、多くの貧しい女性が着どおしだった、あきらかに魅力に欠けるモンペに、着物と羽織をまとった婦人も、「民の声」にえがかれた。日々のいらだちをしめす他の挿話では、ホワイトカラーの労働者が路上のタバコの吸殻をひろう場面がある。「たりないタバコ」というのが、その簡潔な説明文だ。

ほかの挿絵画家や、筆がたつ多作な作家たちも、同じような辛辣に、いろはかるたの型をつかった。こうして、刑務所に送られるのは「望ましい」(人はすくなくとも食事と宿を保証される)ことだったので、「つ」の札では、警官が刑務所に送りこまれて幸せそうに歌う囚人の図がえがかれた。そえられているのは、「罪を犯して刑務所志願」というキャプションだ。ほかのかるたの一組は、敗戦後に花ひらいた救世主風の新興宗教を取りあげたが、その宗教のいくつかは、法悦の幻影をみたと称する女性によって創設された。ここでの図柄は、神道の御簾の前にひざまずき、両手を握りしめて祈禱するやぶにらみの女性と、彼女にひれ伏す小さなちっぽけな人々をえがいている。平仮名の「き」をめぐる札の説明文は、けっしてうやうやしくはない調子で、「気違いが神様になる新宗教」に注意を呼びかけている。(19)

〈ゆ〉
「ゆ屋で下駄が無い」
図版　銭湯をでた男がひとつだけ残された下駄に目を丸くする

〈ゐ〉
「ゐばおり〔絵羽織〕にモンペ」
図版　戦時中や、しばしばその後数年にわたって、女性が着た魅力に欠ける木綿のズボンに、礼式の着物用上衣をまとう婦人

〈た〉
「たりないタバコ」
図版　捨てられたタバコの吸いさしをひろう。

こうした辛辣な観察は、枚挙にいとまがない。かつて重んじられた倹約の徳は、一九四七年の新年、急騰するインフレーションのさなかに掲載された「いろはかるた」で、「一年のはかりごと　するだけ野暮」という警句でばかにされた。なしうる最善のことは、「渇してはどろぼう、潤えば乱費」なのだった。落ちぶれた人々のあいだで人気のあった、安物のメチル・アルコールを飲んで盲目になる例が流行したことを、多くの漫画家は、ぞっとするような、あるいはむかつく調子でえがきだした。「酔いしれて目がつぶれ」は、平仮名の「よ」にまつわる身も蓋もない読み札で、「メチル」という貼り札のついた瓶を前に、方向感覚を失った男の絵札をともなっていた。列車の寝台車にいる男の絵は、彼の居心地のよい一等車の席を、マッカーサー元帥自身が日本の国がおかれた現状について語った屈辱的な言葉、「四等」の地位と対比することで、笑いを誘った。ここでの読み札は、「四等国に一等寝台」である。裕仁天皇は一般に、他のほとんどすべての本質的な批判同様、ユーモア作家のトゲからも逃れていたが、国じゅうを巡幸して庶民と交わるという敗戦後の前例のない決断は、ある刊行物に「掃《はき》溜《だ》めに鶴」という古言の拡大版を思いつかせた。「掃溜めにツル、人波に天皇」という札である。[20]

戦後にひろがったセックスの商業化は、ヌード・ショーや、ポルノに読みふける老人などの表現で話題になった。「腿を見せるが商売」は、「も」にともなう新たな品位ある連想となった。敗戦後三、四年つづいた深刻な食糧不足のあいだに、ほんとうの恋愛《ロマンス》が困難だった事情は、一九四八年、公園のベンチに座る一組のカップルの姿でえがかれた。「イモ持ってランデブー」である。配偶者を探すことだけを目的に考案されたおやけの会で、結婚相手を探す戦後の現象は、「縁は集団見合い」の札にとらえられている。

ちょうど食用の筍の若芽をむいて食べるように、衣類など個人の持ち物をすこしずつ売って日々を生き延びる奮闘ぶりは、降伏後の時代にもっとも有名な造語「タケノコ生活」をうみだした。ここから予想されるように、一九四八年には空っぽのタンスを前にした女性の絵に「タケノコ暮らし、もう三年」という説明のついた「いろはかるた」がうまれた。一九四八年のほかのかるたの一組で、ちょっとした容姿への心の飢えが、「女は衣装で釣られる」という表現を思いつかせた。これにともなう挿絵は、あきらかに占領軍のアメリカ人検閲官の目を逃れたものだった。というのも、その絵は、大きな鼻をした影絵の男にぶらさがって、衣装に手を伸ばす若い女性をえがいていたが、大きな鼻はあきらかに、贅沢品と引きかえに性的な好意をもとめる白人戦勝者をあらわす侮蔑的な表現であったからだ。

「民主主義」につらなる新しい自由が、孝心などの古い徳目にとって何を意味しているのかという問題は、才能ある漫画家の小野佐世男をして、同じ一九四八年に、震える父親にむかって演説する小さな少年の絵をえがかせた。「子は親をへこます」が、平仮名の「こ」の札につけた小野の表現だ。しかしこの漫画が掲載された同じ号で宮尾しげをは、古い慣習がいまだに維持されているという希望をあらわした。彼は平仮名の「れ」の札に「礼節を知る文化人」という表現をつかった。だがじつのところそれは、伝統主義者の心を安らげるものではなかった。神道の神社にお礼をする姿でえがかれた宮尾の「文化人」は、若いアメリカ兵(GI)だったのである。

では、若い日本人は、この「いろは」の皮肉なシリーズで、どうえがかれたのだろうか(彼らが闇市や個人関係、家族関係にかかわっていないときに)。かるたでは、大学の学生たちは、授業にでる代わりにパートの仕事をするか、彼らを教える老教授たちの前で赤旗をふることに時間を費やした。労働者は「槌と鎌」の旗のもとでメーデーを祝った。高邁《こうまい》で「西洋化された」志をもった若い女性は、「彼女の理想が高すぎて」、きまってオールド・ミスになっておわるのだった(ある絵柄は、英語の表題で“Love Is Best”と書かれた本をもちながら、ひじで男を払いのける着物姿の女性をえがいている)。かわりに、若者は民主主義の別の偉大な呼びもの、ブギウギを楽しんだり、「新しいタレント」を探しもとめて映画撮影所がひらくオーデションに参加したりすることができた(ここでは、ジャガイモのような鼻をした女性のスター志望者をえがく、薄情な絵もあった)。

＊　＊　＊

もちろん、こうしたものはたいていが、取るにたらないことだ。諷刺作者が戦後の混乱をつっついて楽しみを見いだす一方で、多くの他の日本人は本気になって、現在と未来をつなぐにふさわしい伝統を提供する「言葉の架け橋」を探しもとめていた。朝廷の尊厳を護持することに専心していた昭和天皇は、生え抜きの外交官、重光葵(まもなく戦犯として起訴される)らの助言者にみちびかれ、明治の建国者による一八六八年の「五箇条の御誓文」を再発見した。天皇は一九四六年の元日に、彼の使命は、祖父の明治天皇のように、つねに旧来の陋習《ろうしゅう》を破り、知識を世界にもとめることであったと宣言した(彼は、こうした世界主義《コスモポリタン》的な探求が、どのようにしてナチス・ドイツにつながったのかについては説明しなかった)[21]。これほど修辞的ではないが、もっと劇的だった天皇の決断、すなわち「掃溜めの鶴」となって民衆と交わるという決断は、彼の祖父である明治天皇が、一八八〇年代に日本各地でおこなった巡幸にその最もあきらかな先例があった。いずれの場合においても、注意ぶかく振りつけをされた天皇の巡幸は、政治的に動揺し、不安定になった時代に、玉座への民衆の支持をしっかりと安定させるためにおこなわれた。

天皇が降伏を宣言して数日内に、封建時代後期に人気のあった「世直し」をめぐる千年紀風のレトリックが、いまや敗戦が突きつけた挑戦にふさわしい考えかたとしてよみがえった。もっと近い時代から、自由主義者は

「大正デモクラシー」を再発見した。進歩主義者や左翼は、明治初期の「自由民権運動」の挫折におわった理想や、世紀の変わり目以降にあらわれ、押しつぶされた、プロレタリア労働運動に注意を呼びかけた。「メーデー」の祝いは、日本の第一七回目にあたる祝賀が禁じられて以来、その一〇年後の一九四六年に再開された。配給制度における政府のひどい不手際にたいする民衆の抗議は、数週間後の騒々しい「食糧メーデー」で最高潮にたっしたが、それは戦前の日本でもっともダイナミックな民衆抗議の機会となった一九一八年の「米騒動」に酷似していた。いずれの例でも、全国規模のデモの弾みになったのは、地元の主婦たちによる自発的な抗議活動だった。一九四六年の学生メーデーにはじまる戦後の急進的な学生運動の誕生は、はっきりと、学問の自由への抑圧にかかわる悪名高い一九三三年の滝川事件の記念日に結びついていた。

マルクス主義者はただちに、一九三〇年代に抑圧された、辛辣だが知性を刺激する労農派—講座派による理論上の討議を復活させた。自由思考の快楽主義者や、消耗した現実逃避主義者は、一九三〇年代初期、軍国主義の上げ潮にたいする抵抗をうっすらと昇華した表現として、「エロ・グロ・ナンセンス」の流行を復活させた。科学者たちは「われらの平和にみちた研究」への回帰について話しあった。高坂正顕のような保守的な哲学者は、日本文化における西洋式の「客観性」の欠如を批判したが、「神聖な力」と、日本文化を特徴づけると思われる尊敬すべき国家中心、家族中心の「道徳性」に将来の望みをたくした。厳格な「京都学派」の哲学者田辺元から、歴史叙事詩的な長編でずば抜けた人気を誇る作家の吉川英治まで、じつに多彩な人々が、懺悔と往相[*5]にかんする叡智をもとめて一三世紀の布教者・親鸞に注目した。河上肇、三木清、尾崎秀実、宮本百合子ら、「危険思想」として戦時に追放された思想家たちは、戦後の(三木と尾崎は死後のことになったが)英雄やヒロインになった。

実業家や大企業の指導者たちは、すぐに、戦後の経済復興の基礎として利用できる、またそうすべき多くの便利な「過去」に注意をむけた。予想どおりそこには、財閥優位の資本主義システムの復興や、商業的、個人的な関係における米英との緊密な結びつきの回復などがふくまれていた。同時に実業界の指導者や、経済政策の立案者たちは、長期の戦争自体が刺激して活気づけた、応用科学と技術の劇的な進歩にも注意をむけた。彼らはこう論じた。こうした科学と技術は、国家が引きつづき、経済政策の立案に強く力をそそぐことと相まって、先進経済国家としての将来の発展の礎になるだろう、と。まさに、科学技術と同じく専門技術の点でも、惨めな敗北をまねくことになった「総力戦」への動員そのものが、より民主的で平和をめざす日本を建設するにあたって、思いがけなくダイナミックで融通のきく「過去」であることを、まもなく証明したのであった(22)。

日本の郵政省でさえ、伝統を再創造し、古い日本とあたらしい日本を結ぶ橋を架ける事業にくわわった。もはや乃木希典《のぎまれすけ》将軍のような明治時代の英雄を切手にする余地はなかったが、だれがいったい、その地位に取ってかわったのだろうか。早い時期から、日本特有の新たな英雄は、近代的な「文化人」でなければならないことははっきりしていたが、だれにするかをきめるには時間がかかった。一九四九年になってようやく、郵政省は医療研究者の野口英世の栄誉を称える切手を筆頭に、文化指導者シリーズの発売をはじめた。一九五〇年から一九五二年にかけ、戦前の著名な一六人の男性と傑出した一人の女性(作家の樋口一葉)が、戦後の新時代における戦前の模範として、同じように顕彰された(23)。

日本の過去と現在、そして未来を結ぶ架け橋は、たしかに数多く、じつに多彩だったのである。

〈訳注〉

＊1　『朝日新聞』「声」欄に掲載された「このごろ都にはやるもの」。原文には以下の前文が書かれている(朝日新聞社編『声1』、朝日文庫)。

「建武中興の政治不首尾のころ、京都に行われた落書「このごろ都にはやるもの」は、当時の世相を知るに足る史料としても名高いもの。いまこれにならい「このごろ日本にはやるもの」を戯作して、昭和の落書とする」。

＊2　著者は、外国人読者に説明するため、この箇所につぎのような注をつけている。「論より証拠」(英語でいう「the proof of the pudding is in the eating(プリンの味は食べてみなければわからない)」という表現とだいたい同じだ)。

＊3　ここに訳出した投書の歌詞の前には、筆者のつぎのような前文がおかれている(訳注＊1と同書)。

「寒む空のお城の上に、からすの群が真っ黒に飛び交うている。私は子供の頃のなつかしい歌〝夕焼け小やけで日が暮れて……〟をうたっていましたところ、なぜかしら涙がほおをつたいました。そしてうたっているうちに、こんな言葉になってしまいました。皆さんもこのようにうたって下さるでしょうか。(福井市・藤堂弥智子)」。

＊4　当時は配給制だったため、その配給がおくれると、闇市に頼るしかなかった。

＊5　この世から浄土へ行くこと。極楽浄土に往生したあと、ふたたび衆生教化のためにこの世にもどる還相《げんそう》と対比してつかわれる。往相回向《おうそうえこう》は、自分の功徳を一切の衆生にほどこして、ともに浄土に往生できるように願うことを指す。浄土真宗では、阿弥陀如来が、極楽に往生する功徳を衆生にほどこすとする。

第一〇章

戦争直後の日本からの教訓

解題

この短い文章は、次章と同じく、一九七〇年代にE・H・ノーマンの著作を再出版するにあたって私が最初に取りくんだ「歴史のもちいかた」という問題、もっと敷衍すれば、日本の近代史の効用と誤用という問題に立ちかえるものだ。いずれの文章も、二〇〇一年九月一一日にアルカイダが世界貿易センターと国防総省を攻撃したあと、アメリカがおこなった「対テロ戦争」と、イラクへの侵略にあわせて書かれた。

この文章は二〇〇二年一〇月末、イラクにたいする戦争の態勢が一段と変速ギヤを高めたころに、『ニューヨーク・タイムズ』紙の論評ページに掲載された。それはまた、米政府当局者たちが、フセイン打倒後のイラクに期待される解放と親米への方向転換にあたって、モデルや鏡、それどころか一種のお守りのように、第二次大戦後の日独占領を思いおこしはじめた時期だった。そうした推論にあたって日本は、すぐにドイツよりも魅力的な道標《みちしるべ》としてあらわれた。はっきりとした理由からだ。イラクのように、日本は非西洋であり、非白人であり、非キリスト教であったからだ。

これは侵略への助走としてどこでも使われる情報操作であり、宣伝《プロパガンダ》だった。同時にそれは、ブッシュ政権の政策立案における最上層部にまで浸透した、とてつもない願望的思考を反映していた。イラクと戦後初期の日本について知る人ならだれでも、日本の専制主義と軍国主義を排除するにあたって、その成功に寄与した重要な固有の要因すべてが、イラクには欠けていることを認識したろう。日本占領は、戦争屋たちが見るべき青信号ではなく、むしろ赤信号のはずだった。

『ニューヨーク・タイムズ』紙への論評は、もちろん、何の効果もなかった。振りかえって最も興味ぶかいことは、そこに独創的なものは何もなかった、ということだ。われわれはいまや、アメリカの文民、軍人の官僚機構すべてにおいて、下のレベルではもっと詳細に、イラクへの侵略に反対する議論がなされていたことを知っている。こうした警告がホワイトハウスの上層部に何の効果ももたらさなかったということは、帝国風の大統領職のもとで、「民主主義」が真に機能するかどうかについて、反省をうながす論評を突きつけるものだろう。侵略に飛びついた主流メディアが本格的に、持続するやりかたでこの問題を取りあげ、追及しなかったことも、同様に不安をかきたてるものだ。†

〈著者による補足〉
† 文民・軍人の官僚機構における侵略前の警告については、Dower, *Cultures of War: Pearl Harbor/Hiroshima/9-11/Iraq*(New York: W. W. Norton and The New Press, 2010)で論じられており、そこでは日本とイラクの占領を、よりくわしく比較している。

九・一一事件の衝撃にたいして、アメリカじゅうのジャーナリストや専門家は、ほとんど一体となって、ただちに六〇年前の日本による真珠湾攻撃を呼びさました。新聞は真珠湾でつかわれた「恥辱の日(day of infamy)」という見出しを掲げた。特集記事は、イスラム教テロリストたちの聖戦にたいする狂信と、日本人のそれとの類似性(あるいはちがい)について語り、もちろん、いずれの攻撃も予想できなかった米国諜報の惨めな失敗について、ことこまかに論じた。

いまやブッシュ政権自身が、先制攻撃の効能を売りこむにいたって、かつて防御のための先制攻撃を唱えて他国に侵攻した日本は、ことによればまったくちがうたぐいの歴史の前例をもたらす存在として浮かぶようになった。アメリカが、第二次大戦後の日本占領を成功させたことが、サダム・フセイン後のイラクにおけるアメリカの建設的役割のモデルとなるのではないか、というのである。

端的に答えをいえば、結論は「ノー」である。

ほとんどすべての基準に照らして、敗戦後の日本占領は驚くべき成功をおさめた。かつての抑圧的で軍国主義的だった社会は、敗戦と占領をとおして、生命力ある民主社会として立ちあがり、以後半世紀にわたって近隣に何の脅威ももたらさなかった。日本人は文化的に自治の能力がないと宣言した否定論者たちは、一九四五年にはその数も多かったのだが、見事にまちがっていたことがあきらかになった。

しかし、今日の自称「リアリスト」が示唆するだろうこととは反対に、占領下の日本の国づくりの成功に貢献した要因のほとんどは、アメリカによって軍事的に打倒されたあとのイラクにおいては存在しないだろう。

一九四五年に戦争がおわったとき、米主導による日本占領は、世界の他の国々の目には、いちじるしい法的正統性と、道徳性をそなえていた。これは、その直前に日本の軍事力に蹂躙《じゅうりん》されたばかりのアジア全体においてはもちろん、欧州におけるアメリカの同盟国のあいだでも同じく真実だった。そこには、サダム・フセインにたいして計画されている戦争では享受できないほど明白な、地域的かつ全世界的な支持があった。

占領はまた、ほとんどすべての日本人の目にも、正統性があると映った。日本政府は降伏時に、公式に占領を受けいれた。偉大な風向計だった裕仁天皇は、戦勝者にたいし、重要な個人的保証をあたえた。そしてすぐに、日本人は社会のすべての階層において、惨めで勝ち目のない戦争をはじめたみずからの軍国主義の指導者を非難した。サダム・フセインはけっして裕仁天皇の代わりにはなりえない。それどころか、先制攻撃による戦争は確実に、フセイン打倒を歓迎する数多くのイラク人さえも、遠ざけてしまうだろう。

敗北した当時、日本人はとても同質とはいえない状態だった。政治的な忠誠の対象は、保守から共産主義まで多岐にわたっていた。それにもかかわらず日本には、戦後のイラクで噴出しそうな宗教的、民族的、地域的、部族的な敵意は生じなかった。同じように、戦場での日本人の振るまいを特徴づけた自殺的な狂信は、戦後まで生き延びなかった。一九四五年から一九五二年にわたってつづいた占領で、占領軍にたいする日本人のテロは一例もなかった。占領下のイラクでも同じだと、ほんとうに確信できる人がいるだろうか。

日本占領の成功の多くは、日本が「無条件」降伏をすることによって、交渉の余地のない絶対的な権威を、勝者に譲りわたした事実に由来している。さらにこの権威は、たぐいまれなカリスマ性をもつ最高司令官ダグラス・マッカーサー元帥にあたえられ、彼は事実上、命令一下で日本を支配する権限をもっていた。今日、外国の地で、米軍やその司令官個人が、それに匹敵するような民政の権限をふるうとは、想像すらできないことだ。

日本占領の計画は、実際には真珠湾攻撃の直後からはじまり、非軍事化と民主化の基本目標は、日本が最終的に降伏する数週間前、一九四五年七月のポツダム宣言にはっきりしるされていた。マッカーサーの幕僚は、その命令をかなり柔軟に解釈することができたが、そうした命令は、今日の拙速な政策決定とは対照的に、米政府内部の省庁間にわたる長い審議を反映していた。

日本の民主主義を、今にいたるまで定義づけている法的、制度的な大改革は、今は昔話と思えるようなリベラルなニュー・ディール政策を反映していた。全国的におこなわれていた小作制度を一撃で葬りさった農地改革、労働者の組織化を正面から奨励したこと、国家による交戦を禁じただけでなく、全市民にきわめて進歩的な種々の市民権を保障する新憲法を起草したこと、学校の構造改革と教科書の改訂、民法・刑法の双方を改正することなどが、その改革にはふくまれていた。今日の「リアリスト」たちが、こうした永続する進歩的な政治議題を、彼らの最も重要な関心事にすると考えるのはむずかしい。

イデオロギーは別として、こうした本格的な国づくりをするにあたって必要な後方支援の費用だけを考えても、法外なものになるだろう。マッカーサーのもとで民政の政策を実施したおもな軍人、文民はいつでも五〇〇〇から六〇〇〇人はいたし、ほとんどは東京に駐在したが、草の根レベルの地方事務所にも日本じゅうに要員がいた。日本語、英語両方を話す日本人数万人が、支援スタッフとして雇われた。そして占領期の大半をつうじて、日本に駐留する米軍人は(その任務は、国内騒擾の防止という目的から、すぐに冷戦の目的にむけられたが)、一〇万人をこえていた。

アメリカが、敗戦国日本に民主主義を制度化することができたのは、究極的には、たんに戦前の日本に民主主義の強い伝統があっただけでなく、それまであった官僚機構が生き残り、占領軍に協力したからだった。行政機構は、上は中央省庁から下は町村の役場にいたるまでほとんど無傷であり、あらゆる層の行政官は、よりよき新社会というビジョンを、しばしば心から受けいれた。ここでもまた、戦後イラクにおいて、遠大な改革を実行するにあたって、旧制度の機構が、それほど準備万端の手段になると考えるのはむずかしい。

日本占領の特異な性格については、ほかにもたやすく例をあげられるだろう。日本は島国であり、アメリカによる冷戦戦略に日本を組みいれたことにたいし、まもなく敵対するようになった中国のような近隣諸国から、物理的に切りはなされていた。対照的に、イラクは不穏で、潜在的には介入を企てようとする隣国と国境を接している。

もっと重要なことは、一九四五年から一九四七年にかけて、米政府の政策立案者が欧州の事態に気をとられていたため、マッカーサーとそのスタッフが、民主化推進に全力を集中するにあたって、比較的静穏な時期に恵まれたということだ。煮えたぎる大釜のような今日の中東の政治状況で、イラク戦争のあとにそうした静かな時期がくることはないだろう。

敗戦国日本は、自然資源に乏しく、事実上、外国から経済的な関心をひくこともないという幸運に恵まれていた。私益のために占領政策を操作して、一儲けをたくらもうとする連中もいなかった。石油資源が豊かなイラクにおいて、外国資本は経済的な役割と同じく、大きな政治的な役割もはたす構えをみせている。

占領下の日本は、戦後のイラクにとって何のモデルにもならない。他方で、それは明確な警告をあたえている。日本のように、望ましいとわかった環境においてすら、非軍事化と民主化は、畏怖すべき挑戦だった。その直後におきる事態をふくめ、すべての結末を真剣に想像することなく戦争に突進することは、リアリズムではなく、おそるべき傲慢なのである。

第一一章

日本のもうひとつの占領

解題

非西洋の国家や社会をあつかう仕事にたずさわった西洋人ならだれでも、近現代について西洋とそれ以外を比較するとなると、それが一方通行の道であることを知っている。「西洋」はモデルであり、「他の世界」は、モデルの先進的な達成にどれだけ近づくことができたのか、それとも失敗したのかという程度によって評価される。一九六〇年代に私が歴史研究の分野に入ったときに学界を魅了していた「近代化論」の認識体系《パラダイム》は、この点でとても明確だった。「近代性」の尺度は、科学、産業、国際的な関係、多元的共存、「合理性」などの面で、他の国々が西洋の偉大な達成という一点にむかってどれほど近づいたかによって測られた。アメリカのように進んだ西洋国を、どこであれ不運にも「その他」に属することになった国の鋳型に照らして、批判的に検討するなどということは、およそ不合理なことだったのである。

アメリカがイラクを攻撃した二〇〇三年三月に先だち、私はいくつかの場所で、一九四五年に連合国軍最高司令官総司令部（GHQ）がはじめた日本占領を、イラク侵略後に予想される状況の指標とするのは、おそるべき誤解をもたらすことになると書いた。侵略後、米軍による高圧的な占領が展開するにつれ、私はイラクでおきていることに、GHQによる日本占領とはちがうまったく異例のモデルを見いだし、圧倒された。それは一九三一年の日本による満州侵略と、その一年後におきた傀儡《かいらい》国家・満州国の創設である。もちろん、相似は正確なものではない。重要な局面で、ちがいは計りしれない。たとえばアメリカはある種の民主主義だが、日本帝国はそうではなかった。だがどちらも軍国主義的で、侵略と占領を特徴づけているものが、レトリックは立派なのに、実際のおこないはお粗末ということであり、いずれの場合もわれわれが今よぶところの「国づくり」に、莫大な公私の資源を投入した。そしてひとたびこの導きの糸を手繰《たぐ》りはじめれば、一九三〇年代の日本と二一世紀初頭のアメリカとに、さまざまに共通するものがあらわれはじめた。満州とイラクの企てを比較することが、さまざまな点で啓発的になりうることを示唆するこの小論は、イラク侵略の三カ月後、『ザ・ネーション』誌の二〇〇三年六月号に掲載された。

私の知るかぎり、ほとんどだれひとりとして、この議論を是とはしなかった。だが私はいまだに、この持論を捨てることができない。愛国主義者が「アメリカ一国例外主義」として語ることの本質は、アメリカは徳義や、他のすべての道徳・物質面の世界で、他国とは比較することのできない至高のものだということだ。「西洋」と「その他」についてのおしゃべりの多くは、同じような仮定にもとづいている。大半の西洋人が歓迎する「文明の衝突」という流行の考えかたも、また同じだ。だが本格的な歴史比較は、時と場所という境界をこえて横断するのである。

いま、国際的にもアメリカ国内でも、劇的な変化がおきようとしている。そうしたときには、同じようなことが過去になかったのか、何と比較すべきなのか、かすかな気配を歴史に探るのはきわめて自然なことだ。予想できることだが、こうした過去からの援用として、日本が、恐怖と希望をともに示すちょっとした例として浮上してきた。こうして、九・一一事件は、われわれの世代の真珠湾攻撃になった(アメリカじゅうの新聞の編集者は、ほとんど本能的に、真珠湾でつかわれた「恥辱の日」を見出しに選んだ)。われわれの新たな敵は、「悪の枢軸」だと宣言された(思うに、北朝鮮が、一九三〇年代の日本にとってかわったのである)。そしていまやわれわれは、

戦後のイラクのモデルとして、第二次世界大戦後の「日本占領」でおこなわれた民主化になぞらえるという楽観的なシナリオをもつにいたったのである。

こうしたいかなる類推も、まじめに精査すれば、検討に値するものではない。日本占領を振りかえるのであれば、いかにイラクが一九四五年の日本と根本的にちがうのか、アメリカ自体が、半世紀前の当時の理想から、いかに遠ざかってしまったのかを、真に思いおこすべきなのだ。その理想とは、リベラリズムや国際主義、人権への本格的な関与、国家が重要な役割をはたす経済民主化のビジョンであり、それが、日本占領の初期の政策を形づくったアメリカ人の合言葉であった。こうしたことは、いまやブッシュ政権において、嘲笑の対象である。

いずれにせよ、今日のアメリカの政策を評価するうえで、精緻な分析に値するだろう二〇世紀なかばのアジアの占領は、ほかにいくつかある。そのうち、沖縄と韓国の占領は、日本本土の占領を統括したのと同じアメリカの「最高司令部」のもとでおこなわれた。三つめの、もっとも示唆に富む、そして刺激的な例は、一九三一年にはじまる日本の満州占領であり、それはすぐに万里の長城以南の中国、そしてついには東南アジアにまで拡張された。

沖縄と韓国の例が啓発的にしめすことは、はじめから安全保障の関心が最優先する地域では、アメリカも、当初の日本の大部分でしたような本格的な「民主化」に背をむけるということだ。軍事戦略家たちが、アジア沿岸に浮かぶ動かぬ巨大空母とするよう切望したことから、日本最南端の県である沖縄は、ただちに米軍の巨大な軍事施設にされた。日本占領は公式には一九五二年四月におわったが、沖縄は一九七〇年代前半に主権が日本に返還されるまで、アメリカの植民地のままだった。不規則にひろがるグロテスクな米軍基地の複合体は、そのまま残った。

韓国では、一九四五年に日本の植民地支配からうわべの解放をとげたあとも、悲劇的に分断された北半分と同じように、独裁支配がつづいた。アメリカによる占領と、その後の政策の根本方針は、安定と反共であり、韓国の人々自身が、アメリカへの追随体制を倒して、より民主的な社会を築くまでに数十年を必要とした。

だが新しい帝国の領土をつくりだそうとする今日のアメリカにとって、もっとも興味ぶかい類例となるのは、はじめに満州、後に中国にまでひろがった支配権力としての日本である。アメリカではこの幕間劇はほとんど忘れられているし、二つの事例にはもちろん、大きなちがいがある。一九三一年に帝国建設の作戦を加速しはじめたときに、日本は唯一の超大国ではなかった。日本の宣伝家たちは、今日の世にあふれる民主化や民営化、自由市場などのレトリックについて、吹聴することはなかった。国内的には、日本は本物の天皇の神楯《イージス》のもとにあり、皇帝のような大統領のもとにある今日のアメリカとはちがっていた。

だが、失敗におわった日本の帝国と、にわかに出現したアメリカ帝国との共通性には驚くべきものがある。いずれにおいても、われわれは、もっとひろい右翼急進主義の政治課題に組みこまれた帝国づくりに直面する。どちらも、国内政治の優先順位と手法を全面的に変容させつつ、攻撃的で、本質的には単独行動主義的な国際政策をとっている。

「近代的」であったはずの日本帝国が、実際にどのように道を踏みはずし、戦争への動員と勢力拡大にむかったのかについて、学者たちは今にしてようやく、全容を理解しはじめたばかりだ。自称「愛国的な革新者」たちは、海外の「新秩序」と国内の「新機構」をもとめてイニシアチブを握っただけでなく、こうした内外の目標が密接不可分であることをはっきりさせた。彼らの説得は大胆で、しかも明瞭だった。

彼らは目的を達成するためなら、逃げ口上や脅し、既成事実を利用することもためらわなかった。軍部にかつてない権力をあたえる一方で、彼らは企業や官僚、政界と潜在的な同盟関係を結んだ。さらに、新たに登場したマスメディアを巧みにあやつって、国内の人々の支持を動員した。

過去を振りかえるにあたって、われわれはとかく、こうした男たちの思いあがりや狂気について考える傾向がある。短命におわった彼らの帝国は、日本語の表現を借りれば「夢の中の夢」でしかなかったと片づけられているが、それでは単純にすぎる。圧倒的な勝利のつかのまに、これらの右翼急進派は、予期しないやりかたでアジアの相貌を変えただけでなく、日本をも永久に変容させたのだ。そして彼らの重大な関心や野望、その結末は、今日のアメリカの政策におけるそれと、不気味なほど深く響きあっている。政権交替。国づくり。追随国家の創出。戦略資源の支配。国際的な批判への公然たる反抗。「総力戦」への動員。文明の衝突というレトリック。人心掌握。国内外でのテロとの戦争。こうしたすべては、アジアに「共存と共栄」の新秩序をつくろうとした、うぬぼれの強い企てにおいて、日本が構想したことがらであり、手法なのだった。

ベルナルド・ベルトルッチ監督の一九八七年の叙事詩映画『ラストエンペラー』は、アカデミー賞九部門を総なめにした。この映画が、アジア大陸における日本のヘゲモニー探求の野望を人々の記憶に呼びさますことはなかったが、それでもなお、ファンを魅了するという、映画ならではの力をしめす作品になった。アジアにおける日本帝国の新たな段階は、一九三一年に、それまで地元軍閥と協力して満州に長い新植民地的な支配をおよぼしてきた日本が、いつわりの開戦理由によって地域一帯を掌握したときにはじまった(戦争は、日本の関東軍の一味が奉天(今の瀋陽)近くで日本管理下にあった鉄道を爆破し、地元軍のしわざだと非難したことではじまった)。翌年、一六四三年から一九一二年まで中国を支配した清朝の「最後の皇帝」である溥儀《ふぎ》が執政する傀儡《かいらい》国家、「満州国」が樹立された。一九三三年に日本は、その身勝手な単独行動主義への国際的な非難に対抗して、国際連盟を脱退した。

われわれがいま、遠まわしに「政権交替」と呼ぶこのできごとにつづいて、日本は万里の長城以南の中国に勢力をひろげた。一九三七年に総力戦が勃発すると、日本は約二億人が住む東部沿岸のすべてを支配下においた。中国の泥沼にはまり、さらなる戦略物資を必死にもとめる日本帝国の軍事力は、一九四一年、東南アジアの植民地領(仏領インドシナ、蘭領東インド、米領フィリピン、英領香港・マラヤ・ビルマ)にむかって進出した。真珠湾攻撃は、今日の用語でいえば、このいわゆる「アジア解放」にたいし、アメリカの対応措置をおくらせるための先制攻撃だったのである。

アジアの「解放」は、言葉のうえでは日本の進軍と矛盾していなかった。それは軍閥やゲリラ、「匪賊」、満州や中国本土にひろがる混沌からの解放であり、世界大恐慌につづくグローバルな資本主義制度の不安定や、強奪からの解放だった。それはまた、ソ連が主導する国際共産主義の「赤禍」や、欧米植民地主義の「白禍」からの解放だった。そのイデオロギーの最も壮大な公式化において、日本の宣伝家たちは、「東」と「西」の決定的な衝突という、当時もいまも人をひきつける善悪二元論的なたわごとを持ちだしたのだった。

満州乗っ取りは、はじめのうちは日本において、深い憂慮を生みだしたが、それはすぐに、愛国主義的な団結という大きなうねりにかき消された(当時のスローガン「一億一心」は、今日のアメリカの「団結せよ」に相当する)。日本の宣伝家たちは、その使命にかんし、欧米の拡張主義者たちを活気づけた「明白なる運命」と同じレトリックをつかった。彼らは、アメリカのモンロー主義の言葉をかりて、満州奪取を、あたらしい「アジアにおけるモンロー圏」をつくりだす一環であるとすら強弁した。満州支配は戦略的な自然資源(とりわけ鉄鉱石と石炭)の入手を保証するものとみとめはしたが、彼らにいわせれば、もっと大きな目標はもちろん、平和と繁栄なのだった。満州国樹立は、前例のない「五族協和」(日本人、中国人、満州人、モンゴル人、朝鮮人)をもたらすものだと喧伝された。それをこえてもっと重要なことは、満州国が、急進的右翼の政治指針の最も基本的な理念にそった政治経済体制をめざす、完璧なパイロット・プロジェクトと目されていたことだった。

そうした興奮に沸きたつ日々に呼びおこされたキャッチフレーズは「理想としての満州」であり、その理想が奉じたものは表面上、今日の新アメリカ帝国の筋金入りのイデオローグたちが鼓吹するものとは大きく異なっている。世界のほかの国々と同じく日本を疲弊させた世界大恐慌のあとで、いまのアメリカが唱えるような「自由市場」や、抑制されない資本主義といった観念は、おだやかにいっても、まさに受けいれがたいものだった。こうした環境のもとで、「国家資本主義」や「国家社会主義」の新たなモデルを導入する絶好の機会として、日本は満州国を奪取したのだった。

しかし大きなちがいがあるからといって、当時の日本と今のアメリカとの多くの類似性が減るわけではない。いつものように、「悪魔は細部に宿る」のであり、この場合に最も興味ぶかい細部は、積極的な対外政策をおこなうことが、政治経済体制を一掃するような国内の再編成をともなった、ということにかかわっている。今日のアメリカと同じように、日本帝国の支配層は党派闘争のふるいにかけられた。こうした血なまぐさい闘争から、軍部の一派が台頭した。東条英機大将、のちの首相につらなる「統制派」だった。

「統制派」という名前には二つの由来があった。ひとつは、より性急な右翼をはじめ、他の党派を「統制」することを意味した。もうひとつ、より重要なのは、その言葉が、「総力戦」遂行能力を備えるという究極目標にむけて、もっぱら経済や社会全体を統制することを意味したことだった。第一次世界大戦以来、「総力戦」の概念は軍事作戦家たちの想像力をとりこにした。一九三一年の「満州事変」は、そうした作戦の実現を可能にさせたのだった。

政治的にいえば、総力戦への動員は必然的に、対外政策と同じく国内でも、軍部による支配をともなう。アメリカの国務省にあたる日本の外務省は、軍部に肩で押しのけられた。経済省庁は、軍部の要求にしたがう小間づかいになった。おおざっぱにいってしまえば、アメリカの司法省と国土安全保障省をあわせたような役所である日本の内務省は、国内治安の維持と「危険思想」抑圧の役割を強めた(一九三〇年代の日本には、要人暗殺をともなう国内出身のテロリストによる一連の事件が相つぎ、一九三六年には大規模なクーデター未遂である二・二六事件もおきた)。選挙で選ばれた国会は、いわれたとおりに判を押すだけの機関になった。多くの共産主義者や左翼が、帝国への批判をおおやけに撤回し、天皇の「錦の御旗のもとでの革命」に転向することを誓った。検閲体制に意気阻喪したマスメディアも、自己検閲をするようになった。いったん戦争の機械が動きだし、戦死者への「血債」が生じると、天皇に忠誠な軍隊を支持しないことは、想像もおよばないことになった。

経済的にいえば、総力戦への動員はその「近代性」において目ざましいものだった。この「近代性」という考えは、日本の後発性や「封建遺制」が、日本によるアジア支配に拍車をかけたという、一時流行《はや》った議論をくつがえすものだ。国家予算の圧倒的な部分が軍部関連の支出に投じられた。満州奪取から一〇年間で、重化学工業が台頭し、学者がいま「第二次産業革命」とよぶような動きを画した。工業や金融部門だけでなく、マスメディアでも合併の大きなうねりがおきた。

一九三〇年代まで、近代日本経済は四つの巨大財閥、あるいは複合企業型の事業連合体(三井、三菱、住友、安田)に牛耳られていた。満州奪取以降、この「ビッグ4」は、軍への一大供給源、占領地域における開発事業の主な受益者となり、できたての労働組合運動を弾圧し、富と力の格差増大で特徴づけられる国内の「二重構造」を強めることにもっぱら寄与した。

一九三〇年代には同時に、「新興財閥」として知られる技術的に革新力のある企業セクターが台頭し、そうした会社はおもに軍事契約や帝国づくりに専心した。「ビッグ4」と同じく、そしてまた、今日の「対テロ戦争」でぼろもうけをしようと騒ぎたてる最先端の米国企業と同じく、こうした新興財閥は軍部と結託してはたらき、われわれがいま「縁故資本主義」とよぶ土壌を耕したのだった。戦争のおわりまで、六大新興財閥(浅野、古河、日産、大倉、野村、中島)が占める鉱業、化学、重工業部門の払いこみ資本の総計は一六%をこえ、「ビッグ4」のシェアは三二%以上を占めた。つまるところ、「国家社会主義」は、侵略的な動きに結びついた民営化に手厚いことがわかったのである。

文民の官僚機構において、軍部のタカ派や新興財閥の片割れとなったのは、「新官僚」や「革新官僚」として知られる、ゆるやかに結びついた集団だった。彼らは海外の新秩序と国内の新たな制度機構を結びつけることに献身する熟達した専門技術者だった。敵対勢力や対立派からみれば、こうした男たちはゴロツキ官僚、ゴロツキ資本家、ゴロツキ軍人であったかもしれないが、その「ゴロツキ」がまさしく権力を握っていたのである。

われわれは一九三〇年代の軍部による日本乗っ取りについて語ってきたが、選挙による議会政治や市民社会のほとんどの機能は、戦時中もつづき、戦後期まで残った。東条英機が権力から遠ざけられたのも、一九四四年、議会の手つづきにしたがった内閣総辞職によるものだった。しかし、彼と同僚の右翼急進派が始動させた戦争の機械は、戦争が祖国に禍をおよぼし、広島と長崎で最高潮にたっするまで、だれも止めることができなかった。日本の帝国は短命におわったが、あとに残した荒廃は甚大なものだった。

占領と帝国の泥沼が深まっていくにもかかわらず、日本の指導者とその追随者は、愛国的な熱情と哀れをもよおす宿命論に駆りたてられ、進軍をやめなかった。専門家や政治家、ふつうの庶民が一歩下がってこう自問したのは、ようやく敗戦になってからのことだ。「いったいどうしてわれわれは、これほどまでに騙《だま》されたのか」と。

われわれはいま、その問いに、よりよい答えを出せるはずである。

初出一覧

第一章　E・H・ノーマン、日本、歴史のもちいかた

"E. H. Norman, Japan, and the Uses of History" は、John W. Dower, ed., *Origins of the Modern Japanese State: Selected Writings of E. H. Norman*(Pantheon Books, 1975)に寄せた序論(pp. 3-101)からの抄録(pp. 3-5, 80-93)。

第二章　二つの文化における人種、言語、戦争——アジアにおける第二次世界大戦

この図版入りの "Race, Language, and War in Two Cultures: World War II in Asia" は、Lewis A. Erenberg and Susan E. Hirsch, eds., *The War in American Culture: Society and Consciousness During World War II*(University of Chicago Press, 1996, 169-201)に掲載(著作権上の理由から、図2-3は、もはや入手できないアメリカの新聞の漫画と差し替えた)。図版なしの初期の版は Dower, *Japan in War and Peace*(The New Press, 1993)に収録されている。〔ジョン・W・ダワー『昭和　戦争と平和の日本』明田川融監訳、みすず書房、二〇一〇年、第8章(鈴木孝子訳)〕

第三章　日本の美しい近代戦

"Japan's Beautiful Modern War" は、Jacqueline M. Atkins の編集による、図版の豊富なカタログ *Wearing Propaganda: Textiles on the Home Front in Japan, Britain, and the United States, 1931-1945*(Yale University Press, for the Bard Graduate Center for Studies in the Decorative Arts, Design, and Culture, 2005: 93-113)に掲載された。

第四章　「愛されない能力」——日本における戦争と記憶

"'An Aptitude for Being Unloved': War and Memory in Japan" は、Omer Bartov, Atina Grossmann, and Mary Nolan, eds., *Crimes of War: Guilt and Denial in the Twentieth Century*(The New Press, 2002: 217-41, 313-21)に掲載された。

第五章　被爆者——日本人の記憶のなかの広島と長崎

"The Bombed: Hiroshimas and Nagasakis in Japanese Memory"は当初、シンポジウムの記録として *Diplomatic History* 19, no. 2(Spring 1995: 275-95)に掲載された。この記録はのちに、Michael J. Hogan の編集による単行本 *Hiroshima in History and Memory*(Cambridge University Press, 1996: 116-42)に再録された。

第六章　広島の医師の日記、五〇年後

"A Doctor's Diary of Hiroshima, Fifty Years Later"は、蜂谷道彦『ヒロシマ日記』の五〇周年版 *Hiroshima Diary: The Journal of a Japanese Physician, August 6–September 30, 1945: Fifty Years Later*(University of North Carolina Press, 1995)への序文(pp. v-xvii)として書かれた。

第七章　真の民主主義は過去をどう祝うべきか

"How a Genuine Democracy Should Celebrate Its Past"は、*Chronicle of Higher Education*(June 16, 1995)の論評欄に掲載された。

第八章　二つのシステムにおける平和と民主主義——対外政策と国内対立

"Peace and Democracy in Two Systems: External Policy and Internal Conflict"は、Andrew Gordon, ed., *Postwar Japan as History*(University of California Press, 1993: 3-33)に収録された。〔アンドルー・ゴードン編『歴史としての戦後日本』中村政則監訳、みすず書房、二〇〇一年、(上)第1章(森谷文昭訳)〕

第九章　惨《みじ》めさをわらう——敗戦国日本の草の根の諷刺

"Mocking Misery: Grassroots Satire in Defeated Japan"は、Gail Lee Bernstein, Andrew Gordon, and Kate Wildman Nakai, eds., *Public Spheres, Private Lives in Modern Japan, 1600–1950*(Harvard University Asia Center, 2005: 345-74)に掲載された。同書は、Albert M. Craig 教授に捧げられた記念論文集である。

第一〇章　戦争直後の日本からの教訓

"Lessons from Japan about War's Aftermath"は、*New York Times*(October 27, 2002)論評欄に掲載された。〔雑誌『世界』二〇〇三年一月号に、「イラク占領計画は歴史を無視している　米国の日本占領からの教訓」として掲載(三浦陽一

訳)〕

第一一章　日本のもうひとつの占領

"The Other Japanese Occupation"は、*The Nation*(July 7, 2003)に掲載された。〔雑誌『世界』二〇〇三年九月号に、「忘れられた日本の占領」として掲載(三浦陽一訳)〕。満州をふくむ中国における日本帝国の全体計画に焦点を絞ったこの文章の改訂版抄訳は、Stephen R. MacKinnon, Diana Lary, and Ezra F. Vogel, eds., *China at War: Regions of China, 1937–1945*(Stanford University Press, 2007: 17–21)に収録された。

原　注

・日本の一般読者を念頭におき、原注を訳出した。
・〔　〕内は、訳者による補足である。
・日本語が原著・原典である史料については、英語訳の書誌は割愛し、日本語の名称を記した。
・日本語訳が比較的容易に入手できる文献については、日本語訳の名称を記した。

第一章

（1） James Morley, "Introduction," in James Morley, ed., *Dilemmas of Growth in Prewar Japan*(Princeton University Press, 1972)〔ジェームズ・W・モーリ編『日本近代化のジレンマ――両大戦間の暗い谷間』小平修・岡本幸治監訳、ミネルヴァ書房、一九七四年〕。

（2） Shlomo Avineri, *Social and Political Thought of Karl Marx* (Cambridge University Press, 1971), 65.

（3） Morley, *Dilemmas of Growth in Prewar Japan*, 12〔本章原注（1）〕を参照。

第二章

この章は、拙著 *War without Mercy: Race and Power in the Pacific War*(Pantheon Books, 1986)〔『容赦なき戦争――太平洋戦争における人種差別』猿谷要監修、斎藤元一訳、平凡社ライブラリー、二〇〇一年／邦訳初版は『人種偏見――太平洋戦争に見る日米摩擦の底流』TBSブリタニカ、一九八七年〕でくわしく展開した主題のいくつかを要約したものであり、元の本には広範な注釈を収めている。ここでは比較の見地から、特に人種差別の言辞に焦点を絞った。

（1） "Answer to Japan," 20. この報告書は、スタンフォード大学フーヴァー研究所のいくつかの保管記録史料に見いだされる。"Bonner Frank Fellers Collection," boxes 1 and 15; および "U. S. Army Forces in the Pacific, Psychological Warfare Branch," box 1 を参照のこと。

（2） 火野葦平「バタアン半島総攻撃――東岸部隊」〔原本は、比島派遣軍報道部『比島戦記』文藝春秋社、一九四三年、一〇六頁〕。

（3） 現代の日米関係におけるこれらの主題については拙著 *Japan in War and Peace*(The New Press, 1993), 279-335〔『昭和　戦争と平和の日本』明田川融監訳、みすず書房、二〇一〇年、二二〇―二七一頁〕でもっと詳細に論じている。

第三章

（1） この論文でふれられている戦時中の日本人、アメリカ人、英国人の態度にかんするいくつかの主題については、拙著『容赦なき戦争』で紹介しており、本書第二章でくりかえされている。南京大虐殺にかんする学問的、あるいは論争的な著作は近年、急増した。中国語、日本語、英語の著作について、バランスのとれた概観については Daqing Yang, "Convergence or Divergence? Recent Historical Writings on the Rape of Nanjing," *American Historical Review*(June 1999): 842-65 を参照のこと。また、Yang の論文を含む Joshua A. Fogel, ed., *The Nanjing Massacre in History and Historiography*(University of California Press, 2000)〔ジョシュア・A・フォーゲル編『歴史学のなかの南京大虐殺』岡田良之助訳、柏書房、二〇〇〇年〕も参照されたい。

(2) 一般的な死者見つもりについては拙著 *War without Mercy*, 293-300〔『容赦なき戦争』平凡社ライブラリー、四八二—四九二頁〕を参照のこと。日本人の数は、一九四五年三月九—一〇日の大攻撃にはじまる東京への継続的な空襲で殺された一〇万人以上の死者を含む。他の二〇万から三〇万人は、最初の東京空襲につづく他の六三をこえる都市への通常兵器の焼夷弾による爆撃で死亡した。広島(推定死者一四万人)と長崎(推定死者七万五〇〇〇人)への原爆で二〇万人以上が死亡した。およそ一〇—一五万人の市民が、一九四五年六月に終結した沖縄戦で死亡した。おそらく一〇万人の市民が、日本の敗戦につづき、満州から引き揚げようとする途上で死亡した。

(3) 桜花のイメージにかんするもっと詳しい分析については、Emiko Ohnuki-Tierney, *Kamikaze, Cherry Blossoms, and Nationalisms*(University of Chicago Press, 2002)を参照のこと。つぎに引用する海軍兵学校で人気のあった「同期の桜」という歌は同書一四一頁に引用されている。「君と僕とは二輪の桜　積んだ土嚢の陰に咲く　どうせ花なら散らなきゃならぬ　見事散りましょ国の為/君と僕とは二輪の桜　別れ別れに散ろうとも　花の都の靖国神社　春の梢で咲いて会う」〔同著者による邦書も参照されたい。大貫恵美子『ねじ曲げられた桜——美意識と軍国主義』岩波書店、二〇〇三年〕。

(4) 開戦と終戦の詔勅はおびただしい文献に再録されている。たとえば Edwin P. Hoyt, *Japan's War: The Great Pacific Conflict, 1853-1952*(Da Capo Press, 1986)の補遺を参照。Hoyt は一九四一年詔勅が毎月再掲されたことを記している。

(5) 一九四一年の『臣民の道』にかんしては、Robert K. Hall, *Shūshin: The Ethics of a Defeated Nation*(Columbia University Press, 1949)も興味ぶかい。日本の漫画は拙著『容赦なき戦争』に再録されている。

(6) この件にかんする非常に率直な表現については、以下を参照。Nyozekan Hasegawa〔長谷川如是閑〕, "Beautifying War," in the English-language magazine *Nippon* 16(1938): 18ff. 長谷川は著名な文明評論家だった。

(7) 京都帝国大学にその名が由来し、とりわけ影響力のあった西田幾多郎の思想に関連する哲学の京都学派にかんして、近年、日本における民族主義と軍国主義の興隆にどう知的に寄与したかについて、きめ細かな精査(と相当の論議)を呼びおこしている。James W. Heisig and John C. Maraldo, eds., *Rude Awakenings: Zen, the Kyoto School, and the Question of Nationalism*(University of Hawai'i Press, 1994)を参照のこと。

(8) Tetsuo Najita and H. D. Harootunian, "Japanese Revolt against the West: Political and Cultural Criticism in the Twentieth Century," in Peter Duus, ed., *The Cambridge History of Japan: Volume 6—The Twentieth Century*(Cambridge University Press, 1988), 711-74 を参照のこと。この巻には、すぐれた日本人、日本人以外の学者による調査論文が収録されている。

(9) 一九三〇年代における満州の近代性と、日本の加速した海外拡張については Louise Young, *Japan's Total Empire: Manchuria*

and the Culture of Wartime Imperialism(University of California Press, 1998)や、Bill Sewell, “Reconsidering the Modern in Japanese History: Modernity in the Service of the Prewar Japanese Empire,” *Japan Review* 16(2004): 213–58を参照のこと。この『日本研究(*Japan Review*)』は、京都にある国際日本文化研究センターが刊行する定期刊行の学術論文集である。

(10)　「第二次産業革命」に注意を呼びおこす日本近代の経済成長の標準的な時代区分については、Kazushi Ohkawa and Henry Rosovsky, “A Century of Japanese Economic Growth,” in William W. Lockwood, ed., *The State and Economic Enterprise in Japan* (Princeton University Press, 1965), 47–92を参照のこと〔大川一司、ヘンリー・ロソフスキー『日本の経済成長　二〇世紀における趨勢加速』東洋経済新報社、一九七三年〕。

(11)　戦時中の日本の簡潔な一般論については、Ronald H. Spector *Eagle Against the Sun: The American War with Japan*(New York: Vintage Books, 1985)とりわけ真珠湾攻撃に先だつ日本人の心理状態をあつかった第二章を参照のこと〔ロナルド・H・スペクター『鷲と太陽──太平洋戦争　勝利と敗北の全貌』毎日新聞外信グループ訳、TBSブリタニカ、一九八五年〕。また Gordon W. Prange, with Donald M. Goldstein and Katherine V. Dillon, *Pearl Harbor: The Verdict of History*(McGraw Hill, 1986)の特に第二九―三一章を参照のこと。日本人学者による批判的著作でもっとも入手しやすいものは、豊富な日本語文献を利用した、家永三郎『太平洋戦争』(岩波書店、一九六八年)である。

(12)　モダンな少女の登場人物は、一九二四―二五年に連載され、Anthony Chambersによって *Naomi*(Vintage, 2001)として英訳された谷崎潤一郎の小説『痴人の愛』にいきいきと描かれている。最近の学問的研究については、Barbara Sato, *The New Japanese Woman: Modernity, Media and Women in Interwar Japan*(Duke University Press, 2003)を参照されたい。一九二〇年代後半から一九三〇年代初期にかけて、モダンガール、モダンボーイの流行は、より歪んだエロ・グロ・ナンセンスと名乗るはやりの潮流に変容した。これは英語の erotic, grotesque, nonsensical から借りた表現である。ここにおいて、軍国主義の興隆と国内抑圧の熾烈化には、同時期にドイツでおきたのと同じような、退廃的で歪んだ躁状態の行動や表現を随伴することになった。

(13)　豪華な図版雑誌『太陽』は、いくつかの別冊を、一九世紀後半から二〇世紀はじめにかけての日本の児童文化の特集号にあてている。たとえば「子ども遊び集」(一九八五年春号、玩具やゲームなどを扱っている)、や「子どもの昭和史　一九三五―一九四五」(一九八六年秋号)、「絵本」「絵本II」(一九八四年春号、同年秋号)などを参照のこと。

(14)　一八六〇年から一九五六年にかけてのポスター美術の傑出したコレクションについては、東京アートディレクターズクラブ編『日本の広告美術──明治・大正・昭和』(美術出版社、一九六七年)を参照のこと。

(15)　戦前の日本の写真にかんする日本の古典的な通覧としては、日本写真家協会編『日本写真史　一八四〇―一九四五』(平凡社、一九七一年)を参照。序文と書誌を付したこの近代日本写真史の英語翻案については拙著 *A Century of Japanese Photography* (Pantheon, 1980)を参照されたい。広範な近年の通覧としては、Anne Wilkes Tuckerらによる、ヒューストン美術館で催された主要展示のカタログ *A History of Japanese Photography*(Yale University Press, 2003)を参照。岩波書店の薄目だが優雅な全四〇巻からなる『日本の写真家』は、一九九七年に第一巻が刊行された。

(16)　日本の近代美術はおびただしい日本語刊行物に複製されている。西洋に影響を受けた油彩に焦点をしぼった英文の優れた展示カタログについてはShūji Takashina〔高階秀爾〕and J. Thomas Rimer, with Gerald D. Bolas, *Paris in Japan: The Japanese Encounter with European Painting*(The Japan Foundation and Washington University, 1987)を参照のこと。

(17)　日本における「戦争責任」をめぐる議論については、Laura Hein, Mark Selden, eds., Censoring History: Citizenship and Memory in Japan, Germany and the United States(M. E. Sharpe, 2000)、とりわけGavan McCormacの寄稿と、本書第四章に再録した拙文「愛されない能力」日本における戦争と記憶」を参照のこと。

(18)　その大部分が、まだ学問的にも一般的にも、十分に精査されていないが、より興味をそそる中国での戦時の宣伝活動は、日本人が中国人の協力のもとに、中国人むけに製作した映画やポスター、スローガンづくりだろう。

(19)　キャプラの言葉は、一九八七年にニューヨークのジャパン・ソサエティが、一九三七—四七年製作の二七本の日本映画を上映した際に案内書として刊行した有益な小冊子"Japan at War: Rare Films from World War II"に引用された。この回顧展のためにすべて字幕がつけられた映画(ほとんどは、第二次世界大戦のはじめに押収された)は、その後米国立公文書館に返還され、ふつうの英語圏の観客が、この貴重な発見物を再見することは、実質的にむずかしくなった。この回顧展にもとづく日本の戦争映画の分析については、拙著、『昭和　戦争と平和の日本』第2章「日本映画、戦争へ行く」〔明田川融訳〕を参照のこと。

(20)　たとえば、Jeanine Basinger, *The World War II Combat Film: Anatomy of a Genre*(Columbia University Press, 1986)や、Clayton R. Koppes and Gregory D. Black, *Hollywood Goes to War: How Politics, Profits and Propaganda Shaped World War II Movies*(The Free Press, 1987)の第九章"The Beast in Jungle"に描写されたハリウッドの常套表現を参照のこと。

(21)　黒澤明は回顧録で作品『一番美しく』を、愛情をこめて振りかえっているが、この映画は二〇〇四年の時点でまだ、日本の戦時宣伝的なものを抑制するという暗黙の検閲下におかれている。彼の他の多くの作品とはちがって、英語の字幕入りのこの映画は、商業的には入手できないままになっている。

　日本映画とハリウッド映画の対照性は、アニメ漫画にまでおよんでいる。アメリカの漫画は、日本人特有に背が低く、ベッコウ縁の眼鏡をかけ、英語を満足に話せない出っ歯で目尻が釣りあがった人物が、ドタバタの大騒ぎをするようすを描いた。「ジャップを屑にしろ(Scrap the Jap)」や「ジャップさん、お前はまぬけだ(You're a Sap, Mister Jap)」という表題だけでもわかるとおり、「ポパイ」漫画はその完璧な実例だった。ルーニー・テューンズ〔バッグス・バニーなどの動物が登場する人気漫画〕は、「トキョ・ジョキョ(Tokio Jokio)」というシリーズで、出っ歯の愚か者というステレオタイプを普及させた。これらの漫画の常套表現でもっとも機知に富んだものは、バッグス・バニーの「ニップス・ザ・ニップス(Nips the Nips)」だった。これとは対照的に、日本の主要なアニメーション(戦争終結近くになってようやく登場した)は、日本の民話であり児童文化でもある『桃太郎』の物語を、昔の歴史(これは、欧州人が平和な東南アジアの王国を征服する物語で、影絵のかたちで挿入された)と結びつけた革新的な長編だった。この作品では、こうしたことすべてを、南海の英国の要塞を占領し、頭に鬼の角をつけた滑稽で臆病な将校たちに無条件降伏の受け入れを強いる日本人の落下傘兵の姿に想像してえがいた。敵の将校たちは実際に英国風の英語をしゃべり、セリフに日本語の字幕がついていたが、そのことで、このアニメが、主として大人むけにつくられたことがわかる。『桃太郎と海の神兵(Momotarō and the Divine Troops of the Ocean)』という題のこの作品は、仇討の宣伝ではあったが、ポパイやバッグス・バニーの「三ばか大将」風のおどけとはまったく違って、芸術的な技巧と、概念的な複雑さの次元にたっしていた。「桃太郎パラダイム」については、拙著で論じている。*War without Mercy*, 251–57〔『容赦なき戦争』平凡社ライブラリー、四二〇—四二八頁〕.

(22)　没収された日本の絵画が日本に返還される前に、作品は米政府の刊行物に精巧に複写されたが、これはあまり知られていない。*Reports of General MacArthur: Japanese Operations in the Southwest Pacific Area, vol. 2, pts. I and II*(1966). この二巻には数十の光沢のある複製が掲載されている。こうした戦争画の主要な編集物は、日本返還からまもなく『太平洋戦争名画集』(ノーベル書房、一九六七年)として刊行された。これには *The Pacific War Art Collection* という英語表題と、芸術家たちの名前のローマ字表記、作品名の翻訳が説明文についている。この大型本には一〇〇枚の図版が収められており、この注目すべき芸術作品に接する主要な文献になっている。

第四章

(1)　串田孫一、二宮敬編『渡辺一夫 敗戦日記』(博文館新社、一九九五年)三六—三八頁、五六—五八頁、七七頁。問題の文章はロマン・ロランの『戦いを超えて(*Au-dessus de la mêlée*)』に登場し、ロランと渡邊が“aptitude for being unloved”(愛されぬ能力、愛されない能力)という表現で引用した言葉は、ドイツ原語では“Unbeliebtheit”となっている。一九四六年の随想は同書四三—四八頁に再録されている。一九七〇年に渡邊は、この随想に短い「後書き」を付けくわえ、工業大国として台頭したことにたいする日本人の誇りが、同胞をかくも愛されないものにした浅薄さの二の舞になりはしまいか、という懸念を表明した。

(2)　ここでは「ドイツ」というとき、私はおもに統一前の「西独」を指している。

(3)　事実、日本の政府高官はこれまで数多く、日本帝国の植民地主義的な行動(とりわけ韓国)と、第二次世界大戦における交戦や残虐行為にたいして、「遺憾(regret)」や「謝罪(apology)」の意を公式に表明してきた。こうした表明のいくつかはきわめて率直なものであったが、日本の国外でメディアの大きな注目を集めたものはほとんどなかった。いずれも、一九八五年五月八日、ドイツ降伏四〇周年で当時ドイツの大統領だったリヒャルト・フォン・ヴァイツゼッカーがおこなった有名な演説に比肩するような、公正な政治家による「象徴的」言辞としては、称賛されなかった。日本の戦争責任をみとめるもっとも率直な二つの声明が、自民党とは連携しない短命におわった連立内閣の長である首相によって発せられたのは、注目すべきであり、けっして偶然の一致ではない。それは一九九三年の細川護熙と、終戦五〇周年に際して一九九五年に村山富市が発表した声明である。戦争にかんする日本の政治家の公式声明を詳細に、批判的に要約したものとして、『朝日新聞』の論説主幹、主筆をつとめた若宮啓文『戦後保守のアジア観』(朝日選書、一九九五年)を参照のこと。Ian Buruma, *The Wages of Guilt: Memories of War in Germany and Japan*(Farrar, Straus and Giroux, 1994)は、戦争の回顧における日独比較の研究を提示している〔イアン・ブルマ『戦争の記憶——日本人とドイツ人』石井信平訳、ちくま学芸文庫、二〇〇三年／邦訳初版は

TBSブリタニカ、一九九四年)。Thomas U. Berger, *Cultures of Antimilitarism: National Security in Germany and Japan*(The Johns Hopkins University Press, 1998)も参照のこと。教科書に焦点を絞った比較研究としては Laura Hein and Mark Selden, eds., *Censoring History: Citizenship and Memory in Japan, Germany, and the United States*(M. E. Sharpe, 2000)を参照されたい。日本人の戦死者の記憶を汚さないように公式の謝罪声明をいかに伝えるかという問題は、終戦五〇周年における公式表明を国会が議論した(そして水で薄めた)一九九五年に鮮明に浮かびあがった。この議論の文書の抜粋翻訳については拙文 "Japan Addresses Its War Responsibility," *ii: The Journal of the International Institute* (newsletter of the International Institute, University of Michigan) 3, no. 1(Autumn 1995): 8–11 を参照のこと。

(4) 森喜朗は二〇〇一年四月、わずか一年在任したあとに、自民党総裁と首相の座から退任を強いられた。彼の「神の国」発言がきっかけとなって起きた国家のアイデンティティにかんする批判的なおおやけの議論のありようは、「神の国、人の国」と題して二〇〇〇年八月から、影響力のある『朝日新聞』が掲載した寄稿連載にしめされている。連載の概括的な要旨は、森のレトリックがいかに復古的で時代錯誤であるのかを詳細にしめすものであった。だが同時に、日本人以外、とりわけアメリカ人は、森のレトリックが、世界の保守的な民族主義一般において、いかに「典型的」なものであるかに留意すべきだろう。最近の例をひとつだけあげると、二〇〇〇年の米大統領の選挙運動の際に、民主党の副大統領候補は、アメリカを「世界でもっとも信心深い国」と呼び、アメリカ人を「畏怖すべき同じ神の子どもたち」であると発言した。一方、共和党の大統領候補は、「われわれの国は、正義で分けへだてなく、分断なしに多様性を保つ世界の模範であるよう、神に選ばれ、歴史に委託されている」と宣言した(二〇〇〇年八月二九日付け『ニューヨーク・タイムズ』紙)。

(5) 無作為抽出の三〇〇〇人にもとづく『読売新聞』の世論調査は、一九九三年一〇月五日の紙面に掲載され、日本政府の刊行物 *Japan Views* の一九九三年一〇月号に再録された。世論の全内訳は以下の通り。

日本は「侵略者」だったと思いますか

	はい	いいえ	回答なし
総　計	53.1	24.8	22.1
70 歳以上	41.1	39.5	19.5
60 代	49.1	33.6	17.3
50 代	48.4	27.6	24.0
40 代	56.0	21.5	22.5
30 代	57.4	15.4	27.3
20 代	61.7	17.1	21.2

(単位：%)

(6) 「カルタゴ」の引用は、「新しい歴史教科書をつくる会」の濤川栄太による随想 *The Restoration of a National History: Why Was the Japanese Society for History Textbook Reform Established, and What Are Its Goals?* (Tokyo, 1998), 15 に登場する。英語で書かれたこのパンフレットは、英語圏の日本専門家にひろく配布された。この「つくる会」(英語の Japanese Society for History Textbook Reform という表記は、原語とはやや意味が異なる)は、一九九〇年代なかばに当時東京大学教育学部教授だった藤岡信勝によって創設された二つの影響力のある団体のひとつである。もうひとつの組織は、やや誤解を招きかねない名前だが、「自由主義史観研究会」である。これらの組織によっておびただしい本や、無数の記事が生み出された。そのなかには、西尾幹二教授(電気通信大学の独文学専門家)によって書かれ、一九九九年に産経新聞社(保守的な全国紙で、修正主義的な立場の主要な代弁者)から出版された浩瀚な『国民の歴史』(全七七五頁)がふくまれている。西尾の本は、すぐにベストセラーになった。こうした集団と活動にかんする鋭利な紹介については以下を参照のこと。Gavan McCormack's essay on "The Japanese Movement to 'Correct' History," in Hein and Selden, *Censoring History.*

(7)　こうした類型論は、もちろんもっと拡張することができる。紙幅にかぎりがあるので、ここではすくなくとも「記憶の種類」についての他の二類型を考察することが有益だろう。ひとつは、「国家の記憶」が他者によって「二重」に取り次がれ、かつ操作されるやりかたというものだ(たとえば、中国人やアメリカ人が、日本の状況にたいしては、過度に単純化したネガティブな表現をつかう傾向があるのに、どのようにして、自分たちの歴史や、現代の集団的な思考習慣については、同じように選択的でポジティブな解釈をするのか、といった問題である)。日本のもうひとつの例は、「法的に息をとめられた記憶」とでもいえようか(これは具体的にいうと、官僚が費用のかさむ裁判を恐れるため、日本政府を駆りたてて、いまの個人に対する補償や賠償の訴えをしりぞけることを指している)。現代の批判理論のアプローチに敏感な、戦争の記憶にかんする最近の研究については、Yoshikuni Igarashi, *Bodies of Memory: Narratives of War in Postwar Japanese Culture, 1945-1970*(Princeton University Press, 2000)を参照のこと〔五十嵐惠邦『敗戦の記憶――身体・文化・物語　一九四五―一九七〇』、中央公論新社、二〇〇七年〕。本書の第五章で、私は原爆体験のみにかぎって、さまざまな記憶のありようを論じている。

(8)　「正しい」歴史観を推しすすめるという修正主義運動は、二〇〇一年はじめ、保守の活動家が彼らの立場を反映した中学校の歴史教科書の検定をとおったときに盛りあがりをみせた。検定をとおすために出版社と執筆者は、大小にわたる一三七カ所の修正に応じた。とりわけ意味があるのはエピローグの文章で、はじめは以下のようになっていた。「(全土で七〇万人もの市民が殺される無差別爆撃を受け、原子爆弾を落とされ)戦後、占領軍に国の歩むべき方向を限定づけられてから、ずっと今日まで、この影響下に置かれてきた。(中略)残念ながら戦争に敗北した傷跡が五〇年以上たってもまだ癒えない。そのため、日本人は独立心を失いかけている」。中央政府によって認められた版では、次のように改訂されている。「全土で七〇万人もの市民が殺される無差別爆撃を受け、原子爆弾を落とされた。戦後、日本人は、努力して経済復興を成し遂げ世界有数の地位を築いたが、どこか自信をもてないでいる。(中略)残念ながら戦争に敗北した傷跡がまだ癒えない」。この教科書と、一対になった「公民」教科書にかんする議論については、二〇〇一年四月四日付け『朝日新聞』がかなり詳細にあつかっている。

(9)　東京裁判の問題については拙著 *Embracing Defeat: Japan in the Wake of World War II*(W. W. Norton and The New Press, 1999)〔『敗北を抱きしめて――第二次大戦後の日本人』三浦陽一、高杉忠明、田代泰子訳、岩波書店、二〇〇一年／増補版二〇〇四年〕の第一五章で詳細に論じた。保守の修正主義者が、パル判事の反対意見をもっとも劇的につかった最近の例は、一九九八年に巧みな長編映画のかたちをとった。『プライド　運命の瞬間』である。有名な保守主義者が構想して進め、民族主義の企業家が出資してできたこの映画は、実際の法廷のセットと東京裁判での被告側の議論を、かなりの技巧をもって再現した法廷劇だった。裁判でもっとも有名だった元陸軍大臣で首相の東条英機は、欠点のある指導者だが人間味があり、「勝者による裁き」の誠実な犠牲者として登場する。だがこの映画の優雅で申し分のないほんとうの英雄は、パル判事その人なのである。『プライド』は不誠実な映画であるが(たとえば南京大虐殺といった残虐行為のあつかいは非難すべきものだろう)、半分が物語で半分が真実というその提示のしかたは、きわめて如才ないものだ。

(10) 「第二次世界大戦の忘れられたホロコースト(The Forgotten Holocaust of World War II)」は、アイリス・チャン(Iris Chang)の驚異的な国際ベストセラー *The Rape of Nanking*(Basic Books, 1997)の副題である。日本において、そうしたレトリックや、もっとひろくその背後に横たわるホロコーストとの類推にひそむ欠点は(とくにこのケースでは、かなりの事実誤認とかさなって)、本来は説得力のある日本の戦争行為の告発にできたはずの議論を、こうした日本批判は事実の認定にすら関心がない一方的なものだと論ずる人々にたいして、まったく根拠の弱いものにしてしまった。右翼のかなりの資金が、チャンの告発に反撃を試みようと、日本国外に無料で配布された英文刊行物に注ぎこまれた。たとえば Takemoto Tadao and Ohara Yasuo, *The Alleged 'Nanking Massacre': Japan's Rebuttal to China's Forged Claims*(Meiseisha, 2000); Tanaka Masaaki, *What Really Happened in Nanking: The Refutation of a Common Myth*(Sekai Shuppan, 2000); and Hata Ikuhiko, "Nanking: Setting the Record Straight," *Japan Echo* 25, no. 4(August 1998)などを参照のこと。

(11) 東京裁判で検察当局は、二三万五四七三人の戦争捕虜のうち、独伊のもとで死んだ米英軍人の総計を九三四八人と計算した。これに相当する太平洋戦域の数字によると、日本にとらえられた戦争捕虜一三万二一三四人のうち、三万五七五六人が死亡した。拙著『敗北を抱きしめて』第一五章の注(4)〔増補版二〇〇四年、(下)四二七頁〕を参照のこと。ソ連のもとで死亡した日本人戦争捕虜の公式見つもりは、五万五〇〇〇人である。しかしソ連側の情報源は、一九四五年から一九五六年にかけ、強制労働収容所で一一万三〇〇〇人もの戦争捕虜が死んだかもしれないと示唆している。Philip West, Steven I. Levine and Jackie Hiltz, eds., *America's Wars in Asia: A Cultural Approach to History and Memory* (M. E. Sharpe, 1998), 232を参照のこと。ソ連は東京裁判に参加した一一の連合国のひとつだったが、日本との中立条約を破って最後の瞬間にアジアでの戦争に参戦した。東京裁判では、国際合意違反を理由に日本の指導者を有罪としたのだから、これは「ダブル・スタンダード」論の完璧な例といえる。これにくわえて、戦争終結時に満州で、ソ連軍が日本の民間人や軍人に残虐行為をしたこと、さらに、五〇万人以上の戦争捕虜を何年にもわたってシベリアに抑留して虐待したことが相まって、当然のことながら、ソ連は日本の保守に、とりわけ強い憤りをかきたてた。「ソ連や共産主義が不滅とした恐怖と同じほどの悪を、われわれは何もしなかった」という論法は、もちろん、ドイツの保守主義者のあいだにもみられる。

(12) 第二次世界大戦での日本人死者の正確な数字をあげることは不可能だ(あるいは、他の民族や国家でも同様だ)。当時の混乱によって、正確に数をあげることは、不可能ではないにしても困難になった。だがこうした問題をこえて、カテゴリー全体の死者が時々、通常の計算から除外されていることがある。たとえば空襲や原爆で殺された日本人の見つもりの数は場合によって違うが、サイパンのような残忍な戦闘や、もっとも壊滅的な沖縄戦で殺戮された民間人の数は、しばしば無視される。銃後の衰弱による民間人の死には、ほとんど関心がはらわれない(出産における母子の数多い死や、栄養不良、結核などの伝染病による死亡率の増加などだ)。日本の降伏後に生じた戦争関連死もまた、勘定するのはむずかしい。これには敵対国のもとで死んだ戦争捕虜(とりわけソ連についていえるが、ソ連だけではない)や、敗戦直後やその後長期にわたり、戦争に関連する怪我や病気で死んだ人もふくまれるだろう。これにはまた、日本の戦争犠牲者のうちでまったく忘れさられたカテゴリーもふくまれる。それは、満州や中国の他の地方から帰国しようとして途中で亡くなった幾万人もの民間人の男女や子どもたちである。

私は一九八六年の著作で、入手できる数字の混乱を調べた。拙著 *War without Mercy*, 293-301〔『容赦なき戦争』平凡社ライブラリー、四八二―四九二頁〕を参照のこと。日本人による最新の「公式」見つもりでは、戦争で死んだ総数は三一〇万人(軍人二三〇万人、民間人八〇万人)である。これについては二〇〇〇年八月一六日付け『朝日新聞』を参照のこと。第二次世界大戦の全戦域におけるアメリカ人の総死者数は、ざっといって四〇万人にのぼる。中国人の戦死者は、少なくとも日本人の四、五倍か、たぶんそれ以上にのぼる。ともあれ、日本の戦争の記憶にかんして心すべきことは、正確な死者数ではなくむしろ、ほとんどの生存者の「被害者意識」を強めることになった、膨大な数の死が心の奥深くにもたらした衝撃である。

(13)　きわめて独特な比較のレベルにおいて、ベトナム戦争戦没者慰霊碑の「文脈のない」性格は、広島・長崎における原爆慰霊碑との比較を思いおこさせる。最近まで、後者の施設を訪れた人は、そこにかもされた印象から、あたかも戦争が一九四五年八月にはじまって、おもに無辜の日本人が核兵器で殺戮されたという言い訳をされたように感じることもありえた。日本人以外の論評者はこのことを、おきまりのように日本に特有な「歴史の記憶喪失」の典型例として詳述するが、実際のところは、日本の典型なのではなく、より一般的に被害者意識の典型だと考えるほうがよく理解できよう。

(14)　戦争責任から天皇を除外したことについては、拙著『敗北を抱きしめて』の第九―一一章と、Herbert P. Bix, *Hirohito and the Making of Modern Japan*(HarperCollins, 2000)〔ハーバート・ビックス『昭和天皇』吉田裕監修、岡部牧夫、川島高峰訳、講談社、二〇〇二年、講談社学術文庫、二〇〇五年〕、とりわけ第一五章を参照のこと。七三一部隊の活動の嘆かわしい隠蔽については、Peter Williams and David Wallace, *Unit731: Japan's Secret Biological Warfare in World War II*(The Free Press, 1989)〔ピーター・ウイリアムズ、デヴィド・ウォーレス『七三一部隊の生物兵器とアメリカ――バイオテロの系譜』西里扶甬子訳、かもがわ出版、二〇〇三年〕で詳細に論じられている。慰安婦にかんする調査をもとにした吉見義明の主要な批判的研究は、『従軍慰安婦』〔岩波新書、一九九五年〕を、また化学戦については、以下を参照のこと。Yuki Tanaka〔田中利幸〕, "Poison Gas: The Story Japan Would Like to Forget," *Bulletin of the Atomic Scientists*, October 1988, 10-19.

(15)　天皇を東京裁判から外すだけでなく、考えられる戦争責任にたいしていかなる非難も浴びさせないという裁判手続きでとられた日米の驚くべき談合は、一九六一年の塩原時三郎の証言によって鮮明に浮かびあがった。彼は、東京裁判では被告側弁護士になり、天皇のために死んだ人々の記憶にささげられる靖国神社の代表者たちを弁護した(引用した公文書は、一九六一年七月四日、靖国偕行文庫所蔵の井上忠男資料「極東国際軍事裁判関係聴取」

による。『敗北を抱きしめて』執筆当時、私はこの資料を知らなかった。吉田裕教授から、この資料の複写をいただくという恩義をうけた)。

「東京裁判史観」をあれほど強く攻撃した新民族主義の「修正主義者」は、天皇問題については今にいたるまで驚くほど寡黙であり、右派の乱暴な集団とはいちじるしい対照をなしている。いくつかの例(本章原注(9)で触れた長編映画など)で修正主義者は、天皇が裁判から免除されたことを、東条のような被告人たちも結局は告発された犯罪に責任がない、という自分たちの議論を補強することにつかいさえした。

(16) この記者会見の筆写は、高橋紘『陛下、お尋ね申し上げます——記者会見全記録と人間天皇の軌跡』(文春文庫、一九八八年、二二六—二二七頁/初版は、鈴木邦彦編著、現代史出版会発行、徳間書店発売、一九八二年)に掲載されている。年代を天皇の統治に応じて数える年号制度(一九四五年はこうして昭和二〇年になる)は、わずか一九世紀にまでしかさかのぼらない近代的な慣行である。その政治的、理念的な派生効果は、とりわけ裕仁天皇の「昭和」時代に害があった。「昭和」が、天皇中心の「無類さ」を、戦後と現代の国家アイデンティティへの鍵として際だたせたというばかりではない。「昭和」はまた、一九三〇年代や一九四〇年代を、本質的には、より大きな戦後の平和と繁栄の時代に混ぜあわせることによって、戦前の時代の恐怖にたいする人々の意識を薄めてしまったからである。「昭和の日」法案は、日本を「天皇を中心とする神の国」とよんだ森首相発言に反発する世論にしたがって、棚あげにされた。宮内庁は裕仁天皇(と先代たち)に属するすべての私物を管理し、外からの調査を用心ぶかく警護している。政治主体としての天皇について、在位中に本格的な議論をしないという一般的なタブーは、天皇の側近による個人的な手記について、刊行を手控えることにまで拡張された。

(17) 一九九〇年代なかばから急増した日本への「個人」賠償請求の概観については、Laura Hein, “Claiming Humanity and Legal Standing: Contemporary Demands for Redress from Japan for Its World War II Policies,” in John Torpey, ed., *Politics and the Past: On Repairing Historical Injustices*(Rowman & Littlefield, 2001)を参照のこと。

(18) もし「二国間による日本の戦争犯罪の汚点除去」という現象が、もっと詳細に追究されていれば、一九七〇年代初期から日本が「戦争責任」をあつかわなくなったことにたいし、アメリカ人一般が、政府当局者もメディアのレベルでも、もっと批判的になっていただろうことは疑いがない。なぜかは、明確なように思われる。それは当時、「経済的超大国」として、アメリカの覇権を脅かす日本という誇張した見かたが最新の流行となり、軍事的なレトリックやイメージ(日本人の「背信行為」や、「経済戦争」、「金融の真珠湾攻撃」など)が再流行した時期にあたっていたからだ。これと同時期に米中の関係が再開し、むしろ性急で無批判な中国びいきがともなって、ふたたび中国とその「受苦」に同情することが、アメリカ人にとっては政治的に受けいれやすく、流行にすらなっていたからである。

(19) 新世紀のはじまりにあたっての憲法論議については、Glenn D. Hook and Gavan McCormack, eds., *Japan's Contested Constitution*(Routledge, 2001)を参照のこと。本書の第八章で私は、日本が異様なほど調和的で、「合意」にもとづく社会だという通俗のステレオタイプにあらがって、戦後の政治的、イデオロギー的な闘争のもっと大きな環境の概略をしめそうと試みた。

(20) 文部省の検定手続きにたいする裁判上の挑戦をともなう有名な「家永教科書問題」は、一九六五年にはじまり、約三〇年の長きにわたって法廷で争われることになった。この訴訟は根強い活動支援をうけ、長びく控訴や上告の過程でメディアがひろく報道したために、もしその教科書が承認されて検定制度をとおっていたとしたら、想像できないほどに広く、家永の立場を世に知らしめることになった。最近の一身上の著作については、『家永三郎一歴史学者の歩み』〔日本図書センター、一九九七年/岩波現代文庫、二〇〇三年〕を参照のこと。

(21) 安全保障条約をめぐる闘争にかんする最良の英語文献は George R. Packard III, *Protest in Tokyo: The Security Treaty Crisis of 1960*(Princeton University Press, 1966).

(22) こうした「新左翼」の抗議活動については、Thomas R. H. Havens, *Fire Across the Sea: The Vietnam War and Japan, 1965–1975*(Princeton University Press, 1987)が詳しくあつかっている〔トーマス・R・H・ヘイブンズ『海の向こうの火事　ベトナム戦争と日本　一九六五—一九七五』吉川勇一訳、筑摩書房、一九九〇年〕。

(23) 一九七〇年代初期から書かれるようになった中国での戦争犯罪にかんする一般むけの読み物としては、本多勝一『南京への道』(朝日新聞社、一九八七年)、同著者による『中国の旅』(朝日新聞社、一九七〇年)を参照のこと。影響力のある大きな「歴史学研究会」など、マルクス主義志向の研究組織につらなる歴史家たちは、敗戦後まもなくこうした問題に関心を寄せ、基本文献資料を探りあてるうえで、首尾一貫して重要な役割をはたしてきた。こうした研究活動は、一九九三年に、きわめて貴重な『戦争責任研究』という季刊誌を発行する「日本の戦争責任資料センター」を設立することで、一段とレベルを高めた。

(24) 本章原注(14)で引用したビックスの『昭和天皇』は、天皇の死後に入手可能になった一次、二次資料を広範に引用している。彼のピューリッツァー賞受賞作品の邦訳が、日本最大手の出版社である講談社から刊行されたことは、ひょっとすると、時代の潮の目の移りかわりを物語る兆候なのかもしれない。

(25) Mark Osiel, *Mass Atrocity, Collective Memory, and the Law* (Transaction, 1997), 183, 189 に引用された一九九五年三月六日付け『ニューヨーク・タイムズ』紙。

第五章

(1) 原美恵子による無題の回想録〔長田新編『原爆の子——広島の少年少女のうったえ』岩波書店、一九五一年/岩波文庫、一九九〇年。原の文章は(下)一二八—一三二頁〕。

(2) 占領軍の先遣隊はじつに八月末まで日本に到着しなかった。公式の降伏文書調印式は九月二日におこなわれた。そして東京の占領軍司令部は九月なかばまで、効率的な運営ができなかった。占領軍による公式の検閲は一般に、プレスコードが発布された一九四五年九月一九日からとされている。一〇月五日から、主要な新聞や定期刊行物に、検閲が課せられた。原爆関連の検閲についての一般的な著作としては、松浦総三『占領下の言論弾圧』(一九六九年、現代ジャーナリズム出版会)、とりわけ一六七—二一二頁を参照のこと。広島市・長崎市原爆災害誌編集委員会編『広島・長崎の原爆災害』(岩波書店、一九七九年/後に普及版も発行。『原爆災害　ヒロシマ・ナガサキ』岩波書店、一九八五年/岩波現代文庫、二〇〇五年)と、石川栄世と David L. Swain による英訳版、*Hiroshima and Nagasaki: The Physical, Medical, and Social Effects of the Atomic Bombings*(5, 503–13, 564, 585)を参照(以後、もとは一九七九年に日本語で出版されたこの基本文献の英訳版を『ヒロシマ・ナガサキ』として引用する)。Monica

Braw, *The Atomic Bomb Suppressed: American Censorship in Occupied Japan*(M. E. Sharpe, 1991)および、Glenn D. Hook, "Censorship and Reportage of Atomic Damage and Casualties in Hiroshima and Nagasaki," *Bulletin of Concerned Asian Scholars* 23(January-March 1991): 13-25を参照のこと。

(3) 鳩山の声明は一九四五年九月一五日付け『朝日新聞』に掲載された。彼の回顧録に、このできごとについての記述がある。そこでは、原爆をつかったうえに、それを批判した彼に懲罰をくわえるようなアメリカの「無茶」や偽善にたいし、彼がずっと軽蔑心を抱いていたことが、くっきりと浮かびあがっている。『鳩山一郎回顧録』文藝春秋新社、一九五七年、四九―五一頁。

(4) 広島のアメリカ人戦争捕虜(POWs)については、『週刊読売』(一九七八年八月一三日号、二八―三一頁)の「一三人の米兵捕虜も爆死していた」、Barton J. Bernstein, "Unraveling a Mystery: American POWs Killed at Hiroshima," *Foreign Service Journal* 56 (October 1979): 17ff; また Robert Karl Manoff, "American Victims of Hiroshima," *New York Times Magazine*, December 2, 1984, 67ff. を参照のこと。画家の丸木位里、丸木俊夫妻は、一九七一年の壁画で、原爆の際に死んだこの米兵を画題に取りあげたが、それについては下記に論じている。John W. Dower and John Junkerman, eds., *The Hiroshima Murals: The Art of Iri Maruki and Toshi Maruki*(Tokyo, 1985), 21, 78-81.

(5) 一九四五年九月七日付け『朝日新聞』。グラント・K・グッドマン『アメリカの日本・元年 一九四五―一九四六』小林英夫訳、大月書店、一九八六年、一二〇―一二三頁。

(6) 核兵器製造の可能性にかんする日本の調査については、拙著『昭和 戦争と平和の日本』〔第3章「「二号研究」と「F」研究 日本の戦時原爆研究」、原純夫訳〕で論じた。

(7) 前掲『ヒロシマ・ナガサキ』(496)。

(8) 加藤悦郎『贈られた革命』(コバルト社、一九四六年)。いまの日本で見つけるのはほぼ不可能な、この魅力的な小冊子は、メリーランド大マッケルディン図書館のゴードン・プランゲ文庫に所蔵されている。

(9) 当時の大多数の日本人は、そうした批判から天皇を除外していた。日本人エリートたちによる降伏後の宣伝は、天皇もまた軍部に欺かれたと力説し、米占領軍当局もそれをくりかえした。

(10) 歴史家の見地からすると、われわれはいまや、日本の一五年にわたる戦争への動員が、さまざまなありようにおいて、戦後の日本に科学技術、専門技術、制度の面で積極的な遺産をつくりあげたことを証明できる。しかし戦後まもない歳月に、そのことはまだあきらかではなかった。拙著『昭和 戦争と平和の日本』第一章「役に立った戦争」〔斎藤元一・鈴木俊彦訳〕を参照のこと。

(11) 降伏直後の時期の『朝日新聞』からの引用。だが、こうした感情は、当時いたるところでみられた。

(12) 兵器関連の研究にしるされた社会的な汚名《スティグマ》の烙印は、制度上の制約によって補強された。占領初期の改革主義の段階で、帝国軍隊の官庁は取りのぞかれた。憲法の新しい「非戦(no war)」条項のもとで、軍事力の保持を制度的に禁止することは、朝鮮戦争(これは一九五〇年七月にはじまる)が勃発し、日本が再軍備をはじめたことで破られた。しかし憲法上の制約は、アメリカの国防総省や、軍学産複合体に匹敵するような制度化した軍国主義の創出をはばむのに十分なほど、強固なものにとどまった。官僚的な縄張りの維持も、数十年間にわたってこの状況をつづけることに役だった。というのも、予算割りあての一義的責任は大蔵省の手中にあり、この大蔵省はおもに民生志向の政策をとっていたからだ。二〇〇七年まで、日本自体に防衛省がなかった。同時に、ゆるやかな再軍備化には寛容だった世論も、憲法改正や、それが許すだろう総力をあげた露骨なかたちの軍事化には、反対したままだった。一九九〇年代に、日本が事実上多額の防衛予算をもち、「軍民両用(dual use)」技術の一大生産国となり、アメリカの計りしれない圧力に呼応して国連の庇護のもとに「平和維持軍(peace keeping forces)」を海外に派遣するようになってから、「非戦」憲法が変容したことはうたがいのないところだ。

それにもかかわらず、現在までほぼ半世紀にわたって世論が憲法改正に反対しつづけたことは、日本の経済・政治政策の性質とバランスを、非軍事にむけるにあたっていちじるしい影響をあたえた。そして、憲法改正にたいするもっとも有効な議論は、首尾一貫して、第二次世界大戦における日本の「被害」の記憶に働きかけることであり、広島はいつもその主要なシンボルでありつづけた。だれがいったい「戦争の記憶」を支配するのか。これをめぐってたたかわれる現代の政治闘争は(この問題を取りあつかう教科書の消毒版《サニタイズド》をつくろうという文部省の悪名高い試みにみられるように)、以下の問題と緊密に結びついている。それは、憲法改正をすべきかどうか、日本はほんとうの軍隊をもった「ふつう(normal)」の国になるべきかどうか、といった問題である。この文脈において、日本のリベラルや左派はふつう、保守や右翼の反対者よりもより有効に、原爆を新民族主義的につかうことができた。憲法改正や、もっと「普通」の国になるための軍事化に世論の支持をあおぐには、保守や右翼も、いやおうなく、先の戦争の恐怖をひかえめにあつかうしかなかった。先の戦争の恐怖は、日本の帝国軍が海外の人々にもたらしたものだけでなく、国内にもたらされた恐怖でもあったのである。

(13)「科学」を、より「合理的(rational)」で民主的な社会一般と同一視する、この政治論理の初期の好例としては、一九四五年八月二二日付け『朝日新聞』を参照のこと。また、本多秋五『物語戦後文学史』(新潮社、一九六六年/岩波現代文庫、二〇〇五年)一一三頁に引用された、一九四五年九、一〇月号『文藝』の豊島与志雄のコメントを参照のこと。

(14) Wilfred Burchett, *Shadows of Hiroshima*(Verso, 1981)、とりわけ第一—三章を参照のこと。本来は *Daily Express* に掲載された彼の記事は、この本の三四—三七頁に再録されている。長崎でこれにあたるスクープは *Chicago Daily News* の George Weller 記者の書いたおよそ二万五〇〇〇字にもなる記事だったが、これは占領当局者により握りつぶされた。同書四四—四五頁を参照のこと。当時秘密にされていたローレンスとアメリカ陸軍省との特別な関係については、二〇一〇年の拙著 *Cultures of War* で論じた。

(15) 岩崎昶『日本現代史体系　映画史』東洋経済新報社、一九六一年、二二六—二二七頁。前掲、松浦による『占領下の言論弾圧』一九二—一九五頁。岩崎は、日映スタジオによる、被爆後の広島と長崎の映画撮影プロジェクトの一員だった。

(16) アメリカ戦略爆撃調査団による報告書、The United States Strategic Bombing Survey, *The Effects of Atomic Bombs on Hiroshima and Nagasaki*(GPO, 1946), 3-5. 原爆関連死の正確な見つもりは、多くの要因によってうたがわしいものになった。その要因とは、つぎのようなものだ。戦争末期に日本、とりわけ都市部に多かった人口統計の混乱。住民の記録文書もろとも、近隣のすべてを痕跡もないまで抹消した原爆の異常なまでの破壊性。疫病を防ぐために、性急な大量火葬をするなど、原爆投下後にひろがった混沌。被爆者のその後の病気と死にかんする、明確で整合性のある、おおやけに入手できる記録の欠如、などである。死者にかんする有益なデータと、それを計算することのむずかしさについては、本章原注(2)であげた一九七九年の浩瀚な『ヒロシマ・ナガサキ』の英訳一一三―一一五、三六七、三六九、四〇六頁を参照のこと。ここでは矛盾する数字があげられているが、一般的な結論によれば、長期的な被爆者の死者は、広島、長崎のそれぞれにおいて、一九四六年当時の数字のおよそ二倍になる。一九九二年に日本の国会が、おくればせながら「原子爆弾被害者に対する援護に関する法律」で被爆者遺族に対する特別給付金の議論(本章原注(18)を参照)をしたとき、一般には、にわかに信じがたいほど高い厚生省の統計数字が引用された。それによると、一九六九年より前に亡くなった被爆者は三〇万から三五万人で、うちほぼ五万から七万人が、一九五八年より前に亡くなった。一九九四年一〇月二七日、一一月三日付け『朝日新聞』を参照のこと。時代遅れになった当初の低い死者見つもりを、その後もしつこくくりかえしたために、長く一般の戦争の記述で人を誤解させてきた表現のひとつが、不朽のものになった。つまり、原爆での広島、長崎での死者数のそれぞれよりも、一九四五年三月九、一〇日の東京大空襲での死者数のほうが多いという誤解だ。最初の東京大空襲における日本の公式の死者見つもりは、一〇万人弱である。たしかに厚生省の見つもりでは、原爆による二都市への攻撃を別として、およそ六四の都市にたいする米軍の通常兵器による空襲での死者の全総数は、三〇万人前後である。その数字は、厚生省自体が計算した広島と長崎に関連する死者数の高いほうの見つもりと同じか、それよりも低いのである。

(17) 原爆傷害調査委員会(ABCC)については、John Beatty, "Genetics in the Atomic Age: The Atomic Bomb Casualty Commission, 1947-1956" in *The Expansion of American Biology*, ed. Keith R. Benson, Jane Maienschein, and Ronald Rainger(Rutgers University Press, 1991), 284-324 と、M. Susan Lindee, *Suffering Made Real: American Science and the Survivors at Hiroshima* (University of Chicago Press, 1995)を参照のこと。

(18) 包括的な「被爆者援護法」の採択は、一九九四年最後の月まで国会論議の対象として残され、ひろく日本のメディアで報じられた。どちらかといえば被爆者を無視しがちだった日本政府への簡潔な批判的論評については、椎名麻紗枝『被爆者援護法　制定を拒むものは誰か』(岩波ブックレット、一九九一年)を参照のこと。

(19) 占領下のメディア検閲における米一般政策は、一九四八年おそくに緩和されはじめ、一九四九年なかばに公式に終結した。だが、広島医学会の会合で、学界が原爆の医学的な効果について自由に調査し、議論するのを許されたのは、ようやく一九五二年二月になってのことだった。前掲『ヒロシマ・ナガサキ』五一三頁参照のこと。一九九四年になって、戦後に地元で検閲にかかわった日系二世をふくむアメリカ人は、彼らは原爆に神経をとがらせていたが、もし日本人が原爆経験について、それほど扇動的ではない手記を提出していたら、検閲はもっと寛容だったろうと論じた。元検閲官たちは、たんに、そうしたおだやかな手記は提出されなかった、と話した(一九九四年五月一六日付け『朝日新聞』を参照)。だが、こうした主張には説得力がない。それは、原爆にかんする著作にたいして上層部が明確に反対していたことや、そうした著述への地元の抑圧の具体例、まさに占領終結のぎりぎりまで科学的な著作を禁じた嘆かわしい事実(これは東京だけではなく、あきらかにワシントンの米政府の官僚制の複雑さがからんでいた)に照らせばあきらかだろう。一九四六年から四八年までの三年間に、総計で七つの本や記事が出て、二七の証言手記が記録されたが、その大半は一九四六年に世に出た(『ヒロシマ・ナガサキ』の五八六頁を参照のこと)。原爆の効果にまつわる科学的発見へのアメリカの制限は、占領末期においてすら、かくも厳しかったので、ABCCで日本人被爆者の調査にあたったアメリカの医学関係者は、彼ら自身の研究に関係する日本人の初期の研究の存在を知らされていなかった。James N. Yamazaki, M. D., with Louis B. Fleming, *Children of the Atomic Bomb: An American Physician's Memoir of Nagasaki, Hiroshima, and the Marshall Islands*(Duke University Press, 1995), 20〔ジェームズ・N・ヤマザキ、ルイス・B・フレミング『原爆の子どもたち――長崎、広島、マーシャル諸島でのあるアメリカ人医師の回顧録』青木克憲、青木久男訳、ブレーン出版、一九九六年〕を参照のこと。

(20)　『ヒロシマ・ナガサキ』五一二―五一三頁。

(21)　丸木位里、赤松俊子(丸木俊)「ピカドン」(東京、一九五〇年)。原爆をこえて、南京大虐殺やアウシュビッツなどの主題をあつかうまでにおよんだ、丸木夫妻の驚くべき共作絵画のシリーズについて、私はJunkermanとの前掲共著 *The Hiroshima Murals* に複写を掲載した。ユンカーマンと私が製作した丸木夫妻の作品のドキュメンタリー映像『劫火　ヒロシマからの旅(*Hellfire: A Journey from Hiroshima*)』も参照のこと。

(22)　聖マリア修道会の聖職者であるPaul Glynnは、*A Song for Nagasaki*(Hunters Hill. Australia, 1988)と題し、永井への賛辞に丸々一冊分をあてる書物を出版した。永井の終末論において、神は原爆の対象に長崎を選びだしたあと、天皇を鼓吹して、終戦のご聖断をなさしめたことになる。こうした見解はGlynnの本のとりわけ一一五―一二一頁にいきいきと描かれている。だが、愛国的なキリスト教の幻想家と、かつての神道神、天皇との結びつきの間にあるイデオロギー上の論理は、概して見すごされてきた。その天皇は、一九四五年八月一五日の降伏宣言で、終末《アポカリプス》を避けるために介入したと、みずからを描いている。ちなみに、彼自身の原爆の受苦については議論の余地もないが、永井の放射線病は、長崎原爆に先だつ彼の研究によって罹患した可能性がある。

(23)　『長崎の鐘』の英訳については、永井隆著、William Johnston 訳、*The Bells of Nagasaki*(Kodansha, 1984)を参照のこと。『長崎の鐘』に先だって、永井は、まもなく孤児になる子どもたちの将来を想う感動的で感傷的な『この子を残して』(大日本雄弁会講談社、一九四八年)という本の出版を許可された。この本はただちに一九四八年のトップ10に入るベストセラーになり、一九四九年にも、トップ10にとどまったうえに、『長崎の鐘』もリストに加わった。塩澤実信『昭和ベストセラー世相史』(第三文明社、一九八八年、一〇八―一一〇頁)参照。

(24)　広島で編纂された記録によると、一九四九年から一九五一年にかけて、同市だけでも、五四冊の本、随筆、物語が書かれ、二八四の証言があった。一九七一年までに総計で五〇〇冊の本や小品が刊行され、書かれた手記は二二三四作にたっした(前掲『ヒロシマ・ナガサキ』五八六頁)。一九八三年には、原爆体験の主要な文学著作が『日本の原爆文学』(ほるぷ出版)という一五巻の全集にまとめられた。さらに、一九八六年六月三〇日から八月一二日まで、広島地方の代表的な新聞である『中國新聞』に掲載された占領期の原爆文学の三〇回連載を参照のこと。これらの広範な文学の英訳については、Kenzaburō Ōe〔大江健三郎〕, ed., *The Crazy Iris and Other Stories of the Atomic Aftermath*(Grove, 1985); Kyoko and Mark Selden, eds., *The Atomic Bomb: Voices from Hiroshima and Nagasaki*(M. E. Sharpe, 1989); Richard H. Minear, ed. and trans., *Hiroshima: Three Witnesses*(Princeton University Press, 1990)を参照のこと。

(25)　前掲(24)Minear, *Hiroshima*, 305. 原の『夏の花』と峠三吉『原爆詩集』の全文は、もうひとつの初期の原爆文学の古典である大田洋子の一九五〇年の物語『屍の街』とともに、Minearによって翻訳されている。Minearは解説で、峠の詩の多くに暗示された反米主義に注意を喚起している。

(26) 一九四五年八月二三日付け『朝日新聞』。

(27) この素晴らしいコレクションの英語版については、Japan Broadcasting Corporation(NHK), comp., *Unforgettable Fire: Pictures Drawn by Atomic Bomb Survivors*(Pantheon, 1977)を参照のこと。

(28) 死に至らない「黒い雨」の結果については、Yamazaki, Fleming, *Children of the Atomic Bomb*(本章原注(19)に前掲)で言及されており、それは広島・長崎原爆が、比較的高い上空で爆発したためだとしている。これは一九五四年にマーシャル諸島でアメリカがおこなった水爆実験で、いちじるしく致死性の高かった放射性降下物とは対照的だ。

(29) 日本国内の冷戦をめぐる対立一般については、本書第八章で、広範な注釈つきの議論を展開している。もっとも影響力のあった学徒兵の書簡集は、日本戦没学生手記編集委員会編『きけわだつみのこえ——日本戦没学生の手記』(東大協同組合出版部、一九四九年)だった。永井隆の『長崎の鐘』のように、この作品もすぐに大衆映画に作りなおされた。この学生書簡集には、戦後初期に集めた戦時中の東京帝国大学学徒による手紙だけでなく、同大学生新聞に戦時中に掲載された手紙の連載から選ばれた文章も収められていた。これは「戦争の言葉」が「平和の言葉」にもなるという水際だった例である。日本の敗北後、こうした戦時の手記はしばしば、平和的、理想主義的、さらには反戦的とさえいえる感情を物語る証拠として再解釈されたが、もちろん、才能豊かで魅力的な若者たちが、無謀で誤りみちびかれた戦争で悲劇的に失われたことを、心から物語っていたのである。

(30) アピールは、日本ジャーナリズム研究会編『昭和「発言」の記録』(東急エージェンシー出版事業部、一九八九年)一三八—一三九頁に再録されている。

(31) 原水爆禁止日本協議会の略称である原水協は、一九五五年九月に設立された。一九六〇年代には、日本共産党が優勢になったことから、ライバル組織が分裂した。一九六一年には中道の民主社会党と保守の自民党が核兵器禁止平和建設国民会議(核禁会議)を結成し、一九六五年には、日本社会党が原水爆禁止日本国民会議(原水禁)をつくった。左派の党派主義は、頻繁に反核運動を悩ませた。

(32) 月刊誌『世界』に掲載された大江健三郎の初期の随想の英訳は、Toshi Yonezawa 編訳、David L. Swain 訳、*Hiroshima Notes*(YMCA Press, 1981)を参照のこと。

(33) 井伏鱒二の『黒い雨』は、疑いなく原爆体験を再構築した日本文学の古典である。日本での『黒い雨』の映画版は、一九八九年、ようやく、今村昌平監督作品として登場した。

(34) 中沢啓治『はだしのゲン』は、一九七五年に東京の汐文社から全4巻の単行本として刊行された。〔現在汐文社からコミック版・愛蔵版(ともに全10巻)、中央公論社から中公文庫(全7巻)・愛蔵版(全3巻)が刊行されている〕。

(35) NHKの編集による被爆者の絵の英語版については、本章原注(27)を参照のこと。

(36) こうした後年の人口統計、医療、言語にかんする知見は、本章原注(2)に前掲した、混乱はしているが非常に貴重な『ヒロシマ・ナガサキ』のあちこちに見いだされる。

(37) 袖井林二郎『私たちは敵だったのか　在米ヒバクシャの黙示録』潮出版社、一九七八年/角川文庫、一九八〇年/岩波同時代ライブラリー、一九九五年。

(38) 前掲『ヒロシマ・ナガサキ』四七一、四七四頁。韓国・朝鮮人グループは、死者数をもっと高く見つもっている。同書四六八頁を参照のこと。また、Kurt W. Tong, "Korea's Forgotten Atomic Bomb Victims," *Bulletin of Concerned Asian Scholars* 23 (January-March 1991): 31-37を参照のこと。前にふれた広島で殺されたアメリカ人戦争捕虜を別として、原爆は少数の中国人、東南アジア、欧州の人々も殺害した。

(39) この中国との再会、したがってそこで日本がおこなった過去の残虐行為とふたたび向きあうことは、一九七二年の国交正常化に先だつ一九六〇年代に、非政府間の接触をとおしてはじまった。南京大虐殺に世の関心をひきつけた鍵になる人物は、よく知られた進歩的ジャーナリストの本多勝一で、その影響力ある記事は一九七一年に新聞や雑誌に掲載され、その後『中国の旅』として出版された(朝日新聞社、一九七二年/朝日文庫、一九八一年)。つづいて日本で大きな論争となった討議については、Daqing Yang, "A Sino-Japanese Controversy: The Nanjing Atrocity as History," *Sino-Japanese Studies* 3(November 1990): 14-35に簡潔に要約されている。

(40) 一九九四年、原爆投下五〇周年記念を前にして、広島平和記念資料館の関係当局者は、日本人がうけた迫害の展示をこえて、明治期以降に広島がはたした軍事的役割への言及や、日本による第二次世界大戦での侵略と残虐行為、原爆当時広島にいた韓国・朝鮮人や中国人の強制労働者たちにまで内容を拡張する、と表明した。

(41) 手頃に永野の声明の内容を読むには、一九九四年五月七日と一九日付け『朝日新聞』を参照。政府は公式には永野のコメントを否認しなかったものの、彼の表現は正確に、日本の保守本流の見解を反映している。

(42) 一九九四年五月二〇日付け『朝日新聞』。公式訪問には、ほかにもさまざまな議論があった。そのなかには、公式訪問が、天皇の役割を、実質的にふたたび政治化することにつながる、というリベラルや左派からの批判もあった。こうした象徴政治にまつわるニュアンスは、とらえがたく、複雑に入りくんでいる。

(43) 大衆的なシンボルによる「同一視(エクエーション)」の領域で、日本人がうけた迫害にかんするもっとも過激な表現は、欧州のホロコーストと、広島/長崎の「核によるホロコースト」の二つをひと組にすることだった。とくにアジア人にかぎった文脈でいえば、もっともよく知られた同一視は、南京大虐殺と、日本の二都市の核破壊をひと組にする。アメリカ人はたぶん、真珠湾攻撃と広島/長崎をひとつに結びつけそうだが、これは日本ではほとんど相手にされない見解だ。ここにおいて、問題はふたたび議論をよぶことになろう。米国優位の東京裁判が、真珠湾攻撃を、平和にたいする根深い「謀議」として描いたのにたいし、日本においてより説得力のある見解は、攻撃は、崩壊しつつある世界秩序へのまずい発想の対応だったが、当時の資本主義的、帝国主義的、植民地的な言葉において、その行動をもっともよく理解できるものだ、と考える。そして日本人はまた、日本帝国政府は、真珠湾攻撃に先だつぎりぎり数十分前に、アメリカとの断交を通告しようと意図したが、ただ在ワシントン日本大使館の事務的な機能停止でそれに失敗したという事実を、アメリカ人よりも、もっと強調しがちである。この解釈によれば、真珠湾攻撃は、背信行為や残虐な行為というよりは、戦術的、技術的なしくじりだったということになる。

第八章

(1) 平野健一郎「戦後日本外交における〈文化〉」渡辺昭夫編『戦後日本の対外政策　国際関係の変容と日本の役割』有斐閣、一九八五年、三四三―三四五頁。

(2) 私は「逆コース」について、次の二つの著書でいくらか詳細に論じた。*Empire and Aftermath: Yoshida Shigeru and the Japanese Experience, 1878-1954*(Cambridge: Harvard Council on East Asian Studies, 1979), 305-68〔『吉田茂とその時代』大窪愿二訳、TBSブリタニカ、一九八一年／中公文庫(上・下)、一九九一年(下)第九章〕。"Occupied Japan and the Cold War in Asia," in Michael J. Lacey, ed., *The Truman Presidency*(Woodrow Wilson International Center for Scholars and Cambridge University Press, 1989), 366-409; 拙著 *Japan in War and Peace*, 155-207〔『昭和　戦争と平和の日本』第5章「占領下の日本とアジアにおける冷戦」〕も参照のこと。占領に参加したアメリカ人による逆コース批判論については Justin Williams Sr., "American Democratization Policy for Occupied Japan: Correcting the Revisionist Version," *Pacific Historical Review* 57, no. 2(May 1988): 179-202 を参照。この号には、私の論文(202-9)、Howard Schonberger の論文(209-18)も掲載されている。

「五五年体制」という名称を学界にはじめて紹介したのは、雑誌『思想』一九六四年第六号に掲載された升味準之輔の論文のように思える。升味の *Postwar Politics in Japan, 1945-1955*, Japan Research Monograph 6(Institute of East Asian Studies, University of California, 1985), 329-42〔原著『戦後政治――一九四五―五五年』東京大学出版会、一九八三年〕を参照のこと。同じく升味論文である "The 1955 System in Japan and Its Subsequent Development," *Asian Survey* 28, no. 3(March 1988): 286-306 も参照されたい。五五年体制の興亡は、一九七七年の日本政治学会の年報のテーマになった。日本政治学会編『五五年体制の形成と崩壊――続・現代日本の政治過程』(岩波書店、一九七九年)を参照のこと。日本の政治学界による五五年体制の広範な注釈つき分析の概観については、三宅一郎、山口定、村松岐夫、進藤栄一『日本政治の座標――戦後四〇年のあゆみ』(有斐閣、一九八五年)八三―一一六頁の「五五年体制の成立と展開」を参照。他の政治的、社会経済的な「体制」と同じく、五五年体制もダイナミックで、いわゆる保守の覇権は当初から、内部に競争をかかえ、緊張に引き裂かれていた。T. J. Pempel, "The Unbundling of 'Japan, Inc.': The Changing Dynamics of Japanese Policy Formation," in Kenneth B. Pyle, ed., *The Trade Crisis: How Will Japan Respond?* (University of Washington Society for Japanese Studies, 1987), 117-52 を参照のこと。

(3) 『官報号外――衆議院』第七回議会の一九五〇年一月二八日、二〇〇頁を参照のこと。憲法九条にかんする吉田の解釈についてさらに詳しい記述については前掲の拙著 *Empire and Aftermath*, 378-82, 397-99〔『吉田茂とその時代』中公文庫(下)一五九―一六七頁、一八八―一九一頁〕を参照のこと。

(4) 降伏から主権回復にいたるまでの日本政府内の軍事・戦略的な見かたの基本文献については、鹿島平和研究所編『日本外交史』第二七巻、西村熊雄『サンフランシスコ平和条約』(鹿島研究所出版会、一九七一年)を参照のこと。一九四七年五月から一九四八年三月にかけて政権を担った片山哲内閣に代表されるように、社会主義者もこうした見解を共有していた。

(5) 西村『サンフランシスコ平和条約』(本章注(4)に前掲)や、拙著 *Empire and Aftermath*, 369-414〔『吉田茂とその時代』中公文庫(下)第一〇章〕; Frederick S. Dunn, *Peace-making and the*

Settlement with Japan(Princeton University Press, 1963); Michael Yoshitsu, *Japan and the San Francisco Peace Settlement*(Columbia University Press, 1982)〔マイケル・M・ヨシツ『日本が独立した日』宮里政玄、草野厚訳、講談社、一九八四年〕を参照のこと。

(6) 私は "Occupied Japan and the Cold War in Asia"(本章注(2)に前掲)で、米公文書をいくらか詳しく要約した。

(7) John Welfield, *An Empire in Eclipse: Japan in the Postwar American Alliance System*(Athlone Press, 1988), 250を参照。この本は、サンフランシスコ体制内における日本にかんして、もっとも詳細で役にたつ英語文献である。

(8) 雑誌『世界』(一九八五年七月号、一五〇—一五一頁)に所収の「戦後平和論の源流　平和問題談話会を中心に」を参照のこと。第二次世界大戦終結四〇周年を記念するこの特別号には、平和問題談話会の基本文書が収録されている。旧日米安全保障条約にたいする意見の概要については、George R. Packard III, *Protest in Tokyo: The Security Treaty Crisis of 1960*(Princeton University Press, 1966), 3-32を参照のこと。

(9) *Journal of Social and Political Ideas in Japan* 1, no. 1(April 1963): 13.

(10) 藤山については、一九五八年九月一一日のダレス米国務長官との会談議事録を参照のこと。*Foreign Relations of the United States, 1958-60*, vol. 18(Japan; Korea), pp. 73-75. ライシャワーの発言はWelfield, *Empire in Eclipse*(本章原注(7)に前掲), 224に引用がある。一九五一年条約のおおいなる不平等性をアメリカが認識していたことは、改定にかんするのちの上院公聴会に強くあらわれている。U. S. Senate, Committee on Foreign Relations, *Treaty of Mutual Cooperation and Security with Japan*, 86th Cong., 2d sess., June 7, 1960を参照。吉田のコメントは、吉田茂『世界と日本』(番町書房、一九六三年)一八六—一八七頁に出ている。日本はまた、ソ連が北海道の東北部沖にある、人がほとんどまばらな四つの小島を獲得したことによっても、「分断」された。この問題は昭和期がおわったときも、未解決なまま残された。

(11) Statement by Assistant Secretary of State U. Alexis Johnson, *U. S. Security Agreements and Commitments Abroad: Japan and Okinawa Hearings*, 91st Cong., 2d sess., pt. 5, January 26-29, 1970, 1166; 一九七〇年一月二六—二九日の公聴会記録一一六六頁におけるU. Alexis Johnson(ウラル・アレクシス・ジョンソン)国務次官補の証言。これは、Hideki Kan〔菅英輝〕, "The Significance of the U. S.-Japan Security System to the United States: A Japanese Perspective," in Glenn D. Hook, ed., special Japan issue of *Peace and Change: A Journal of Peace Research* 12, nos. 3-4(1987): 20に引用されている。

(12) Michael Schaller, *The American Occupation of Japan*(Oxford University Press, 1985), 104〔マイケル・シャラー『アジアにおける冷戦の起源——アメリカの対日占領』立川京一、原口幸司、山崎由紀訳、木鐸社、一九九六年〕を参照のこと。「独立アイデンティティ」については、前掲の拙著 *Empire and Aftermath*, 420〔『吉田茂とその時代』中公文庫〕を参照。ドッジについてはU. S. Department of State, *Foreign Relations of the United States, 1952-1954*, vol. 14, pt. 2, pp. 1724-25(September 12, 1954)を参照のこと。ダレスについては同書p. 1693(August 6, 1954)を参照されたい。

(13) "Economic Relations with the United States, 1945-1973" by Gary Saxonhouse in *Kodansha Encyclopedia of Japan*(Kodansha, 1983), 8: 161-64の簡潔な要約を参照のこと。

(14) 朝鮮戦争ブームと「特需」については、Takafusa Nakamura, *The Postwar Japanese Economy: Its Development and Structure*(University of Tokyo Press, 1981), 41-48〔中村隆英『日本経済　その成長と構造』第三版、東京大学出版会、一九九三年〕; G. C. Allen, *Japan's Economic Recovery*(Oxford University Press, 1958), 19-22, 34-35, 166-69, 203 を参照。ベトナム戦争ブームについては、第四章原注(22)であげた Thomas R. H. Havens, *Fire Across the Sea: The Vietnam War and Japan, 1965-1975*(Princeton University Press, 1987), 96〔ヘイブンズ『海の向こうの火事』〕を参照のこと。同書はこの時期一般にかんする有益な文献である。日本が経済的な「成熟期」に入ったのは、一般に、日本が経済協力開発機構(OECD)の本会員の資格をあたえられ、国際通貨基金(IMF)で「先進国」の地位を得た一九六四年からである。

(15) 拙著『吉田茂とその時代』と、戦後の最初の一〇年間における一般的な政治展開については、本章原注(2)であげた升味の『戦後政治――一九四五―五五年』〔東京大学出版会、一九八三年〕を参照のこと。米政策の進展については Howard Schonberger in *Aftermath of War: Americans and the Remaking of Japan, 1945-1952*(Kent State University Press, 1989)に綿密に収録されている。私は “The Useful War,” *Daedalus*, Summer 1990, 49-70 で、戦後の国家と社会に持ちこされた広範な降伏前の遺産について、詳細に論じた。前掲の拙著 *Japan in War and Peace*, 9-32 も参照のこと〔『昭和　戦争と平和の日本』第一章「役に立った戦争」、斎藤元一、鈴木俊彦訳〕。

(16) Chitoshi Yanaga, *Big Business in Japanese Politics*(Yale University Press, 1968), 83-87. 本章原注(13)にあげた *Kodansha Encyclopedia of Japan* 4: 385 の Haruhiko Fukui, “Liberal Democratic Party” を参照のこと。

(17) キャッチフレーズについては、鷹橋信夫著『昭和世相流行語辞典――ことば昭和史 word & words』(旺文社、一九八六年)一四二―一四三、一四八―一四九頁を参照のこと。「皮相な経済」については、前掲の拙著、*Empire and Aftermath*, 449-63〔『吉田茂とその時代』〕で論じている。有名な経済白書のフレーズについては『文藝春秋』一九五六年二月号の中野好夫の「もはや「戦後」ではない」と、それを再録した文藝春秋編『「文藝春秋」にみる昭和史』(文藝春秋、一九八八年、第二巻三四九―三五九頁)、河野康子「「戦後」の終わり――一九六〇年代の対米政策を中心に」(本章原注(1)に前掲の渡辺編『戦後日本の対外政策』一八二頁)を参照。五カ年計画については、升味 *Postwar Politics in Japan*(本章原注(2)に前掲), 237-39〔原著『戦後政治――一九四五―五五年』東京大学出版会、一九八三年〕を参照のこと。

(18) Kōnosuke Odaka, Keinosuke Ono, and Fumiko Adachi, *The Automobile Industry in Japan: A Study of Ancillary Firm Development*(Kinokuniya Company and Oxford University Press, 1988), 46, 102-5を参照。鷹橋『昭和世相流行語辞典』(本章原注(17)に前掲)一四六、一四九、一五一頁、榊原昭二『昭和語――六〇年世相史』(朝日文庫、一九八六年)一二四頁。ベストセラーについては、植田康夫『現代の出版――この魅力ある活字世界』(理想出版社、一九八〇年)一六二頁。

(19) 三宅らの編による「五五年体制の成立と展開」(本章原注(2)に前掲)が、両陣営のちがいについての神島二郎の論考を紹介している。

(20) 高橋進、中村研一「戦後日本の平和論――一つの位相分析」(雑誌『世界』一九七八年六月号、二〇二―二二五頁、とりわけ二〇二―二〇七頁)を参照のこと。

(21)　三宅らの編による「五五年体制の成立と展開」(本章原注(2)に前掲)の八三―八四、八九―九〇、一一七頁参照。「四弱」政党は共産党、社会党、民社党、公明党を指す。

(22)　一九六〇年の闘争については、Packard, *Protest in Tokyo*(本章原注(8)に前掲)、日本におけるベトナム反戦運動については、Havens, *Fire Across the Sea*(本章原注(14)に前掲)を参照のこと。草の根運動については Margaret A. McKean, *Environmental Protest and Citizen Politics in Japan*(University of California Press, 1981)で論じられている。大学の騒擾については、Henry D. Smith II, "University Upheavals of 1966–1969"(前掲 *Kodansha Encyclopedia of Japan* 8: 171)を参照。私はまた、まだ出版されていない Mutō Ichio〔武藤一羊〕の新左翼にかんする草稿も参照した。

(23)　一九五九年のNHK調査については、Hook ed., *Peace and Change*, 27 所収の菅英輝論文(本章原注(11)に前掲)を参照。Welfield, *Empire in Eclipse*(本章原注(7)に前掲), 197 は、中立主義に賛成が六六%という一九六八年の『週刊朝日』の世論調査を引用している。一九六九年の『朝日新聞』世論調査では五六%が支持した。

(24)　Welfield, *Empire in Eclipse*(本章原注(7)に前掲)は、全編をとおして保守における国内政策の意見の相違を指摘している。とりわけ pp. 210–14 を参照のこと。中国政策にかんする自民党内の議論については、Haruhiro Fukui, *Party in Power: The Japanese Liberal-Democrats and Policy-making*(University of California Press, 1970), 227–62 を参照。

(25)　Takeshi Igarashi, "Peace-making and Party Politics: The Formation of the Domestic Foreign-Policy System in Postwar Japan," *Journal of Japanese Studies* 11, no. 2(1985): 323–56.

(26)　一九六〇年闘争に反映された反対勢力の概念的な短所について、より広範に批評したものとしては、高畠通敏「六〇年安保の精神史」(テツオ・ナジタ、前田愛、神島二郎編『戦後日本の精神史』岩波書店、一九八八年、七〇―九一頁)を参照のこと。

(27)　Welfield, *Empire in Eclipse*(本章原注(7)に前掲), 364–68, 413. 日本の軍事産業については pp. 434–41.

(28)　Kenneth B. Pyle, "Japan, the World, and the Twenty-First Century," in Takashi Inoguchi and Daniel I. Okimoto, eds., *The Political Economy of Japan*, vol. 2, *The Changing International Context*(Stanford University Press, 1988), 455–56〔原著：猪口孝、ダニエル・I・オキモト編『現代日本の政治経済　第2巻　現代日本の国際関係』国際文化会館、一九八七年〕を参照のこと。

(29)　憲法調査会は一九五六年に設置され、一九五七年から六四年まで会合をひらき、一九六五年に解散した。その最終報告書はメンバーの大多数が憲法改正に賛成であることを明確にしたが、勧告はなかったため、内閣は最終報告書を国会に提出しなかった。改憲活動の衰退の極みは一般にこの時からはじまる。こうした状況は一九九一年の湾岸戦争後、米欧の批判に促進されて保守派が国連の庇護のもとに海外に「平和維持軍」を派遣し、それによって憲法改正運動を鼓舞したときに劇的に変わった。

(30)　Welfield, *Empire in Eclipse*(本章原注(7)に前掲), 109–13.

(31)　渡辺編『戦後日本の対外政策』所収の河野論文(本章原注(17)に前掲)一九二頁。

(32)　一九七〇年代の日本経済にかんする一般的な当時の概観については、Daniel Okimoto, ed., *Japan's Economy: Coping with Change in the International Environment*(Westview Press, 1982)、とりわけ Gary Saxonhouse(123–48), Hugh Patrick(149–96)の論考を参照のこと。

(33) John W. Dower(ジョン・ダワー), "Japan's New Military Edge," *The Nation*, July 3, 1989; Steven K. Vogel, *Japanese High Technology, Politics and Power*, Research Paper No. 2, Berkeley Roundtable on the International Economy, March 1989を参照のこと。

(34) 支配エリートにみられる多様性の分析については、"The Unbundling of 'Japan, Inc.'"(本章原注(2)に前掲)。これが一般に、五五年体制のおわりをしめすものとみなされている。同じテーマはPyle, ed., *The Trade Crisis*(本章原注(2)に前掲)の多くの論考にも浸透している。

(35) 「GNP一%」枠がはじめて公式なガイドラインとして選ばれた一九七六年に、日本の軍事支出は二つの超大国と中国、西独、仏、英についで世界で第七位だった。その軍事予算は韓国の三倍以上で、ワルシャワ条約機構のいかなる参加国や、インド、スウェーデン、スイスなどの中立国よりも、はるかに大きかった。一九七六年の日本の軍事予算は、一九五四年比でほぼ一四倍にあたった。同時期に英国は二・五倍増、フランスはざっと五倍、西独は七倍弱だった。Welfield, *Empire in Eclipse*(本章原注(7)に前掲), 366–69には、こうした軍事支出にかんする役にたつ表もふくまれている。

(36) 定期刊行物に雑誌『世界』をふくむ岩波のような出版社は、戦後初期をしのばせる厳しさでこうした問題を取りあげつづけ、坂本義和のような学者も、もっとも広範な意味での「平和研究」に専心しつづけた。坂本義和『新版　軍縮の政治学』(岩波新書、一九八八年)を参照のこと。戦後の日本の民主化の推移についての批判的な評価については日高六郎『戦後思想を考える』〔岩波新書、一九八〇年〕; Gavan McCormack and Yoshio Sugimoto, eds., *Democracy in Contemporary Japan*(Hale and Iremonger, 1986); and Takeshi Ishida and Ellis S. Krauss, eds., *Democracy in Japan* (University of Pittsburgh Press, 1989)を参照のこと。

(37) Kenneth Pyleは二編の有益な論文で、日本の世界での役割にかんする意見のひろがりを要約している。"Japan, the World, and the Twenty-First Century"(本章原注(28)に前掲)と、"In Pursuit of a Grand Design: Nakasone Betwixt the Past and the Future"(本章原注(2)に前掲のPyle, ed., *The Trade Crisis*, 5–32)を参照のこと。

(38) 日本人論のジャンルについて広範に批判分析をくわえた文献については、杉本良夫、ロス・マオア『日本人論の方程式』〔ちくま学芸文庫、一九九五年〕と、Peter N. Dale, *The Myth of Japanese Uniqueness*(St. Martin's Press, 1986)を参照のこと。

(39) テキスト全文は一九六八年一月一七日付け『朝日新聞』に掲載されている。自民党はまた、「日本民族の本然の姿」を、「人間愛と公徳心、祖国愛と民族精神、防衛意識など」から成ると定義した。

第九章

(1) 朝日新聞社編『声　1　一九四五―一九四七』朝日文庫、一九八四年、第一巻、二六四―二六五頁。この本はもともと『朝日新聞』の「声」欄に掲載された投書の選集である。一九四七年二月二〇日付け『朝日新聞』に掲載され、東京焼け跡ヤミ市を記録する会編『東京闇市興亡史』(草風社、一九七八年)五五―五七頁に引用された長い「東京の光景」も参照のこと。

(2) 利用可能な過去の資料の調査例としては、拙著『敗北を抱きしめて』を参照のこと。「言葉の架け橋」は同書第五章の表題である。

(3)　こうしたことわざやきまり文句の「再応用」のいい例については、雑誌『アサヒグラフ』一九四六年一月号が掲載した、諷刺のきいた説明文つきの写真シリーズを参照。この才気ある写真説明は、この章で論じた戦後初期の「いろはかるた」の別の例である。この説明文だけが、優雅な雑誌『別冊太陽』一九七四年冬号一〇二頁に、「いろはかるた」として再録されている(以後、この本を「いろはかるた」として引用する)。

(4)　東京焼け跡ヤミ市を記録する会編『東京闇市興亡史』(本章原注(1)に前掲)五二頁。

(5)　鳥越信『子どもの替え歌傑作集』(平凡社ライブラリー、二〇〇五年)一一七—一一八頁。この歌はけっして、敗戦前、からかってもじられた戦時中の唯一の替え歌というわけではない。同じ運命が、「愛国行進曲」にも降りかかった。この歌は、一九三七年の対中戦争開始からまもなくあらわれ、政府から露骨な支持を勝ちとった。このパロディの魅力ある風趣は、行進曲の最初の行のもじりにしめされている。「見よ東海の空明けて」は、「見よ東条のはげ頭」に替えられてしまった。一九四〇年にはじまる別の愛国的な歌は、二六〇〇年前と称する大和建国を祝ってつくられたが、これも数種のパロディを鼓吹することになった。

「紀元二千六百年」という題のこの歌は、神話に出てくる鳥(金鵄)や、燦々たる光輝(栄ある光)などについて歌い、真情を喚起する「ああ一億の胸はなる」で締めくくっている。パロディでは、タバコのブランド名を原曲の名詞に置きかえ、タバコの値段を押しあげるインフレーションへの嘆き節になっていた。歌詞は「ああ一億は金がない」か、ちょっとちがった表現で、「あゝ一億の民が泣く」という悲しい言葉で締めくくるようになった。最も衝撃的な(そして、まちがいなく、心理歴史学の実践家が熟考するには最も興味をそそる)例は、「僕は軍人大好きよ」という題の一九三〇年代の子どもの歌のパロディだった。この元歌の第一節はつぎのようなものだ。「僕は軍人大好きよ／今に大きくなったらば／勲章つけて剣さげて／お馬にのってはいどうどう」。子どもたちは、最初の三行が見たところ同じな、いくつかの変型版を歌った。たとえばこうだ。「ぼくは軍人大きらい／いまに小さくなったらば／おっかさんに抱かれてチチ飲んで／一銭もらってアメ買いに」。他のバージョンでは、子どもはお母さんの乳を飲んだあとに、「オナカの中へ消えちゃうよ」とか、「お膝でスヤスヤねんねする」などと歌った。こうした例については、同書一九三—二〇五頁。

(6)　朝日新聞社編『声　1』(本章原注(1)に前掲)二五三頁。これは一九四七年一月九日付け『朝日新聞』に掲載された。

(7)　仮名の音節文字表は四八字からなっているが、「ん(n)」と読む符号はゲームから除外される。しかし、「きょ」(ゲームがはじまっただろう京都に由来する)は一般的に、古いゲームにはふくまれていたので、伝統的には総計四八枚のカード(読み札をあわせて倍の九六枚)になる。絵札に仮名文字が登場したことで、ゲームは、子どもにことわざだけでなく、仮名文字そのものを教えるのにふさわしい遊びとなった。札のセットで仮名があらわれる順番は、一〇世紀後半につくられ、ここでも「ん」をふくまない四七文字からなる有名な「いろは歌(*iroha* poem)」からきている(この「いろは」の順番は、一八八九年に、今日によく知られている「あいうえお」が様式化されるまでは、もっともありふれた音順の表、あるいは記述法などであった)。「かるた」という言葉はもともとポルトガル語の「カード」からきており、日本人がはじめて外国人の絵入り遊び札と出会ってそれを模倣しはじめた一六世紀には、土着の語彙に仲間入りした。一九世紀の変わり目にはじまった子どもむけゲームのもともとの名前は「いろは譬えかるた」で、「譬え」はことわざを意味した。「いろはかるた」(本章原注(3)に前掲)五七―六八頁を参照。庶民の振るまいにかんする所見や例は、それに続く七二―七五頁を参照のこと。

(8) 同書六、七九頁。

(9) 同書七九、八七頁。体に悪いガスがたまったことについての「へ」の初期のたとえは、「屁をひって尻窄《すぼ》める」だった。同書には、八七頁に掲載された戦時下のものもふくめ、かるたセットのすばらしい原色の複製が掲載されている。

(10) 『協力新聞』一九四六年一月号。この「かるた」のはじめにあるもっとも有名なことわざの、より意地の悪い変種が、同じ月の『アサヒグラフ』の号に掲載された。ここでは、古典的ないいかたはほとんど同じで、「犬が歩けば棒にあたる」(「犬も」ではなく、むしろ「犬が」にしたのだろう)という解説文に、三人の日本人女性を引き連れた三人のGIの写真がついていた。読者は見おえたあと、それぞれ、だれが犬でだれが棒なのかをあれこれ推測したろうが、あてこすりは歴然としていた。

(11) 拙著『敗北を抱きしめて』第一四章「検閲民主主義」を参照。

(12) 『協力新聞』一九四六年一月号。何巻にもなる写真入り全集『一億人の昭和史』(毎日新聞社、一九七七年)の別冊『昭和新聞漫画史』も参照のこと。このページ番号がついていない、一九七七年までの昭和期の漫画を特集した巻には、『協力新聞』に掲載された、佐次たかし、寺尾よしたかによる二三作品をはじめ、以下に詳細に論じた小川武の「民の声　新版いろはカルタ」とはちがう四七枚一組の漫画も掲載されている。なお、以降、文中で論じた漫画は「小川の「民の声」」として引用する。こうした札に書かれた多くの語句や「説明文」は、よく知られたきまり文句やキャッチフレーズの皮肉なひねりがあり、英語でつたえるのは不可能である。

(13) これは、とらえがたい、才気ある、歴史的に響きあう背景をもった(しかも、まったく翻訳のできない)言葉遊びであり、よくこうした図版による冗談にちなんでいた。「としよりも冷や汗」は、江戸期の「いろはかるた」に登場し、本章の前の方で "old people who ought to know better" と翻訳した語句、「年寄りの冷や水」にとても近い皮肉なもじりである。「冷や水」とは文字どおり「冷たい水」のことであり、冷たい水を飲むことで、うかつにも健康を危うくするかもしれないということから、分別のないお年寄りを意味するようになった。一九四六年版の「いろはかるた」でつかわれた「冷や汗(cold sweat)」という言葉は、戦犯で有罪になる恐怖におののく保守指導者たちを、驚くほどいきいきと、特徴づけている。同時に、意識してか潜在のものなのか、「冷や汗」は「冷や水」に意味が重ねあわされている。敗戦におけるこれらの人物の「冷や汗」は、日本を希望のない戦争と惨めな敗北へとみちびいた彼らの「無分別」と分けることができないからだ。

(14) これは絶妙に皮肉のきいた戦時の「神風」の神秘性の風化であるばかりか、たとえば別の対象——米軍による空爆——をもさしており、その後の検閲審査を、まれに潜りぬけたものだ。これにつづく仮名の「そ」と「や」があたえる連想においても、同じことがあてはまる。

(15) 叙述すると、いらいらしてくるような理由から、「今日」は、旧仮名遣いで実際には「けふ」と書かれる。それで、この「いろは」の連想は、「け」の仮名にあてられた。「夢の都(Dreams of the capital)」は、京都をさす古い言葉だが、ここではもちろん、そのほのめかしは「東京の夢」をさしている。「きょう」は日本語で「今日」を意味するため、才気あるだじゃれは、さらなる意味をもつようになっている。

(16) 敵国民と親しくすることを、同じように軽蔑的にあつかった例としては、『アサヒグラフ』一九四六年一月号(本章原注(10)に前掲)を参照のこと。この『アサヒグラフ』の「写真かるた」も、やはり「え」の仮名の写真で、米占領軍における黒人の存在を強調している。この例では、日本人の男の年寄りが、黒人のタバコに火をつける写真には、「縁は異なもの味なもの」という同じことわざがついている。日本人の論評者たちは、たんに検閲官がこうした才気ある日本内の言葉遊びをあげつらったり、注意をむけたりしないという理由から、こうしたタブーにあたる言葉がたぶんメディアに載るだろうと、合理的に推測したのである。たとえば「いろはかるた」(本章原注(3)に前掲)一〇二頁を参照のこと。占領がつづくあいだ、黒人のアメリカ人の言葉や映像による表現は無視してよいほどだったが、彼らの存在にたいする人種的な反応は、まったく無視してよいものではなかった。

(17) 『昭和新聞漫画史』(本章原注(12)に再録された一九四六年の「いろは漫画」を参照。

(18) この興味深い「いろは漫画」の「共作」は、『日本ユーモア』の一九四八年一月号に掲載された。敗戦後により一般的だった共稼ぎ夫婦への皮肉は、夫が闇市で働き、妻が「パンパン売春婦」になるというものだった(パンパンは、おもに、占領にかかわる外国人にサービスを提供した)。たとえば絵のついていない当意即妙の言葉について、雑誌『漫画』一九四七年一月号、二三頁を参照。

(19) この最後の二つの例と、これにつづく文中の例は、前に引用したさまざまな「いろは漫画」のセットと、「いろはかるた」(本章原注(3)に前掲)に再録された雑誌『新大阪』一九四八年一二月号から選んだ。

(20) 天皇への言及は、残念ながら絵入りではない「いろは」頓知として掲載された(雑誌『漫画』一九四七年一月号)。漫画家の小野佐世男は、「て」の仮名の札に関連して、伝統的な平安宮廷のかぶりものをつけた大きな仮面のような頭を脱ぎすて、西洋のスーツ姿であらわれる天皇をえがいた。裕仁天皇が、彼の「神性」を多少捨てることになった一九四六年一月一日の詔勅に言及して、「天皇も人間」というのが、彼がつけた説明だった(『日本ユーモア』一九四八年一月号を参照)。

(21) 一九九九年に日本のメディアによってあきらかにされた徳川義寛侍従長の一九六八年四月二四日付けの日記は、三種の神器と家系の維持にたいする天皇の執念をあかす最新の新事実である(一九九九年一月六日付け『朝日新聞』を参照)。重光と、天皇の御誓文にたいするおくればせの評価については、拙著 *Embracing Defeat*, 287-89, 313-15〔『敗北を抱きしめて』増補版(下)一六—一九頁、五五—五八頁〕を参照。結びの節で言及した「伝統の利用」にかんする他のすべての例は、同書のいたるところに散見される。

(22) 日本のいわゆる十五年戦争の遺産については、拙著〔『昭和戦争と平和の日本』に再録した要約〔第一章「役に立った戦争」斉藤元一、鈴木俊彦訳〕を参照。

(23) 郵便切手については、日本郵便切手商協同組合によって年次刊行される人気目録『日本切手カタログ』を参照のこと。一九四九—五二年の文化人シリーズは、一九九八年のカタログの一二頁に再録されている。一九五〇年に栄誉を与えられたのは教育者の福沢諭吉、作家の夏目漱石、作家の坪内逍遥、歌舞伎役者の市川団十郎、教育者の新島襄だった。一九五一年に切手は、画家の狩野芳崖、神学者の内村鑑三、作家の樋口一葉、作家の森鷗外、俳人の正岡子規、画家の菱田春草を称えた。このシリーズは、一九五二年、哲学者の西周、法学者の梅謙次郎、天文学者の木村栄、教育者の新渡戸稲造、科学者の寺田寅彦、芸術家で美術批評家でもあった岡倉天心を切手で記念することで締めくくられた。降伏前の日本の切手は実際、乃木将軍をのぞけば、多くの「文化的英雄」を記念はしていなかった。

訳者あとがき――孤高の歴史家の「回顧展」

本書はJohn W. Dower, *Ways of Forgetting, Ways of Remembering: Japan in the Modern World*(The New Press: New York, 2012)の翻訳である。

著者ダワー氏については、改めて紹介する必要もないだろう。ピューリッツァー賞を受賞した『敗北を抱きしめて』をはじめ、その著作の大半は邦訳され、日本の近現代史において第一人者であることに異論はないだろう。本書には、評論集『昭和　戦争と平和の日本(*Japan in War and Peace*)』(邦訳・みすず書房)につづく時期にアメリカの書籍、雑誌、新聞などに著者が発表した一〇編の評論と、巻頭にE・H・ノーマン論がおさめられている。巻頭の一編は少壮の歴史家としてダワー氏が編集したノーマン選集への序論を抄録したもので、いわば学者としての原点をしめす作品だ。つづく「二つの文化における人種、言語、戦争」も、著者の代表作のひとつ『容赦なき戦争(*War without Mercy*)』(邦訳・平凡社)を要約した評論であり、雑誌の図版や新聞漫画、映画などビジュアルな素材を駆使して「生きた歴史」を再構築する著者の手法を鮮やかにしめしている。

つまり本書は、著者のこれまでのおもな仕事のエッセンスを時期を追って配列する構成になっており、自分の文章を「歴史」として振りかえる各編の「解題」は、その仕事へのガイダンスとして読むことができる。その意味で本書は、画家でいえば代表作を一堂に集めた「回顧展」にあたり、巧まずしてダワー歴史学への最適な入門書にもなっている。

それにしても、改めて驚くのは、歴史家としてのダワー氏の姿勢の一貫性である。

ノーマン論で自ら披瀝するように、著者は動乱の一九六〇年代に歴史家としての道を歩み、その出発点で孤高の歴史家ノーマンと出会った。日本ではひろく名を知られながら、反共マッカーシズムの犠牲になり、英語圏では封印された研究者である。当時は日本が敗戦から「奇蹟の復興」を遂げ、戦時中の歴史を「不幸な一章」として「外伝」に押しやる「日本近代化論」がアメリカの日本史研究界を風靡していた。著者によれば、これも、共産化した中国に対抗して日本を一種のモデルにする点で、マッカーシズムに見あった歴史解釈だった。そうした風潮にあって、ダワー氏は、日本の近代化そのものに軍国化と戦争拡張の萌芽を見いだすノーマンの議論に光をあてた。物議を醸すのも当然だったろう。

ダワー氏がノーマンから引き継いだ資質は三つある、と私は思う。ひとつは、比較史学という手法である。西欧の古典史を学び、数カ国語を自在に操ったノーマンは、時代と地域を縦横に往還して参照する特異な手法を発展させた。それは、ある国の歴史を閉ざされた「物語」としてえがこうとする「一国史観」の対極にあり、欧米など特定の時代や地域を標準とし、そのモデルとの対比で「達成」や「遅れ」を測る発展史観とも対立する。

ダワー氏は、軍国化した日本の近代史を、後進性ゆえの「突然変異」として異端視したり、日本よりも「進んだ国」には無縁の歴史として排除したりするのではなく、欧米にも「ありえた歴史」ととらえる。こうして、ベトナム戦争の泥沼にはまるアメリカを、軍国日本と対置する比較史の視点が導かれ、戦時中の日米の人種憎悪を、まったく同じ水準で比較する『容赦なき戦争』の成果が生まれた。こうした姿勢は、9・11事件後に書かれた本書第一〇章の「戦争直後の日本からの教訓」や、第一一章の「日本のもうひとつの占領」にまで一貫している。前者は、イラク戦争を前にブッシュ政権が、戦後のモデルとして日本占領を引きあいにしたことを痛烈に批判し、後者では、イラク戦争後の強圧的なアメリカによる占領の参照枠として、日本による傀儡国家・満州国の樹立を論じる。

二つめは、歴史という繊細で複雑な「継ぎ目のない織物」（ノーマン）に対する忠誠である。ノーマンが、ミューズのなかでいちばん内気な歴史の神クリオに誓いをたてて、その単純化や図式化を拒んだように、ダワー氏もまた史実にのみ忠誠を誓い、他のどのようなイデオロギーにも拝跪《はいき》しない。その結果、史料に向きあう姿勢はいちじるしくリベラルでしなやかな一方、歴史を捻じ曲げようとする不実にたいしては、仮借ない批判を浴びせる。他国の罪をあげつらって、自らの罪を相対化しようとする日本の新民族主義にたいしてであれ、アメリカ人の命を救ったとして原爆投下を正当化するアメリカの退役軍人にたいしてであれ、その点では共通している。ダワー氏が断固として「修正主義」を指弾するのは、彼らのイデオロギーに反対であるからではなく、彼らが歴史の名を借りてイデオロギーを押しつけようとするからにほかならない。

三つめは、歴史に大書されることのない無名の人々への愛着である。丸山真男がその追悼文で「無名のものへの愛着」と指摘したように、ノーマンの書く文章には、国家単位でおきる出来事の記述から漏れ落ちる無数の人々の暮らしにたいする畏敬と愛惜がにじんでいる。『敗北を抱きしめて』でダワー氏がその資質を遺憾なく発揮したように、浮かんではすぐに消える「蜉蝣《かげろう》」のような雑誌や漫画本、流行歌や替え歌にも歴史家として気を配るのは、そうした移ろいやすい「史料」の断片にこそ、当時生きた人々の思いや感情が切実に刻印されていると考えているからだろう。「生きられた歴史」をいとおしむその資質は、本書第五章の「被爆者」や、第六章の「広島の医師の日記」にあふれている。

だが細部へのこだわりは、庶民の素朴な感情だけでなく、その暗部にまで非情な光をあてることがある。一点だけ例を引けば、「広島の医師の日記」には、米占領軍が来たことを知った蜂谷道彦博士の同僚が、女性たちを避難させるように進言したときの様子が書かれている。博士は、日本の兵隊たちが中国でどんなことをやったのかを知っているために、同僚はそんなに動揺していたという観察を書きとどめた。それにふれてダワー氏は次のようにいう。「多くの日本人、とりわけ男たちがはじめ、アメリカ人に抱いた略奪のおそれは、かなりの部分、日本人が外国や占領地でいかにひどいことをしたのかという自分たちの苦痛にみちた知識を、相手に投影した結果だった」。戦時中の日本人の多くの体験記には、敗戦になれば男性は去勢され、女性は強姦されると信じこんでいたことが語られているが、その記憶の暗部にまで踏みこんだ例はあまりなかったのではないだろうか。

細部へのこだわりが豊かに結実した例としては、本書第九章の「惨めさをわらう」にとどめを刺そう。この章は、『敗北を抱きしめて』の分量が大きくなりすぎたために割愛した素材をもとにしているが、たんなる補遺といった次元にとどまらず、日本人の笑いやユーモア、ウィットにたいする卓抜な文明批評となっている。本章で取りあげているのは、敗戦直後の「いろはかるた」の漫画だが、その笑いにこめられた皮肉や諷刺を、これだけ豊かに解き明かした文章が、これまであっただろうか。

ダワー氏の本を読んで、「アメリカ人研究者がよくここまで日本のことを」と感嘆する読者がおられるかもしれない。だがそれは称賛の言葉とはいえない。本書第三章の「日本の美しい近代戦」などで、日本の軍国賛美の特徴として繰りかえしダワー氏が指摘するのは、「日本人だけが比類のないユニークな存在」であり、外国人にはおよそ理解も望みえないとする「一国例外主義」であるからだ。返す刀で著者は、アメリカに根強くひそむ「アメリカ例外主義」の虚妄をも白日のもとにさらす。「一国例外主義」と、「被害者意識」は、けっして過去のものではなく、いまにまで伏流する「日本型イデオロギー」の真髄なのかもしれない。

戦争終結から七十年近くが過ぎようというのに、「歴史問題」はいっこうに過去のものとはならず、むしろ尖鋭な政治問題になろうとしている。そうした時期に、真摯な研究の成果である本書が、多様で冷静な議論を巻きおこすきっかけになってほしいと願う。

本書の翻訳は、岩波書店の小田野耕明さんのお勧めではじめた。これまで畑ちがいの分野で仕事をしてきた訳者にとって、深さだけがもつニュアンスと多義性に富んだダワー氏の文章の翻訳は、至難に近かった。石橋聖名さんが疑問点を一つひとつ指摘し、日本語原典の多くを探し出すなど、全面的にお力添えしてくださらなかったら、完成にはこぎつけられなかったろう。深く感謝申し上げたい。

ノーマンの著書からの引用は、大窪愿二氏の先行訳に依拠した。以下の章には部分的に異同はあるものの先行訳がある。

第二章「ふたつの文化における人種、言語、戦争」鈴木孝子氏訳(『昭和　戦争と平和の日本』明田川融氏監訳、みすず書房、二〇一〇年)。

第八章「二つの「体制」のなかの平和と民主主義　対外政策と国内対立」森谷文昭氏訳(『歴史としての戦後日本』上巻、アンドルー・ゴードン編、中村政則氏監訳、みすず書房、二〇〇一年)。

第一〇章「イラク占領計画は歴史を無視している」三浦陽一氏訳(雑誌『世界』二〇〇三年一月号)。

第一一章「忘れられた日本の占領」三浦陽一氏訳(雑誌『世界』二〇〇三年九月号)。

それぞれ参照させていただいたことに感謝したい。もちろん、翻訳の瑕疵や不備は訳者一人の責任であり、読者の厳しいご叱正を待ちたい。なお、本書に登場する日本語の引用はできるだけ原典にあたるよう努めたが、一部は英文からの意訳になった。原注の参照文献もできるだけ邦訳名を添えたが、見落としたものもあるだろう。第九章の引用には、不適切な表現もあるが、歴史を扱う本書の性格上、そのままにしたことをお断りしたい。

二〇一三年七月七日

外岡秀俊

索　引

＊注をのぞく，本文から，人名，組織名，作品名(書籍，絵画，映画など)を中心に採項した．
＊頻出する語は採項していない．

サ　行

タ　行

ナ　行

ハ　行

ジョン・W. ダワー(John W. Dower)
1938年生まれ. アマースト大学卒業. ハーバード大学博士号取得. 日本近代史・日米関係史. マサチューセッツ工科大学名誉教授.
著書に『吉田茂とその時代』(中公文庫),『容赦なき戦争——太平洋戦争における人種差別』(平凡社ライブラリー),『敗北を抱きしめて——第二次大戦後の日本人』(岩波書店),『昭和——戦争と平和の日本』(みすず書房)など.

外岡秀俊
1953年生まれ. 東京大学法学部卒業. 朝日新聞社で学芸部, 社会部, ニューヨーク, ロンドン特派員, 編集委員などを歴任.
現在, ジャーナリスト活動を続けながら, 北海道大学公共政策大学院(HOPS)研究員を務める.
著書に『傍観者からの手紙』(みすず書房),『3・11 複合被災』(岩波新書)など.

忘却のしかた、記憶のしかた
—日本・アメリカ・戦争　　ジョン・W. ダワー

2013年8月2日　第1刷発行
2015年9月15日　第3刷発行

訳 者　外岡秀俊《そとおかひでとし》

発行者　岡 本 厚

発行所　株式会社 岩波書店
〒101-8002 東京都千代田区一ツ橋 2-5-5
電話案内 03-5210-4000
http://www.iwanami.co.jp/

印刷・三陽社　カバー・半七印刷　製本・牧製本

ISBN 978-4-00-024783-2　Printed in Japan